全国高等院校素质类"十三五"规划精品教材

演讲与口才

主　编　陈爱芳　韩　岩
参　编　高　明　张兆全
　　　　李桂萍　张　洋
　　　　韩荣荣

中国商业出版社

图书在版编目(CIP)数据

演讲与口才/ 陈爱芳,韩岩主编. —北京:中国商业出版社,(2019.9 重印)
ISBN 978-7-5044-7999-0

Ⅰ.演… Ⅱ.①陈…②韩… Ⅲ.①演讲②口才学 Ⅳ.H019

中国版本图书馆 CIP 数据核字(2013)第 036626 号

责任编辑:刘洪涛

中国商业出版社出版发行
(100053 北京广安门内报国寺1号)
新华书店经销
涿州市荣升新创印刷有限公司印刷
*
开本:787×1092 毫米　1/16　13.5 印张　240 千字
2019 年 2 月第 2 版　2019 年 9 月第 2 次印刷
定价:42.00 元
* * * *
(如有印装质量问题可更换)

前　言

哪里有声音,哪里就有力量;哪里有口才,哪里就有了战斗的号角,就有了胜利的曙光。"一人之辩,重于九鼎之宝;三寸之舌,强于百万之师";"一言可以兴邦,一言可以丧邦"。这些说法,已经充分表明我们的先人早已重视演讲与口才的重要作用。在当今社会生活中,无论是在校园同学面前脱颖而出,成为班干部和学生会领袖,还是在面试时发挥才华、过关斩将,抓住进入一流公司和争取高薪的机会,或者想迅速获得别人的信任,在竞岗竞聘、晋升创业、做人做事中抓住快速提升的契机,哪怕是在恋人面前展现自我真情,获取芳心,赢得美好的爱情,都离不开优秀的语言表达能力。演讲口才如同开车、游泳一样,已成为个人必备的技能。

高职高专教育是职前教育,担负着为社会培养具有综合素养的高技能实用型人才的重任,作为职前教育的高职高专院校理应顺应时代的要求,重视对学生口语交际能力的培养,帮助学生在学习和生活中全面、准确、简明、灵活多变地表达思想感情,从而让大家认识自己、了解自己、接受自己,更好地立足于职场竞争的不败之地。

《演讲与口才》正是一本以坚持基础性、工具性、实用性为原则,以提高学生适应社会需求为目的,以增强学生实践能力为本位,以训练为主线,以为社会培养具有综合素养的高技能实用型人才为宗旨的一门基础技能训练课程。其内容紧紧围绕职业教育的培养目标,理论浅显易懂,实例丰富生动,练习针对性强,努力为教师提供一套科学实用的口语教材,为学生提供一种有效的训练依据,为社会从业人员摆脱不善交流的困境,展示真实水平发挥作用,为生活和事业强者提供重要参考,所以具有较强的实用性。

本书由江苏省徐州技师学院陈爱芳、韩岩担任主编,由高明、张兆全、李桂萍、张洋、韩荣荣等老师参编。具体编写分工如下:陈爱芳老师负责编写第二章、第五章、第六章、第七章,韩岩老师负责编写第一章、第八章、第十章和统审全篇,高明老师负责编写第四章、第十一章,张兆全老师负责编写第三章、

第九章，李桂萍老师负责编写第十二章，张洋老师负责编写第十三章，韩荣荣老师负责编写第十四章。

在编写过程中，参考和引用了国内外许多专家和学者的专著、论文与网络文章，在此谨向他们表示诚挚的感谢。由于编者水平所限，加之时间仓促，书中错误和疏漏之处，敬请专家、学者和读者不吝指正。

编者

2019 年 9 月

目 录

第一部分　演讲 ……………………………………………………………… (1)

第一章　绪论 ……………………………………………………………… (1)
　　第一节　演讲的基本知识 ……………………………………………… (1)
　　第二节　演讲者的条件 ………………………………………………… (9)

第二章　演讲稿知识 ……………………………………………………… (13)
　　第一节　演讲稿的基本知识 …………………………………………… (13)
　　第二节　演讲稿的结构 ………………………………………………… (14)
　　第三节　演讲稿的写作 ………………………………………………… (17)

第三章　演讲技巧 ………………………………………………………… (24)
　　第一节　讲的技巧 ……………………………………………………… (24)
　　第二节　体态语技巧 …………………………………………………… (25)
　　第三节　控场应变技巧 ………………………………………………… (28)

第四章　命题演讲 ………………………………………………………… (32)
　　第一节　命题演讲的基本知识 ………………………………………… (32)
　　第二节　命题演讲的程序及技巧 ……………………………………… (37)

第五章　即兴演讲 ………………………………………………………… (43)
　　第一节　即兴演讲的基本知识 ………………………………………… (43)
　　第二节　即兴演讲的技巧 ……………………………………………… (47)

第二部分　口才 ……………………………………………………………… (51)

第六章　辩论口才 ………………………………………………………… (51)
　　第一节　辩论的基本知识 ……………………………………………… (51)
　　第二节　辩论准备 ……………………………………………………… (57)
　　第三节　辩论技巧 ……………………………………………………… (62)
　　第四节　辩手素质 ……………………………………………………… (66)

第七章　交际口才 ………………………………………………………… (73)
　　第一节　交际的基本知识 ……………………………………………… (73)
　　第二节　赞美与批评 …………………………………………………… (76)
　　第三节　说服与道歉 …………………………………………………… (80)
　　第四节　拒绝与劝慰 …………………………………………………… (85)

第八章　面试口才 (90)
第一节　面试的基本知识 (90)
第二节　面试准备 (95)
第三节　面试技巧与应答策略 (100)

第九章　竞聘口才 (108)
第一节　竞聘的基本知识 (108)
第二节　竞聘演讲的评价要素 (109)
第三节　竞聘答问的语言技巧 (114)
第四节　领导干部竞聘面试的方法 (116)

第十章　职场口才 (121)
第一节　职场的基本知识 (121)
第二节　与上下级沟通的艺术 (123)
第三节　与同事沟通的技巧与禁忌 (128)
第四节　职场上异性同事的沟通技巧 (134)

第十一章　公关口才 (137)
第一节　公关口才的基本知识 (137)
第二节　公关礼仪基础 (142)
第三节　各种常见场合的致辞 (144)
第四节　常见公关场合的礼仪技巧 (146)

第十二章　推销口才 (156)
第一节　推销的基本知识 (156)
第二节　推销的交谈艺术 (160)
第三节　推销异议和拒绝的处理 (164)
第四节　推销中的倾听和提问 (171)

第十三章　谈判口才 (179)
第一节　谈判的基本知识 (179)
第二节　谈判的一般技巧 (183)
第三节　谈判语言的使用原则与技巧 (186)

第十四章　导游口才 (191)
第一节　导游的基本知识 (191)
第二节　导游口才的类别 (193)
第三节　导游的解说技巧 (201)

第一部分

演讲

第一章 绪论

2004年11月28日,《北京青年报》、《京华时报》等众多媒体以"面试副局长,首次考演讲"为标题报道了北京市2004年公开选拔副局级领导干部的活动,与前五次"公开选拔"不同,这一次在对考生综合素质的面试中增加了演讲的内容,这个做法引起了社会的极大关注。随着社会生活方式不断现代化,交往的机会日渐增多,人们更需要通过演讲与口才来应对生活和工作的多方面需求与多元化选择。

那么什么是演讲呢?本章旨在对演讲的含义、类型、特点、作用以及演讲者必备的条件作初步的介绍。

第一节 演讲的基本知识

一、演讲的含义

(一)演讲的定义

演讲,也叫讲演或演说。《现代汉语词典》解释为:"就某个问题对听众说明事理,发表见解。"《辞海》的解释是:"在听众面前就某一问题表示自己的意见,或阐说某一事理。"其实这两个定义是大同小异的。

所谓演讲,就是演讲者在特定的环境中,借助有声语言和态势语言的手段,针对社会的现实和未来,面对广大听众发表意见,抒发情感,从而达到感召听众,并促使其行动的一种现实的信息交流活动。

(二)演讲的构成要素

要成为一名优秀的演讲者,需要对演讲的相关问题进行比较全面的了解。演讲作为人类的一种社会实践活动,它必须具备几个条件,即演讲者、听众和沟通二者的媒介——语言、时间和环境,离开其中任何一个条件都不构成演讲。

1. 演讲者

演讲者作为演讲活动的中心,是信息的传播者,是构成演讲活动的首要因素。它以整体形象,包括形体、仪表、着装、发型、举止神态等直接诉诸听众的视觉器官。而主体形象的美与丑、好与差,直接影响着演讲者思想感情的表达。它要求演讲者在符合演讲思想感情的前提下,衣着朴素、得体,举止优雅、大方,给听众一个美好庄重的外部形象。

2. 听众

听众作为演讲活动的参与者,是演讲活动中不可缺少的要素。他们根据自身的不同情况能动地接受演讲信息,并通过脸色、眼神、笑声、喊声、掌声等渠道对演讲产生信息反馈。

3.语言

演讲活动中演讲者与听众的主要沟通媒介是语言。

语言是人类交流最重要的符号系统。它包括有声语言和态势语言。有声语言包括语言和声音两个要素,它要求以流动的方式运载思想和情感,直接诉诸听众的听觉器官,要求吐字清楚、准确,声音清亮、圆润,语气、语调、节奏富于变化。态势语言要求演讲者以自己的各种姿态、动作、手势和表情即流动着的形体动作来辅助有声语言运载思想和感情,直接诉诸听众的视觉器官,并要求配合得准确、鲜明、自然、协调。

4.时间与环境

演讲的时间和环境是演讲活动得以进行的基本条件。

一般来说,演讲是在相对固定的时间里展开的,好的演讲活动应该有合适的场合、适当的布置、良好的音响、恰到好处的色彩和光线等。同时,时间与环境对演讲也具有一定的反作用,它在一定程度上制约着演讲的内容、语言及其表现方式。

二、演讲的类型

演讲的类型多种多样,不同的演讲类型会有不同的要求。如课堂演讲要深入浅出、循循善诱;法庭演讲要证据确凿、逻辑严密等。一般而言,可从演讲内容、演讲风格和演讲活动的不同方式等方面予以分类。

(一)按演讲内容划分

按内容,演讲可分为政治性演讲、学术性演讲、法庭演讲、生活演讲、宗教演讲五种类型。

1.政治性演讲

政治性演讲是针对国内外的政治问题与社会现实生活中出现的思想认识问题,进行分析、评论,阐明和宣传某种政治观点和主张的演讲,它是为了处理国内外重大事务和关系而向公众发表的、代表一定阶级或一定社会团体利益的讲话。

政治性演讲一般包括外交演讲、军事演讲、政府工作报告、政治宣传等,一些国家首脑的竞选演讲、就职演说也属于此类。

政治性演讲的基本特征是:旗帜鲜明的政治观点,雄辩严谨的逻辑威力,刚颈强烈的鼓动力量。如美国前总统约翰·肯尼迪1961年1月20日在华盛顿的就职演说(节选):

在世界的悠久历史中,只有很少几个世代的人赋有这种在自由遭遇最大危机时保卫自由的任务。我决不在这责任之前退缩,我欢迎它。我不相信我们中间会有人愿意跟别人及别的世代交换地位。我们在这场努力中所献出的精力、信念与虔诚,将照亮我们的国家以及所有为国家服务的人,而从这一火焰所聚出的光辉必能照明全世界。

所以,同胞们:不要问你们的国家能为你们做些什么,而要问你们能为国家做些什么。全世界的公民:不要问美国愿为你们做些什么,而应问我们在一起能为人类的自由做些什么。

这篇政治演说是美国历届总统就职演说中最精彩的演说之一。

2.学术性演讲

学术性演讲是就科学领域中的问题向公众表述研究成果或过程、传授科学知识和学术见解的讲话。它的受众构成比较单一,且演讲者一般会借助一些辅助手段来进行表述,如幻灯、投影、录音、挂图等。

学术性演讲一般指学校或其他场合的专题讲座、学术报告、学术发言、学术评论等。

学术性演讲的基本特征是：科学严谨的内容，真知灼见的独创性，平易准确的语言，多种多样的辅助手段。如：

纳米材料制备和应用研究所产生的纳米技术很可能成为21世纪前20年的主导技术，带动纳米产业的发展。世纪之交世界先进国家都从未来发展战略高度重新布局纳米材料研究，在千年交替的关键时刻，迎接新的挑战，抓紧纳米材料和纳米结构的立项，迅速组织科技人员围绕国家制定的目标进行研究是十分重要的。

纳米材料诞生多年来所取得的成就及对各个领域的影响和渗透一直引人注目。进入20世纪90年代，纳米材料研究的内涵不断扩大，领域逐渐拓宽。一个突出的特点是基础研究和应用研究的衔接十分紧密，实验室成果的转化速度之快出乎人们预料，基础研究和应用研究都取得了重要的进展。

这是一篇科学报告，与我们平时接触的演讲有所不同，它有一套专门的术语，而基于此所作的演讲则要求科学性和艺术性相结合。

3. 法庭演讲

法庭演讲是指公诉人、辩护人、辩护代理人、诉讼代理人、律师在法庭上所做的演讲。

法庭演讲主要包括检察官的演讲（起诉词）、律师的演讲（辩护词）、社会起诉词、社会辩护词、被告的自我辩护等。

法庭演讲的基本特征是：事实确凿，程序固定，逻辑严谨，有力雄辩。

如1933年2月，希特勒党徒制造了"国会纵火案"，焚烧德国国会大厦后嫁祸于共产党人，当时恰在德国的保加利亚政治活动家季米特洛夫被诬为纵火犯被捕。9月至12月，德国莱比锡法庭对季米特洛夫进行审判，季米特洛夫据理批驳，发表了著名的《在莱比锡法庭上的演讲》，运用有力的事实和严密的逻辑，揭穿了纳粹分子的阴谋，该演讲成为法庭演讲的典范。

4. 生活演讲

生活演讲是指演讲者就社会生活中存在的各种问题、风俗、现象而做的演讲，它表达了演讲者对这些问题的看法、见解和观点。

生活演讲涵盖的内容非常广泛，如亲情友谊、悼贺（悼词、贺词）、迎送（欢迎词、欢送词）、答谢等。

生活演讲的基本特征是：要求演讲者善于从纷繁复杂的社会生活现象中提炼出正确、鲜明、深刻的观点和主题，善于选择简洁、完整、典型的材料，同时利用人们喜闻乐见的演讲方式演讲。

如下例一酒宴祝词：

今天，在迎来了五年一度的经贸盛会——中国哈尔滨第五届边境、地方经济贸易洽谈会之际，我谨代表洽谈会筹备委员会欢迎国内外工商界新老朋友到会，洽谈贸易和经济技术合作项目，进一步加强相互了解，加深友谊，共同促进双方友好合作的发展，并预祝各位在本届洽谈会上取得丰硕成果，让我们共同干杯！

祝酒词主要表达祝愿性，因其场面比较隆重或热闹，因此不宜太长，言辞要简洁而有吸引力。

5. 宗教演讲

宗教演讲是指宗教神职人员在教堂宣传宗教教义、教规，讲授宗教故事或一切与宗教仪式、宗教宣传有关的激发宗教热情的演讲。这种演讲在我国的影响不大,听演讲和做演讲的人不多。

宗教演讲主要包括布道演讲(布道词)和宗教会议演讲。

宗教演讲的基本特征是:语言形象,事例丰富,精神感染力强。

如 John Henry Newman 的布道词《第二个春天》(节选):

世界受永动性的定规限制,尽管世界每时每刻都在死去,但它又无时无刻不在复生。崩解的确存在,但新的组织形式也应之而生,一个死亡是千个生命的开端。每一个小时的降临,见证的都既是世界的瞬逝,又是它的长存;亦有它的确凿,它乃是伟大的圆满。

世界仿佛水面倒影,景色不变,逝水恒流,日落日出;白昼为夜晚的辉光吞没,又诞生于夜晚之中,每一日都是崭新的一日,仿佛它从未黯淡熄灭。春分夏至,秋去冬来,之后春又重生,但更添几分确然,春天用再度降临战胜了坟墓,但是自出现的第一个小时起,春天又再回归它的坟墓。

我们哀悼五月鲜花的绽放,因为它注定枯萎,但我们知道五月迟早要用永不停歇的神圣循环的旋转向十一月发起报复——这些,在希望上教我们保持清醒,又在弃绝中要我们永不消沉。

(二)按演讲风格划分

按表现风格,演讲大体可分为激昂型演讲、深沉型演讲、严谨型演讲、活泼型演讲等。

1. 激昂型演讲

激昂型演讲是演讲者用热烈的情感和饱满的热情吸引听众的演讲。它富于鼓动性、号召性和呼吁性,能激发听众的感情,催人奋进,具有强大的感染力。

激昂型演讲的基本特征是:节奏快,起伏大,音量对比强烈,语言深情,掷地有声。

如闻一多的《最后一次演讲》:

这几天,大家晓得,在昆明出现了历史上最卑劣最无耻的事情!李先生究竟犯了什么罪,竟遭此毒手?他只不过用笔写写文章,用嘴说说话,而他所写的,所说的,都无非是一个没有失掉良心的中国人的话!大家都有一枝笔,有一张嘴,有什么理由拿出来讲啊!有事实拿出来说啊!(闻先生声音激动了)

为什么要打要杀,而且又不敢光明正大地来打来杀,而偷偷摸摸地来暗杀!(鼓掌)

这成什么话?(鼓掌)

闻一多的演讲直截了当,连连发问,情感如山崩水泻,势不可挡,一开始就把情感推向了高潮。

2. 深沉型演讲

深沉型演讲,其感情色彩深沉浓厚,节奏缓和,音量对比较弱,音色较柔和,语调平稳。

深沉型演讲的基本特征是:发人深省,具有启发性,适合于以正统、庄重、严肃、悲壮为基调的主题和内容。

如毛泽东在延安纪念鲁迅逝世周年大会上的演讲《论鲁迅精神》(节选):

综合了上述这几个条件,形成了一种伟大的"鲁迅精神"。鲁迅的一生就贯穿了这种精神。所以,他在艺术上成了一个了不起的作家,在革命队伍中是一个很优秀的很老练的先锋分子。我们纪念鲁迅,就要学习鲁迅的精神,把它带到全国各地的抗战队伍中去使用,为中华民族的解放而奋斗。

这篇演讲表达的是对鲁迅的怀念与赞颂，庄重而严肃，属情感深沉型演讲。

3. 严谨型演讲

严谨型演讲，是指演讲者以严密的思考和准确的逻辑吸引听众的演讲。

选择此类风格的演讲者，往往追求的是用命题本身去激发听众的思想，通过对命题的充分论述去说明某个道理。由于这类演讲逻辑性强，适合于一些哲理性的陈述，是说理时通常采用的一种演讲风格。诉诸理性的严谨型演讲，并不是说它不需要感情色彩，或全然不做加工和修饰，而是说它更注意对听众理智的征服以及很少显示过分粉饰的痕迹。

严谨型演讲的基本特征是：结构具有严密的逻辑性和清晰的条理性，论证严谨，语言准确缜密。

如美国前总统林肯的《在葛底斯堡国家烈士公墓落成典礼上的演说》：

八十七年前，我们的先辈在这块大陆上创建了一个新的国家，它孕育于自由之中，奉行一切人生来平等的原则。

现在我们正从事一场伟大的内战，以考验这个国家，或者任何一个孕育于自由和奉行上述原则的国家是否能够长久存在下去。我们在这场战争中的一个伟大战场上集会。烈士们为使这个国家能够生存下去而献出了自己的生命，我们来到这里，是要把这个战场的一部分奉献给他们作为最安息之所。我们这样做是完全应该而且非常恰当的。

但是，从更广泛的意义上来说，这块土地我们不能够奉献，不能够圣化，不能够神化。那些曾在这里战斗过的勇士，活着的和去世的，已经把这块土地圣化了，这远不是我们微薄的力量所能增减的。我们今天在这里所说的话，全世界不大会注意，也不会长久地记住，但勇士们在这里所做过的事，全世界却永远不会忘记。毋宁说，倒是我们这些还活着的人，应该在这里把自己奉献于勇士们已经如此崇高地向前推进但尚未完成的事业。倒是我们应该在这里把自己奉献于仍然留在我们面前的伟大任务——我们要从这些光荣的死者身上汲取更多的献身精神，来完成他们已经完全彻底为之献身的事业；我们要使国家在上帝福佑下得到自由的新生，要使这个民有、民治、民享的政府永世长存。

林肯于1863年11月19日发表的这篇著名演讲是严谨型风格的代表。虽不到3分钟，但感情深厚真挚，语言朴实精炼，洋溢着不可抵御的力量。它被铸成金文保存在牛津大学，是演讲中的典范之一。

4. 活泼型演讲

活泼型演讲能活跃会场气氛，给听众带来欢乐和活力，让听众在轻松愉快的氛围中受到教育和启发。它适合于交际演讲和针对青年的演讲。

活泼型演讲的基本特征是：节奏明快，语言变化幅度大，情调多变，表情丰富，感情热烈，表达通俗，善用比喻，表现力强，语言幽默而形象、清新而生动，令人感到亲切。

如下面一段演讲：

……

第二，对顾客要热情，情暖三冬雪，诚招天下客。脸上少挂霜，不善于笑的，就多听几段相声，多听几句笑话，案头上摆个弥勒佛。还要讲点仪表美，济公心灵够美了，请他老人家站柜台恐怕不行。

(三) 按演讲活动的方式划分

按活动方式，演讲可分为命题演讲、即兴演讲、辩论演讲三种。

这三种不同方式的演讲将在本书第四、五、六章中分别进行阐释,本章不作论说。

三、演讲的特点

1. 明确的目的性

每次演讲都应有一个既定目的,或者为了让听众接受某种主张、观点,或者为了让听众得到某种新知识、新信息,或者为了打动听众,使听众激动、兴奋。在演讲中,演讲者就社会普遍关注的问题或某种新的见解、某个理论问题进行剖析,直抒己见,给人启迪或鼓舞。在1998年3月召开的"亚洲青年领导人论坛"会议上,部分外国代表提出了"中国威胁论"的观点。中国代表团成员发表了即席演讲,题目是《中国热爱和平,渴望发展》。这篇演讲主题鲜明,论据充实,成功地回答了敏感而棘手的问题,宣传了中国的外交方针政策,展示了中国人的风采。一篇演讲,只有目的明确,才能事先围绕既定目的做好充分准备,才能获得演讲的成功。

2. 鲜明的时代性

演讲的时代色彩十分强烈,综观古今中外,仁人志士们总是以真理为武器,以演讲为号角,为时代呐喊,为历史的发展推波助澜。演讲无不烙上鲜明的时代色彩。

3. 强烈的鼓动性

鲜明的目的性决定了演讲从内容到语言有强烈的宣传鼓动性。

从传播角度看,演讲受众面广,具有传播快、说服力强、鼓动性大的特点,它能够使人知,使人信,使人赞同,使人感动,促人行动。

4. 感人的艺术性

演讲是语言的艺术,听众不仅听其声,解其意,还要观其形,悟其情。声、形、义、情等通过恰当的处理会产生一种感人的艺术魅力。

5. 和谐的综合性

演讲是演讲者品格修养、知识经验、思想情操、口语表达和风度仪态的综合体现,是演讲者的观察力、想像力、记忆力和表现力的综合运用,是诸多能力综合的口语实践活动。

四、演讲的作用

演讲,作为一种社会实践活动,作为人类的精神财富,之所以从古到今绵延不衰,其重要原因就是它具有强烈而广泛的社会作用,具有不可估量的社会价值和极其深远的历史意义。正因如此,古今中外,演讲无不被人们所重视、所利用,发挥着其独特的、巨大的作用。

演讲的作用,主要表现在以下几个方面:

(一)演讲是一种重要的宣传手段

秋瑾的《演说的好处》中指出:"随便什么地方,都可以随时演说。"演讲有种种好处,如不限时限地,不花钱,听者多且听得懂,天下事都可知晓。演讲的宣传作用主要体现在以下几个方面:

1. 政治方面的宣传鼓动

毛泽东在《反对自由主义》一文中批评有些人:"见群众不宣传,不鼓动,不演说,不调查,不询问,不关心其痛痒,漠然置之,忘记了自己是一个共产党员,把一个共产党员混同于一个普通的老百姓。"他认为,从事演讲活动是每一个革命干部的义务和职责。而历代的政治家,往往以演讲为武器,发表政见,阐明观点,批驳政敌和争取盟友。"一人之辩,重于九鼎之宝,三寸之舌,强于百万之师",说的就是这样一个道理。古今中外有许多著名的例子,如诸葛亮"舌战群儒"最终促成了孙刘联盟,美国黑人民权运动领袖马丁路德·金的《在林肯纪念堂前的演讲》大大推进了美国黑人的民权运动。

2. 科学知识的传播推广

当今,尽管科学技术高度发展使知识的传播途径不断增多,但演讲能使听众视觉、听觉直接得到真切的感受,因其现场的作用,能高度调动人们的注意力;演讲者的精神、风采、意志力,不仅能使听众在情绪、情感、意志等方面受到影响,也能引起听众的感应和反馈,产生综合效应,这是任何先进的传播手段都无法代替的。

因此,学校广泛开展的读书演讲、专题辩论演讲以及其他专题演讲,对培养学生的观察能力、综合分析能力、表达能力具有十分重要的作用。学者们在全国甚至全世界范围内举办学术交流会、报告会、讲座会以及邀请各方面的专业人才登台演讲,这些做法都对传播科学文化知识,推动社会进步有着非常积极的作用。

3. 对听众的教育和启迪

演讲是宣传教育的最佳形式。演讲者通过讲演"晓之以理,动之以情,授之以知,导之以美,明之以实,联之以身",散发着思想教育的魅力。因此,无论是宣传党的路线、方针、政策,开展群众思想工作,还是对青年一代进行前途、理想、道德、纪律的教育,演讲都是最理想的形式之一。

古希腊学者、唯物主义哲学家德谟克利特曾说过:"用鼓动和说服的语言来造成一个道德,显然比用法律和约束更能成功。"因为演讲重在阐发带有某种真理性的道理,以理服人,对听众产生启迪作用。这种真理的启迪作用,也就是一种理性的教育作用,它可以使人认识社会现实和历史状况,辨别客观事物的美与丑、真与假、善与恶,可以帮助人们以真理取代谬误,从而使听众的性格情操得到陶冶,思想感情得到净化,道德行为得到规范,最后变成一种内在的行为自觉,这就是演讲的教育作用所产生的最高境界。

(二)演讲是一种重要的交际工具

现代社会人们交往日益密切,信息也广为交流和传播,社交中的演讲可进一步深入人与人之间、团体与团体之间、国家与国家之间的了解,用正确的道德情感来感染和影响听众,从而使演讲者与听众之间产生情感的共鸣和交流,以加深彼此之间的友谊和关系。

应中共中央总书记胡锦涛的邀请,中国国民党主席连战率团于2005年4月26日开始对大陆进行访问。他在26日上午离开台北桃园机场时发表了如下演讲:

我希望两岸同胞都能掌握互惠互助共存共荣的双赢机会。我希望通过这次的访问,了解大陆最近以来各方面的发展实际情况,另一方面也希望利用这次机会和大陆领导人,针对两岸大家所关心的和平和经贸交流交换意见。

对我个人来说,距离上一次离开大陆,已经有59年也就是将近60年的间隔,我个人希望做个了结,不只是因为距离的关系,更是因为这一段令人心酸的历史。

此次访问包括之后的多次沟通与交流,连战都表达了维护国家主权和领土完整、反对"台独"分裂、推动两岸关系和平稳定发展的强烈愿望和态度,这些都获得了两岸同胞的肯定和赞扬,促进了海峡两岸的交流和往来。

(三)演讲有助于能力的培养

俗话说"台上一分钟,台下十年功",演讲家都不是天生的,而是后天实践造就的,是经过艰苦的努力才成功的。要想成为一个杰出的演说家,在台上出类拔萃,就必须具备站在时代前沿的思想、渊博的学识、丰富的阅历等多方面的优良素质,而这些素质都必须依靠演讲者努力学习并进行长期的实践总结。古往今来的许多伟大人物都有多种才能和优异的素质。美国总统尼克松在他的《回忆录》中对许多领袖人物都有评价,他认为周恩来的敏捷机智,大大超过他所知道的其他任何一位世界领袖;丘吉尔也是一位了不起的演讲家,他能使几乎所有听众为之着迷;而戴高乐的口才,则是用出色的表演技巧以及自己编造的巧妙的双关语,去争取各种观点完全不同的人的支持。

同时,演讲也可培养一个人的敏捷思维能力、良好的表达能力、敏锐的观察能力、准确的判断能力、迅速的应变能力和较强的记忆能力,这些都是一个优秀演说家应有的品质,而它们的成就是靠刻苦磨炼取得的。如果只有渊博的学识、精深的思想,是不能成为演说方面的"家"的。就像著名作家茅盾、数学家陈景润,他们分别在文学和数学领域有卓越贡献,但口头表达能力较差,在一定程度上影响了他们的贡献。

总之,演讲是造就优秀人才的方式之一,同时又是考核人才的重要方式。当代青年,凡有较强的人生价值观和成才意识的,必然会重视演讲,注意开发、培养自己的演讲能力。

五、演讲的基本要求

1. 内容——正确感人

内容是演讲的生命。优秀的演讲应当是新颖正确的思想内容与感人的表达技巧的完美结合。单纯追求技巧而内容空泛或情感虚假的演讲,会给听众以哗众取宠或无病呻吟之感。

演讲中的价值判断能力非常重要,也是演讲是否具有感染力的要素。例如,在《我愿做一支燃烧的蜡烛》这篇演讲中,李莹洁老师在谈到当教师是不是合算时说:

的确,作为教师,我们失去了很多……没有显赫一时,没有流芳百世,有的只是年复一年的默默教学。从这点讲,我们是不合算的,然而我们的生命将在一批又一批的学生身上延续,我们的青春将在一代又一代的青年身上闪光。这对于一个有限的生命体来说,不正是超越自身而永生吗?请问,世界上还有什么比这更幸福的呢?

正因为李老师有这样的价值观和幸福观,因而甘愿做一支燃烧的蜡烛。她的演讲情真意切,感人肺腑。

2. 表达——晓畅生动

演讲者的口语应当准确、规范、流畅且富有逻辑力量。用语要尽量通俗,克服专业术语和华丽词藻的堆砌现象;说话要清晰,要达到适当的响度。例如在例文《敬业与乐业》中,演讲者在引用了孔子的两句话后,说道:"孔子是一位教育大家,他心目中没有什么人不可教诲,独独对于这两种人便摇头叹气说道:难!难!可见人生一切毛病都有药可医,惟有无业游民,虽大圣人碰着他,也没有办法。"这些话说得既晓畅又生动。

3. 感情——朴实真诚

演讲要以理服人,以情动人,单纯的"逻辑征服"并不能引起听众的共鸣。从接受心理学角度说,演讲应当是感情交流的过程,而感情只有朴实真诚才能打动别人。例如例文《我愿做一支燃烧的蜡烛》中有这样一段话:

当然，我们有烦恼，有忧愁，还有委屈。因为我们也是普普通通的人，只是为了美好的追求，我们才把这一切埋在心底。在我们成都一所普通中学里，有位姓郭的老师，上课时，他经常向学生请假跑厕所。为什么？谁也不知道。直到医院通知学校，郭老师的膀胱癌已到晚期，大家才明白过来。临终时，郭老师说："我不能请假啊！大家都忙，我落下了课，什么时候补啊！"郭老师不是党员，也不是劳模，生前没有一句豪言壮语，死后也没有被追认什么光荣称号。然而他却尽到了一个教师的责任，为培育人才作出了毕生的贡献。

这段话要说的道理在最后一句"郭老师不是党员……毕生的贡献"，但如果只说这一句，就不能感动听众，只有加上前面的叙述，听众才会被郭老师的事迹所打动，才能被演讲者朴实而饱含感情的叙述感动。

4.体态——自然得体

演讲是由"演"和"讲"两方面构成的，其中的"演"除语音形态外，主要指的是体态，包括仪表举止、手势表情等，这些都应当是自然流露的"副语言"，它同口语相互补充、配合，成为表情达意的重要工具。演讲的体态要服从表达的需要，要体现自己的表达个性，做到自然得体。

第二节　演讲者的条件

一、演讲者应具备的修养

演讲是一种思想观念的传播，一种自我形象的展示。要使演讲获得成功必然要求演讲者具有较好的修养。那么，演讲者需要在哪些方面加强修养呢？概括地说，必须有先进的科学的思想、高尚的道德情操和丰富而渊博的知识等。

(一)先进的科学的思想

无论哪个时代，优秀的演讲者都具有先进的、科学的思想。可以说，一个没有先进的、科学的思想的人，是无法通过演讲给别人以启示，提升思想意识、道德观点。

演讲的目的是教育人、启迪人，提高听众的思想认识、科学文化水平。这就要求演讲者具有远见卓识、高瞻远瞩的思想水平，识前人所未识，讲前人所未讲。

历史上许多著名的演讲家如西塞罗、林肯、马克思，他们无一不是伟大的思想家，他们的演讲也无时不闪烁着真理、科学、智慧的光芒。今天我们提倡的"要给别人一杯水，自己先得有一桶水"，也就是这个道理。尤其在科技高度发展的时代，新知识、新学科不断涌现，更需要演讲者努力学习，迅速掌握各种新思想、新科学和新方法，以更好地服务于听众。此外，作为一名演讲者，须具有高度的责任感，时时刻刻把自己当做正确思想的"传播器"，善于分析各种现象，以正确的思想指导自己的演讲活动。

(二)高尚的道德品质

中国有这样的古语："其身正，不令则行；其身不正，虽令不行。"这从某个侧面说明了演讲者的道德品质的重要性。在生活中，任何一种行为都会直接或间接地与他人或社会发生关系，并受到一定的社会规范的限制和影响，演讲也是如此。演讲者作为演讲活动的主体，更应以一个具有高尚道德水准的形象出现在公众面前，带头恪守社会道德规范。为此，演讲者自身必须体现出一种人格美,只有这样,才能让听众发现他身上闪耀的道德的光辉,也只有这样才能为听众所认同。一个自私自利的人在台上大讲奉献精神,是不能令人信服的。演讲者在道德修养方面要具备以下四点:

1. 具有良好的政治道德。也就是要有良好的政治品质,坚定的理想信念,以爱国主义、奉献精神、民主思想作为演讲的思想基础。

2. 遵守职业道德。演讲者必须遵守自己从事的职业的道德,诚实守信、以人为本、恪守职业机密等,有些特殊行业还要遵守相应的职业道德,如师德、医德等。

3. 维护社会道德。演讲者在一举手一投足间应该讲究文明礼貌,彬彬有礼,遵守爱护公物、保护环境、遵纪守法等社会公德。

4. 信守伦理道德。演讲者必须具备高尚的伦理观、崇高的公共道德,这样才能把正确的伦理道德观念传播给听众。

(三)丰富而渊博的学识

丰富而渊博的学识是成功演讲的前提或保证。古今中外的演讲家无一不是学识渊博的人。他们之所以能在演讲中旁征博引、妙语惊人,打开人们的心灵之窗,把生动、具体而又恰当的事例,自然地、准确地组织到演讲中去,出口成章,使听众感到演讲内容丰富,绚丽多彩,新颖有趣,久听不厌,就是因为他们有博览群书、学富五车的知识积累。

在当今科技高速发展的时代,各种学科高度分化和高度综合,演讲者如果不了解新知识,跟不上现代科学文化发展步伐,就不会使演讲充实、新鲜、生动。

如果思想落后、知识陈旧,就会使演讲与当今社会的发展大相径庭,那就起不到演讲的作用。所以,演讲者要系统地学习现代科学文化知识,同时发扬传统文化知识中的精华部分。不仅要学些社会科学,还要有自然科学知识,只有学识渊博、知识丰富,思想才能博大精深,使演讲内容充实、见解新颖,让人听后拍案叫绝,从而产生出更好的演讲效果。

二、演讲者必备的能力

演讲者要作一场新颖、深邃、精彩的演讲,除了首先要在思想、品德、学识等诸方面认真、刻苦地加强修养外,还必须努力培养各种适应演讲需要的能力,或者说才能。现就演讲者的几种能力作如下概括。

(一)敏锐的观察力

观察力以视觉感受器官感受事物存在,是经由感观获得的对外部事物的认识能力。敏锐的观察力是创造性的主观把握,是艺术创作、科学研究所必需的能力。达尔文曾说:"我既没有突出的理解力,也没有过人的机智。只是在感受那些稍纵即逝的事物并对其进行精细观察的能力上,可能在众人之上。"演讲者不仅准备演讲时需要这种能力,演讲中需要这种能力,就是在演讲后也需要这种能力。在准备演讲时,有了敏锐的观察力,就能从普普通通的生活中,获取大量的典型材料、有价值的信息,并从中发现规律性的东西,这样,不仅使演讲内容丰富多彩,而且也必定反映出生活的本质和社会的主流意识。反观观察力弱的人,纵然看得很多,也可能一无所获。

在演讲中,有了敏锐观察力,就可以了解听众的表情、心理及环境的变化,及时调整演讲的内容、方式、节奏,掌握主动权。演讲时的观察方法有两种:环视法和点视法。这两种方法在演讲中都经常使用。黑格尔曾说:"既然要产生一种活的实践效果,演说家首先就要充分考虑到演讲场合以及听众的理解力和一般性格,否则,他的演讲就会由于对时间、地点和听众都不适合而不能达到所期待的实践效果。"这段话不仅指出了观察力对于演讲效果至关重要,而且也指出了演讲者在演讲中所观察的范围和内容。这是值得演讲者认真注意的问题。

演讲者在演讲之后也应当细致观察周围的情况,加以综合分析,并结合自己的演讲所产生的效果进行认真的总结,找出演讲的不足之处,以便在今后的演讲中加以克服,并认真吸取其他演讲者的宝贵经验,取长补短,获得更多的临场经验,使自己的演讲臻于成熟,促使演讲能力的提高与强化。

(二)丰富的想像力和联想力

在演讲中,想像力如同"点金术",有了它就可以贯穿古今、纵横万里,使演讲内容充实、新颖而多采。才能将各种与之相关的事物与演讲主题巧妙地结合起来,讲起来才能文思泉涌,增强演讲的深度、广度和感染力。这需要演讲者努力培养自己的好奇心和探究力,对任何事物都有一种求知欲望,并逐步增加经验,为想像力的发挥打好基础。

法国评论家让·保罗曾说过:"想像力能使一切片段的事物变为完全的整体,使缺陷得到弥补;它能使一切事物都完整化,甚至也使无限的、无所不包的宇宙变得完整。"由此可见,想像力是所有事物趋于完善的能力之一。

联想力则是在类似的或相关的条件刺激下,回忆起过去与之相关的生活经验和思想感情。在演讲中产生的联想,可丰富演讲的内容,增强情感色彩。在演讲中,想像力和联想力可以"观古今于须臾,抚四海于一瞬"。爱因斯坦曾说过:"想像力比知识更重要。因为知识是有限的,而想像概括着世界上的一切,推动着人类进步,成为知识进化的源泉,是科学研究的实在因素。"

在演讲中,由于演讲者的想像力和联想力丰富,思维才能更加活跃,创造力才更强,通过严谨的构思,严密的推理,将各种各样的事物,巧妙而有机地组合起来并使之浑然一体,从而增强演讲的深度和广度。

(三)较强的记忆力

演讲者在演讲前的准备阶段,应博览群书,掌握大量材料和信息。在写演讲稿时,凭着良好的记忆力,如囊中取物一样,将适当的材料和信息迅速、准确、有效地组织到演讲稿中。在演讲时,靠记忆力,把演讲稿的主要材料、观点、事例牢记于心,讲起来才能做到口若悬河,滔滔不绝。

一个人如果记忆力不强,大脑中没有储存较多的有价值的信息,又怎么能写好演讲稿呢?就是勉强去讲,也只能是丢三落四,词不达意,怎么能说服听众、感染听众呢?精彩的演讲如同江河直泻,需要演讲者不时地闪现出灵感。当一个新思想出现时,却忘记了应当阐述思想的原材料,这又怎能为全篇演讲增光添彩呢?可见,在整个演讲的过程中,演讲者是片刻离不开记忆力。只有有了较强的记忆力,演讲起来才能左右逢源、游刃有余,才能口若悬河、滔滔不绝。

前文讲过美国总统林肯在葛底斯堡的演讲,是语言学习的典范。这次演讲中林肯提出了"要使那个民有、民治、民享的政府不至于从地球上消失",这句话是林肯在现场创造出来的吗?不是,是他储存在大脑中的信息再利用。

林肯的律师伙伴贺恩登，曾送一本巴克尔的演说全集给他，林肯读完了全书，并且记下了书中这句话，"民主就是直接自治，由全民治理，属于全体人民，由全体人民分享"。英国宗教改革家威克利夫在圣经的英译本前言中说："这本圣经是为民有、民治、民享政府而翻译的。"可见，林肯是综合了大脑储存的各方信息才把"民有、民治、民享"作为治国思想在演讲中提出的。

（四）较强的口语表达能力

演讲如果离开了口语表达能力就不能称其为演讲。演讲稿写得再好，表达不出来，演讲也不会成功。但是，口语表达能力并不是天生的，而是后天训练形成的，并且与思想意识的成熟度密切相关，世界上著名的思想者，都是天才的演讲家。

林肯在当选美国总统之前是一位出色的律师，多次法庭辩护演讲轰动全美国。他也同许多演讲家一样，靠苦练获得如此能力。他年轻时，经常徒步三十英里，到一个法院去听律师们的辩护词，听他们如何辩论，看他们如何做手势。他一边听那些政治演说家声若洪钟、慷慨激昂的演说，一边模仿他们的样子。他还去听那些云游四方的传教士挥舞手臂、声震长空地讲经布道，回来后也学他们的样子进行实际训练。为了练就口才，提高演讲水平，他曾对着大树、树桩、成片的玉米地演讲过多次。终于练得了优秀演讲家的口才。

我国早期无产阶级革命家、演讲家萧楚女，更是靠平时的艰苦训练，练就了非凡的口才。萧楚女在重庆国立第二女子师范教书时，除了认真备课外，他每天天刚亮就跑到学校后面的山上，找一处僻静的地方，把一面镜子挂在树枝上，对着镜子开始练演讲，从镜子中观察自己的表情和动作。经过这样的刻苦训练，他掌握了高超的演讲艺术，他的教学水平也很快提高了。1926年，他年方三十，就在毛泽东同志主办的广州农民运动讲习所工作，他的演讲至今受到世人的推崇。

梅花香自苦寒来。上述例子可以说明，任何一个人的演讲才能，都不是天生的。哪怕笨嘴拙舌，只要不怕困难，像古雅典雄辩家德摩斯梯尼那样，为了纠正口吃把小石子含在嘴里朗读，迎着大风和波涛讲话；为了去掉气短的毛病，他一边在陡峭的山路上攀登，一边不停地吟诗；为了改掉说话耸肩的坏习惯，他在头顶上悬挂一柄剑刻苦练习。如此刻苦努力，就一定能不断地提高自己的演讲水平，成为口吐珠玑的演讲家。

总之，演讲者所具备的修养愈高愈深，能力愈强，演讲成功的概率也就愈大。可以说，演讲者修养和能力的培养是无止境的。

【复习思考】

1. 什么叫演讲？演讲包括哪些要素？
2. 演讲的类型有哪些？
3. 简析演讲的特点。
4. 演讲的作用主要体现在哪几个方面？
5. 演讲者应具备的修养和能力有哪些？

第二章 演讲稿知识

第一节 演讲稿的基本知识

一、演讲稿的概念

演讲稿也叫演说词,是在较为隆重的仪式上和某些公众场所发表的讲话文稿。演讲稿是进行演讲的依据,是对演讲内容和形式的规范和提示,体现着演讲的目的和手段、演讲的内容和形式。演讲稿是人们在工作和社会生活中经常使用的一种文体,它可以用来交流思想、感情,表达主张、见解;也可以用来介绍自己的学习、工作情况和经验等。演讲稿具有宣传、鼓动、教育和欣赏等作用,可以把演讲者的观点、主张与思想感情传达给听众以及读者,使他们信服并在思想感情上产生共鸣。

二、演讲稿的特点

演讲稿具有一般文章的特性,要符合一般文章的写作要求,但演讲稿又是适应演讲的特殊需要而写作的一种应用文体。它既具有一般议论性质的应用文的特性,又有文艺作品运用多种艺术手法、感情色彩浓厚等方面的特点。

一般的演讲稿具有以下几个特点。

1. 较强的可讲性

由于演讲要诉诸口头,拟稿时必须以易说能讲为前提,要贴近现实。演讲的关键在于"讲",而不在于"演",它以"讲"为主、以"演"为辅。如果说有些文章和作品主要通过阅读欣赏,领略其中的意义和情味,那么,演讲稿的要求则是"朗朗上口,声声入耳"。一篇好的演讲稿对演讲者来说要可讲,对听讲者来说应好听。因此,演讲稿写成之后,作者最好能通过试讲或默念加以检查,凡是讲不顺口或听不清楚之处,如句子过长或者艰涩难懂,都应该修改、调整。

下面我们来看看1941年12月8日罗斯福在《一个遗臭万年的日子》中是如何运用短句达到自己的演讲目的的。

(日本军队)昨天对于夏威夷群岛的进攻,给美国海陆军部队造成了严重的损失。我遗憾地告诉各位,很多美国人在攻击中丧失了生命。此外,根据电报得知,美国船只在旧金山港和火奴鲁鲁岛之间的公海上,也遭到了鱼雷的袭击。

昨天,日本政府已对马来西亚发动了进攻。

昨天晚上,日本政府进攻了香港。

昨天晚上,日本政府进攻了菲律宾群岛。

昨天晚上，日本政府进攻了威克岛。

今天凌晨，日本人进攻了中途岛。

在这篇著名的演讲中，罗斯福用短句列举了大量的事实，充分说明日本的侵略是蓄谋已久的，短句的说服力远非长句能比，而排比造成的气势也非同一般。这一小段演讲词铿锵有力，语感和听觉效果都很好，其愤懑之情溢于言表，很能调动听众情绪。

2. 较强的针对性

演讲是一种比较普遍的社会活动，是用于公众场合和某些仪式上的宣传形式。为了以思想、感情、事例和理论来晓谕听众、打动听众、"征服"群众，演讲必须要有较强的针对性。首先应该明白听众有不同的对象和不同的层次，而公众场合也有不同的类型，例如，学校、社会团体、宗教团体、组织集会、专业性会议、各种俱乐部、各类竞赛场合，写作时要根据不同场合和不同对象，为听众设计不同的演讲内容。其次是作者提出的问题是听众所关心的问题，评论和论辩要有雄辩的逻辑力量，要能为听众所接受并心悦诚服，这样，才能产生应有的社会效果。

3. 较强的感染力

演讲是一门语言艺术，好的演讲自有一种激发听众情绪、赢得好感的鼓动性。要做到这一点，首先要依靠演讲稿思想内容的丰富、深刻，见解精辟，有独到之处，发人深省，语言表达要形象、生动，富有感染力。如果演讲稿写得平淡无味，毫无新意，即使在现场"演"得再卖力，效果也不会好，甚至相反。好的演讲稿，语言应该是生动感人的，如恩格斯的《在马克思墓前的讲话》：

3月14日下午两点三刻，当代最伟大的思想家停止思想了。让他一个人留在房间里还不到两分钟，当我们再进去的时候，便发现他在安乐椅上安静地睡着了——但已经永远地睡着了。

恩格斯把马克思的"逝世"改成"睡着了"，这样不仅形象地写出了马克思逝世从容、安详的神态，而且也饱含了作者内心无限悲痛的感情。

第二节 演讲稿的结构

演讲稿的结构分开头、主体、结尾三部分，其结构原则与一般文章的结构原则大体一致，其结构一般模式是古希腊亚里士多德所认定的"三一律"。从形式上看，这三个部分各自独立，各有各的意义和作用；从内容上看，则是统一的，是同一个主题、题材和材料在不同部位的表现，要达到的是同一个目的。由于演讲是具有时间性和空间性的活动，因而演讲稿的结构还具有其自身的特点，尤其是它的开头和结尾有特殊的要求。

一、开头要抓住听众，引人入胜

演讲稿的开头，也叫开场白。开场白是演讲稿中很重要的部分，在演讲稿的结构中处于显要的地位，具有重要的作用。好的开场白能够紧紧抓住听众的注意力，为整场演讲的成功打下基础。常用的开场白有点明主题、交代背景、提出问题等。不论哪种开场白，目的都是使听众立即了解演讲主题、引入正文、引起思考。由于在整个演讲稿中的显要地位，以及特殊的作用，一般来说，在开头部分演讲者要引入他所要阐释的主题，使听众心中有数；另外，好的开头还要能抓住听众，通过一定技巧使听众有继续听下去的兴致，如果故弄玄虚，乱加渲染，就会弄巧成拙,甚至事与愿违,引起听众的反感。同时,演讲稿的开头部分也从侧面反映出了演讲者的文风,所以演讲内容不同,开头的方式也可以灵活选择。如古人所说:"善于始者,成功已半。"好的开头,能唤起听众的兴趣和求知欲,产生巨大的吸引力,紧紧抓住听众的兴趣,使听众非听下去不可;好的开头,能为全篇演讲定下基调,是庄重严肃,还是喜庆欢快,抑或诙谐幽默,往往一开始就给人以清晰的印象;好的开头,画龙点睛,勾勒提要,能自然顺畅地引领下文,把听众带进声情并茂的演讲情境中去,造成有利于接受演讲观点的心理定式。

开场白有两项任务:一是建立说者与听者的同感;二是打开场面,引入正题。好的演讲稿,一开头就应该用最简洁的语言、最经济的时间,把听众的注意力和兴奋点吸引过来,这样,才能达到出奇制胜的效果。开场白的技巧主要有以下几点:①楔子。用几句诚恳的话与听众建立个人间的关系,获得听众的好感和信任。②衔接。直接地反映出一种形势,或是将要论及的问题,用某一件小事、一个比喻、个人经历、逸事传闻、出人意料的提问等衔接起来。③激发。可以提出一些激发听众思维的问题,把听众的注意力集中到演讲中来。④触题。一开始就告诉听众自己将要讲些什么。

演讲稿的开头有多种方法,常用的主要有以下几种。

1. 开门见山,提示主题。这种开头是一开讲就进入正题,直接提示演讲的中心。
2. 介绍情况,说明根由。这种开头可以迅速缩短与听众的距离,使听众急于了解下文。
3. 提出问题,引起关注。这种方法是根据听众的特点和演讲的内容,提出一些激发听众思考的问题,以引起听众的注意。

1984年4月30日下午,复旦大学礼堂里700多名学生正在等待着来访的美国总统里根的演讲。谢希德校长致欢迎词后,里根总统开始了他长达半个小时的演讲。他首先向复旦师生转达了美国人民的问候,接着说:"我们动身以前,我的工作人员与在美国哈佛大学攻读比较文学博士学位的贵校青年教师叶扬谈了话,他要我告诉大家,他的近况很好,目前正在赶写春季学期论文,他很想念大学,他要我给他过去的学生、同事、朋友和家人带个口信,要我替他说:'我想念大学。'他要我告诉大学,他准备回复旦教书。他要我转告谢校长,说他一直记着您对他的友情和鼓励。他说您是一位非常出色的女士,一位出色的教育家。他上学期每门功课都得了'优',你们听了一定会感到自豪。我们恭贺他学习成绩优异,他却说:'我自己没什么可骄傲的,但我为我那所大学感到骄傲。'"

里根说了这些后,谢校长一脸讶然,立刻问一旁的教务长:"叶扬是谁?"教务长说:"我也不知道啊。"众师生也觉得从未听说过叶扬,都聚精会神听着里根的下文。

出现这种情况很正常,一个大学的校长不一定认识每一个同学,而叶扬也毕业多年,他后几届的同学不知道他也很正常,但是异国的一个总统却能说得出这个学校的一个普通学生的名字,顿时掌声如雷。

原来里根来复旦演讲之前在美国做了一件事,他派手下到华盛顿的一所大学里找一名复旦大学毕业的学生,前提是不要很有名。在离开美国之前,里根跟这位学生通了一次电话,并说他即将对中国进行国事访问并在复旦发表演讲,看他是否要捎信给母校。于是就有了里根演讲开头的那一段。

除了以上三种方法,还有释题式、悬念式、警策式、幽默式、双关式、抒情式等方法。

二、主体要环环相扣，层层深入

演讲稿的主体是指开头和结尾之间的文字，它是演讲的主要部分。主体必须有重点、有层次、有中心语句。演讲主体的层次安排可按时间或空间顺序排列，也可以平行并列、正反对比、逐层深入。由于演讲材料是通过口头表达的，为了便于听众理解，各段落应上下连贯，段与段之间有适当的过渡和照应。在行文的过程中，要处理好层次、节奏和衔接等几个问题。主体演讲得如何，决定着本篇演讲质量的好坏；论点是否令人信服，决定于主体的阐述。"猪肚"大而丰，有血有肉，是演讲稿主体的鲜明特点。演讲内容上有详有略，篇幅上有长有短，这样才能使整篇演讲显得有重点。演讲稿的重点，或是要让听众了解的重要信息或是希望取得听众赞同的看法、认识，或是领导者期望下属心领神会并在行动中加以贯彻执行和大力推广的意志、意图，随演讲内容的不同而各有所异。如果在演讲稿的篇首提出了重点，那么在主体部分还要进一步加以详细阐述，否则演讲一结束，听众就把重点忘了。

演讲稿主体，篇幅较大。要使演讲的观点站得住、立得牢，就必须做到内容充实丰满、有血有肉。围绕中心论点，处理好论点与论据间的关系，合乎逻辑地逐层展开论述，做到结构合理，层次清楚，过渡自然。最理想的效果是着重讲演的部分也正是听众印象最深、感触最多的部分。重点表现在一两个问句上的情况很少，绝大部分是集中在由几个段落结合而成的一个层次、一个部分，或集中在一个层次、一个部分的某几个段落上。重点集中是一个办法，也可以重点分散在全篇各部分中，层层展开，但必须做到"形散而神不散"。

1. 要有层次感

层次是演讲稿思想内容的表现次序，它体现着演讲者思路展开的步骤，也反映了演讲者对客观事物的认识过程，演讲稿结构的层次是根据演讲的时空特点对演讲材料加以选取和组合而形成的。由于演讲是直接面对听众的活动，所以演讲稿的结构层次是听众无法凭借视觉加以把握的，而听觉对层次的把握又要受限于演讲的时间。

那么，怎样才能使演讲稿结构的层次清晰明了呢？根据听众以听觉把握层次的特点，显示演讲稿结构层次的基本方法是在演讲中树立明显的有声语言标志，以此适时诉诸听众的听觉，从而获得层次清晰的效果。演讲者在演讲中反复设问，并根据设问来阐述自己的观点，就能在结构上环环相扣，层层深入。此外，演讲稿用过渡句，或用"首先"、"其次"、"然后"等语词来区别层次，也是使层次清晰的有效方法。

2. 要有节奏感

节奏是指演讲内容在结构安排上表现出的张弛起伏。演讲稿结构的节奏既要鲜明，又要适度。平铺直叙、呆板沉滞，会使听众紧张疲劳，而内容变换过于频繁，也会造成听众注意力涣散。所以，插入的内容应该为实现演讲意图服务，而节奏的频率也应该根据听众的心理特征来确定。

演讲稿结构的节奏，主要是通过演讲内容的变换来实现的。演讲内容的变换，是在一个主题思想所统领的内容中，适当地插入幽默、诗文、逸事等内容，以便听众的注意力既保持高度集中而又不因为高度集中而产生兴奋性抑制。优秀的演说家都非常擅长使用这种方法。

3. 要有衔接感

衔接是指把演讲中的各个内容层次联结起来，使之具有浑然一体的整体感。由于演讲的节奏需要适时地变换演讲内容，因而也就容易使演讲稿的结构显得零散。衔接是对结构松紧、疏密的一种弥补，它使各个内容层次的变换更为巧妙和自然，使演讲稿富于整体感，有助于演讲主题深入人心。演讲稿结构衔接的方法主要是运用同两段内容、两个层次有联系的过渡段或过渡句。

三、结尾要言短意长，余味无穷

结尾是演讲内容的自然收束，它起着深化主题的作用，与开头一样重要。好的结尾，有如咀嚼干果，品尝香茗，令人回味再三。如果演讲的开头和高潮很精彩，结尾又出人意料、耐人寻味，则是锦上添花，给人以美的享受。言简意赅、余音绕梁的结尾能够使听众精神振奋，并促使听众不断地思考和回味；松散疲沓、枯燥无味的结尾则只能使听众感到厌倦，并随着时间的推移而被遗忘。怎样的结尾才能给听众留下深刻的印象呢？美国作家约翰沃尔夫说："演讲最好在听众兴趣达到高潮时果断收束，未尽时戛然而止。"这是演讲稿结尾最为有效的方法。在演讲处于高潮的时候，听众大脑皮层高度兴奋，注意力和情绪都由此而达到最佳状态，如果在这种状态中突然收束演讲，那么保留在听众大脑中的最后印象就特别深刻。结尾的方法有归纳法、引用法、反问法等。归纳法是概括一篇演讲的中心思想，总结强调主要观点；引用法则是引用名言警句，升华主题、留下思考；反问法是以问句引发听众思考和对演讲者观点的认同。此外，演讲稿的结尾也可以用感谢、展望、鼓舞等语句作结，使演讲能自然收束，给人留下深刻印象。

演讲稿的结尾没有固定的格式，或对演讲全文要点进行简明扼要的小结，或以号召性、鼓动性的话收束，或以诗文名言以及幽默俏皮的话结尾，但一般原则是要给听众留下深刻的印象。例如，古希腊著名演说家德摩斯梯尼发表的《斥腓力演说》这样结尾：

敌人正在对我们铺罗设网，四面合围，而我们却还呆坐着不求应付。同胞们，我们究竟要到什么时候才能采取行动。当雅典的航船尚未覆灭之时，船上的人无论大小都应该动手救亡。一旦巨浪翻上船舷，那就一切都会同归于尽……即使所有民族同意忍受奴役，就在那个时候我们也要为自己而战斗。辞令的灵魂就是行动！行动！再行动！

第三节　演讲稿的写作

一、演讲稿的写作

无论是脱稿演讲，还是读稿演讲，即便是提纲式演讲，演讲辞都要遵循一定的规则来构成。当演讲者走上演讲台，首先要向听众亮相，开场白一定要先声夺人，抓住听众。瑞士作家温克勒说："开场白有两项任务：一是建立演讲者与听众的通感；二是如字义所释，打开场面，引入正题。"好的演讲辞，一开头就应该用最简洁的语言、最短的时间，把听众的注意力和兴奋点吸引过来，这样，才能达到出奇制胜的效果。那么开场白怎样写作呢？

1. 开场白部分

开场白部分通常包括楔子、衔接语、激发听众、揭题等一些内容。

（1）楔子。用诚恳的话与听众建立良好的沟通关系，获得听众的好感和信任。

（2）衔接语。采用某一件小事、一个比喻、一段个人经历、流行时尚话题以及出人意料的提问等将主要演讲内容衔接起来。

（3）激发听众。提出一个与演讲话题密切相关的问题，制造悬念，激发听众的兴趣，把他们的注意力集中到演讲中来。

（4）揭题。一开口就告诉听众自己将要讲些什么。世界上许多著名的政治家、国家领导人、演讲家经常以这样的方式开始演讲。

2. 开头部分

开场白讲完之后，演讲正式开始，演讲辞开头常用的方法主要有以下几种：

（1）开门见山，揭示主题。这种开头是一开讲就切入正题，直接告诉本次演讲的主题是什么。例如，宋庆龄在《接受加拿大维多利亚大学荣誉法学博士学位仪式上的讲话》的演讲辞是这样开头的："我为接受加拿大维多利亚大学荣誉法学博士学位感到荣幸！"运用这种方法，必须先明确地把握演讲话题的中心，把要向听众提出的观点亮出来，使听众一听就知道演讲的中心是什么，能够马上集中注意力。

（2）介绍情况，说明原由。这种开头可以迅速缩短与听众的距离，使听众急于了解下文。例如，恩格斯在1881年12月5日发表的《在燕妮·马克思墓前的讲话》的开头："我们现在安葬的这位品德高尚的女性，于1814年生于萨尔茨维德尔。她的父亲冯－威斯特华伦男爵在特利尔城时和马克思一家很亲近，两家的孩子从小在一块长大。当马克思进入大学的时候，他和自己未来的妻子已经知道他们的命运将永远地连接在一起了。"这个开头对葬礼的人物、生平做出了清楚、明确的介绍，为进一步向听众揭示主题作了很好的铺垫。

（3）提出问题，引起关注。这种方法是根据听众的特点和演讲的内容，提出一些引发听众思考的问题，以激起听众的好奇心。例如，19世纪美国废奴运动的领袖弗雷德里克·道格拉斯，在美国纽约州罗彻斯特市举行的国庆大会上的演讲辞——《谴责奴隶制的演说》，一开讲就以愤怒的语句把听众带入了激动的情境中："公民们，请恕我问这样一句，今天为什么邀我在这儿发言？我所代表的奴隶们，同所谓的国庆节有什么相干？《独立宣言》中阐明的政治自由和生来平等的原则难道也普降到了我们的头上？因此，让我来向国家的祭坛奉献上我们卑微的贡品，承认我们得到了独立带来的恩典而表达虔诚的谢意吗？"这篇演讲辞开头语句的犀利、情绪的激动让听众的心急速地揪紧，产生倾听下文的强烈愿望，不愧为经典之作。

除了以上三种方法，还有释题式、悬念式、警策式、幽默式、双关式、抒情式等多种方式，采用哪种方式开头，要根据演讲的题目、听众的情况进行认真的选择。

3. 主体部分

演讲辞的主体部分要环环相扣、叙事清晰、说理层层深入。在转折的过程中，要处理好结构层次、节奏和衔接等几个问题。

（1）结构层次是演讲辞思想内容的表现次序，体现着演讲者思路展开的逻辑是否严谨，也反映了演讲者对客观事物的认识是否深刻。演讲辞的结构层次是根据演讲的时空特点对演讲材料加以分析、筛选、组合而形成的。由于演讲是直接面对听众的活动，所以，演讲辞的结构层次是听众无法像阅读文章那样，可以凭借视觉加以把握的，而听觉对层次的把握又要受限于演讲的现场环境、时间因素。那么，怎样才能使演讲辞结构的层次清晰明确呢？根据听众靠听觉把握层次的特殊性，演讲辞结构层次的基本方法就在于用语言做出明确标识，适时地诉诸听众的听觉，使他们自行感受到演讲者讲话层次清晰的效果。比如，演讲者在演讲中注意应用反复设问的技巧，并根据设问来阐述自己的观点，就能在结构上环环相扣，层层深入。除此以外,演讲辞中用过渡句,或用"一、二、三"这种表明顺序的语词来区别层次,也是使层次清晰的有效方法。

(2)演讲辞的节奏感是指演讲内容在结构安排上表现出的张弛和起伏。演讲辞的节奏主要是通过演讲内容的变换来实现的,即在一个话题所统领的内容中,适当地插入幽默、轶事、哲理、娱乐和时尚话题等内容,以便听众的注意力既保持高度集中又不会因为紧张而产生兴奋性抑制。演讲辞的节奏既要鲜明,又要适度。平铺直叙,缺少起伏,必然会使听众产生厌倦、失去兴趣,而内容变换过于频繁,也会造成听众紧张和疲劳。所以,插入的内容应该生动活泼,又能为主题服务,而节奏的频率也应该根据听众的心理特征来确定,做到有张有弛、舒缓适度。

(3)过渡语的作用是把演讲中的各个内容层次联结起来,使之具有浑然一体的整体感。由于节奏的需要演讲辞要不断变换内容,因而也就容易使结构显得零散、缺乏统一性。过渡语是对结构松紧、疏密的一种调解,它使各个内容层次的变换更为巧妙和自然,使演讲辞富于整体感,有助对于演讲主题的阐释。演讲辞结构过渡与连接的方法主要是运用两段内容之间或两个层次之间的联系来组织语言,可以是连贯性、对比性、启发性的词语。

4. 结尾部分

演讲辞的结尾要简洁有力,耐人回味。结尾部分是演讲内容的自然收束。言简意赅、耐人回味的结尾能够使听众精神振奋,并促使听众对演讲主题进行深度思考;而松散疲沓、枯燥无味的结尾则只能使听众产生急于退场的想法,并随着时过境迁而被很快遗忘。怎样才能使听众对本次的演讲在心灵深处留下不可磨灭的烙印呢?美国作家约翰·沃尔夫说:"演讲最好在听众兴趣到达高潮时果断收束、急流勇退、戛然而止。"这是使演讲结尾精彩感人的最好办法。在演讲处于高潮的时候,听众的大脑皮层高度兴奋,注意力和情绪都处于最佳状态,这时结束会留下惋惜、意犹未尽之感,而这一点正是演讲者所需要的。掌握这一技巧,并恰当地在结尾部分加以运用,是使演讲大获成功的秘诀之一。

二、演讲稿写作要求

1. 了解对象,有的放矢

演讲稿是讲给人听的,因此,写演讲稿首先要了解听众对象,了解他们的思想状况、文化程度、职业状况;了解他们所关心和迫切需要解决的问题是什么;等等。否则,不看对象,演讲稿写得再花功夫,说得再天花乱坠,听众也会感到索然无味,无动于衷,也就达不到宣传、鼓动、教育和欣赏的目的。

2. 观点鲜明,感情真挚

演讲稿观点鲜明,显示着演讲者对一种理性认识的肯定,显示着演讲者对客观事物见解的透辟程度,能给人以可信性和可靠感。演讲稿观点不鲜明,就缺乏说服力,也就失去了演讲的作用。演讲稿还要有真挚的感情,才能打动人、感染人,有鼓动性。因此,要求在表达上注意感情色彩,把说理和抒情结合起来,既有冷静的分析,又有热情的鼓动;既有所怒,又有所喜;既有所憎,又有所爱。当然这种深厚动人的感情不应该是"挤"出来的,而要发自肺腑,就像泉水喷涌而出。

3. 行文变化,富有波澜

构成演讲稿波澜的要素很多,如内容、安排、听众的心理特征和认识事物的规律等。如果能掌握听众的心理特征和认识事物的规律，恰当地选择材料，安排材料，也能使演讲在听众心里激起波澜。换句话说，演讲稿要写得有波澜，主要不是靠声调的高低，而是靠内容的有起有伏，有张有弛，有强调，有反复，有比较，有照应。

4. 语言流畅，深刻风趣

要把演讲者在头脑里构思的一切都写出来或说出来，让人们看得见，听得到，就必须借助语言这个交流思想的工具。因此，语言运用得好还是差，对写作演讲稿影响极大。要提高演讲稿的质量，不能不在语言的运用上下一番功夫。

三、演讲稿语言运用的注意事项

(一)要上口入耳、贴近生活

"上口"、"入耳"是对演讲语言的基本要求，也就是说演讲的语言要口语化。演讲，说出来的是一连串声音，听众听到的也是一连串声音。听众能否听懂，要看演讲者能否说得好，更要看演讲稿是否写得好。如果演讲稿不"上口"，那么演讲的内容再好，也不能使听众"入耳"，完全听懂。演讲稿的"口语"，不是对日常的口头语言的复制，而是经过加工提炼的口头语言，要逻辑严密，语句通顺。由于演讲稿的语言是作者写出来的，受书面语言的束缚较大，因此，就要冲破这种束缚，使演讲稿的语言口语化。为了做到这一点，写作演讲稿时，应把长句改成短句，把倒装句改成正装句，把单音词换成双音词，把听不明白的文言词语、成语改换或删去。演讲稿写完后，要念一念，听一听，看看是不是"上口"、"入耳"，如果不那么"上口"、"入耳"，则需要进一步修改。

(二)要通俗易懂，俗而有力

演讲要让听众听懂，如果使用的语言讲出来谁也听不懂，那么演讲也就失去了听众，因而也就失去了演讲的作用、意义和价值。因此，演讲稿的语言要力求做到通俗易懂。正如列宁所说："应当善于用简单明了、群众易懂的语言讲话，应当坚决抛弃晦涩难懂的术语和外来的字眼，抛弃记得烂熟的、现成的但是群众还不懂的、还不熟悉的口号、决定和结论"。

1927年秋收起义失败后，毛泽东在浏阳文家市里仁学校的操场上对被打散后又重新集结的起义队伍作了一次演讲。他在演讲中说："我们工农武装现在力量还很小，就好比一块小石头，蒋介石反动派现在力量还很大，就好比一口大水缸。只要我们咬咬牙，挺过这一关。我们这块小石头就总有一天会打烂蒋介石那口大水缸！"

(三)要生动感人、风趣幽默

好的演讲稿，语言一定要生动。如果只是思想内容好，而语言干巴巴的，则算不上是一篇好的演讲稿。语言大师老舍说得好："我们的最好的思想，最深厚的感情，只能被最美妙的语言表达出来。若是表达不出，谁能知道那思想与感情怎样好呢？"由此可见，要写好演讲稿，只有语言的明白、通俗还不够，还要力求语言生动感人。怎样使语言生动感人呢？一是用形象化的语言，运用比喻、比拟、夸张等手法增强语言的形象色彩，把抽象化为具体，深奥讲得浅显，枯燥变成有趣。二是运用幽默、风趣的语言，增强演讲稿的表现力。这样，既能深化主题，又能使演讲的气氛轻松和谐；既可调整演讲的节奏，又可使听众消除疲劳。三是发挥语言音乐性的特点，注意声调的和谐和节奏的变化。

毛泽东在《反对党八股》中，讲到有人写文章做演讲，不负责任到处害人时，有这样一段话:"拿洗脸作比方,我们每天都要洗脸,许多人并且不止洗一次,洗完之后还要拿镜子照一照,要调查研究一番(大笑),生怕有什么不妥当的地方。你们看,这是何等地有责任心呀!他们写文章,做演讲,只要像洗脸这样负责,就差不多了。"

在这段话里,毛泽东同志的语言是何等绘声绘色、何等诙谐幽默,又是何等的犀利尖锐。他用如此活泼生动的语言,把八股病患者刻画得活灵活现。既妙语连珠,又意味深长;既甜丝丝,又酸溜溜,真可谓会形、传神、至理。可使听众在身心愉快的笑声中和演讲人一道去医治他人及自己身上的病痛。

(四)要准确贴切,朴素自然

准确是指演讲稿使用的语言能够确切地表现讲述的对象事物和道理,揭示它们的本质及其相互关系。演讲稿的作者要做到这一点,首先要对表达的对象熟悉了解,认识必须到位;其次要做到概念明确,判断恰当,用词贴切,句子组织结构合理。朴素是指用普普通通的语言,明晰、通畅地表达演讲的思想内容,而不刻意在形式上追求辞藻的华丽。如果过分地追求文辞的华美,就会弄巧成拙,失去朴素美的感染力。

(五)要长短适宜,控制篇幅

演讲稿不宜过长,要适当控制时间。德国著名演讲学家海茵兹·雷德曼在《演讲内容的要素》一文中指出:"在一次演讲中不要期望得到太多。宁可只有一个给人印象深刻的思想,也不要五十个证人前听后忘的思想。宁可牢牢地敲进一根钉子,也不要松松地按上几十个一拔即出的图钉。"所以,演讲稿不在于长,而在于精。

(六)要注意演讲风格写作技巧

风格需要自我揣摩、自我训练,需要长期向他人学习和亲身实践才能形成,一旦形成以后,就要注意一以贯之。演讲风格写作技巧包括以下几点。

1. 演讲要切合自己的身份

不管是编写演讲词,还时即兴发表意见,或是说话都要符合自己的身份,这样才容易形成独特的个人风格。

2. 演讲要切合自己的性格

人与人相比,性格是不同的,如有的人稳重练达,有的人天真烂漫,有的人谦虚谨慎,有的人机警灵活,等等。在演讲中体现自己的性格,抓住自我,认识自我,发挥自己的长处,则创造个人风格就有了良好的开端。

3. 演讲要切合自身的教养

善于演讲的人都会根据自身条件扬长避短,最后形成自己独特的风格。鲁迅先生即善于哲理性的思考、严峻的幽默加犀利的讽刺,他的演讲也一直保持这种特色,分析深刻,幽默诙谐,富有哲理,于细微处见功夫。只要我们长期总结、修正、积累,也能形成自己的独特风格。

(七)要有强烈的时代特色

演讲是社会宣传的有力工具,也是人们自我教育的一种有效形式。要想让自己的演讲充满魅力,成为前进的鼓点、时代的号角,就应该反映出强烈的时代特色。

1. 要始终把握时代的脉搏,在演讲内容上狠下功夫

要使演讲闪耀出时代的光彩,内容是关键。首先,要使演讲的主题富有时代特征。白居易曾说过"文章合为时而著,歌诗合为事而作。"演讲也不例外。演讲者应充分考虑当今时代

的新要求、新任务、新特点、新思潮,要始终站在时代前列,敏捷地追踪时代信息,提炼出合乎社会发展方向的、具有深刻时代性的主题。其次,可利用报刊、广播、电视、互联网等现代化传播工具提供的信息,尽量使用"前不久"、"昨天"所获知的实例,使演讲的内容始终具有时代气息。

2.要选用符合当代听众接受习惯的恰当的演讲形式

(1)要密切注意词汇的变化。当今社会新生词不断出现,原有的词赋以新意时有所见。演讲者应及时、准确地把握这些变化,运用最能贴近现实,能引起同代人共鸣的"现代语"、"习惯语"。

(2)要把握演讲语言的总体节奏变化。现代人的语速、节奏较以前快了很多,从宏观上讲,适当地加快语速,结构上来点有跨度、有跳跃的安排,对突出演讲的当代特色不无裨益。

(3)要注意态势语言的更新。例如,食指、中指斜立成"V"状表示胜利等动作,在今天的演讲中适时运用,很能体现其时代性。

如果在演讲中再加上一些幽默的语言,就会使演讲更具渗透力、感召力和凝聚力,使演讲锦上添花,更加精彩迷人,更具魅力。

(八)要润色揣摩,精益求精

从事任何文体的写作都要重视修改,写作演讲稿自然也不能例外。例如:1883年3月14日,马克思与世长辞,恩格斯作了《在马克思墓前的讲话》的著名演讲。演讲草稿是这样开头的:"就在十五个月以前,我们中间大部分人曾聚集在这座坟墓周围,当时,这里将是一位高贵的崇高的妇女最后安息的地方。今天,我们又要掘开这座坟墓,把她的丈夫的遗体放在里边。"作者考虑后进行了修改,写成:"三月十四日下午两点三刻,当代最伟大的思想家停止了思想。让他一个人留在房里总共不过两分钟,等我们再进去的时候,便发现他在安乐椅上安静地睡着了——但已经是永远地睡着了。"

两者比较,后者入题较快,演讲一开始就抒发了对逝者的无限敬爱和万分惋惜的心情,使现场的人也沉浸在对马克思的缅怀与崇敬之中。正是这种认真的态度和精心的修改,才为他的每次演讲的成功提供了有力的保证。

【复习思考】

1.演讲稿的特点有哪些?

2.演讲稿的结构如何?

3.根据所给材料,写一篇1500字的演讲稿。

2010年世博会在上海举行,其主题是"城市让生活更美好",昭示了上海及其他城市将要利用和改造自然环境而创造出来的高度人工化的生存环境,造福全体城市居民。围绕"未来城市"这一主题,展开议论。

4.根据所给演讲稿材料,指出这则演讲稿的问题,并进行润色和修改。

大家好:

首先非常感谢我的班级能够给我这次机会!

我是来自社人文学院文秘班的×××,今天我竞选的是信息部部长。

三年前，我认识了关于计算机的许多操作，而这三年来，我也在不断地钻研它、不断地寻找其中的奥秘，然后去发挥它。做人亦是如此，需要不断地钻研，发现自己应有的价值。

每个人都在为自己创造价值。我不愿像一盘任风吹飞的散沙。谁都没有理由碌碌无为。我觉得，我能胜任信息部的工作，我将努力做到最好。我会努力为学生会服务，为全体学生服务，对得起各位的肯定。另外，我会更加刻苦地学习，争取在学习上有更大的进步。

我带着满腔的热情和无限的期待，期待能找到自己存在的价值。就是想和自己拼一拼，想和生活拼一拼。在这里，我只是想真诚地说，我需要这次机会，我需要这次体现自我价值的机会，如果愿意，请投我一票。相信我不会让你们失望。

第三章 演讲技巧

第一节 讲的技巧

"演"是无声的语言，给人以视觉形象；"讲"是有声的语言，给人以听觉形象。如果光"讲"不"演"，或者光"演"不"讲"，都不成其为演讲；只有动静结合，声、色、势、情相得益彰，才能构成完整的演讲形式。

演讲的口语不仅要做到发音准确、吐词清楚，还必须以情传声、以声寄情。演讲者要善于恰当地控制自己的语调、语气，使之富有节奏和变化，以增强语言的感染力和鼓动性。

一、掌握语速

演讲时，要根据演讲的内容，根据思想感情表达的需要，对语速作恰当的处理。从内容上来说，表现深思、失望、哀痛的内容要用慢速；交待情节、插叙故事、引证诗词等处，要用中速；抒发激情、鼓舞志气、号召行动、抨击、责问等处，要用快速。就句式来说，陈述句、被动句可讲得慢一些；反问句、感叹句可讲得快一些。

二、把握重音和停顿

重音有语法重音和强调重音。语法重音是根据句子的语法关系确定的，强调重音是为了强调突出某种感情或心理变化而设置的。停顿是常用的节奏变化方式，有自然停顿和感情停顿之分。自然停顿就是依据语句本身的结构，在该停顿的时候作一下停顿，标点符号就是自然停顿的一种标志。感情停顿是为了表达某种感情或达到某一目的，由说话人有意识安排的一种停顿。演讲中为了表情达意，必须适当运用重音和停顿的技巧。比如一句话，不同的重音处理就强调了不同的内容。

谁今年去美国留学了？（她）

她什么时候去美国留学了？（今年）

她今年去哪儿留学了？（美国）

她今年去美国干什么？（留学）

同样，一段话作不同的停顿处理，也能起到强调突出某种感情或情绪的作用，从而使听众受到感染。例如《我愿做一支燃烧的蜡烛》最后一节：

同志们，如果说/过去/我/想当教师，还仅仅/是受/感情支配的话，而现在，理智的砝码/已/越来越重了。它/可能会/压得我难过，甚至/透不过气来，但/无论如何，我/决不后悔，我/庆幸/自己的选择！——请相信/一个教育战线新兵的/誓言吧，燃烧/自己，照亮/别人，燃烧/生命，得到/永生！

这样的停顿和重音，既表达了献身人民教育事业的坚定信念，又渲染、强调了教师职业的神圣、伟大，感情真挚，感染力强。如果用一种平淡的语调，没有重音和停顿，就不能收到这样好的效果。

三、灵活运用多种句式

演讲是一种独白式的口头表达形式，采用的句式比较灵活，以短句为主，句式比较整齐，句型多样。例如，著名电影艺术家、喜剧大师卓别林的《为自由而战斗》的演讲词中，有这样一段：

哈娜，你听见我在说什么吗？不管你在哪里，你抬起头来看哪！抬起头来看哪，哈娜，乌云正在消散，阳光照射进来！我们正在离开黑暗，进入光明！我们正在进入一个新的世界——一个可爱的世界。那里的人将克服他们的贪婪、他们的仇恨、他们的残忍。抬起头来看哪，哈娜，人的灵魂已长了翅膀，他们终于要振翅飞翔了。他们飞到了霓虹里，飞到了希望的光影里。抬起头来看呀，哈娜！抬起头来看呀！

这段演讲词，以短句为主，长短句交错；以陈述句为主，疑问句、感叹句和祈使句穿插运用；句式也多种多样，有主谓句、非主谓句。主谓句中，有一般主谓句，有带宾主谓句，有省略句；非主谓句中，有无主句，有独词句等。通过这种变化多端的语言结构，卓别林把寻觅和平与自由的意志和愿望倾诉了出来，而且倾诉得那么动人，那么有魅力。

四、避免口头禅

口头禅是在说话时不自觉地说出来的没有什么意义的词语。出现口头禅，一是不注意而养成的习惯；二是准备不充分，忘词卡壳而借此延续时间，以免尴尬。口头禅严重妨碍思维的表达，往往使语句支离破碎，破坏演讲的连贯性，也使语言显得拖沓、紊乱、不流畅，使听众感到可笑，极大地削弱演讲的感染力。

第二节　体态语技巧

孙中山说过："身登演讲台，其所具风度姿态即须使全场有肃穆起敬之心；举动格式又须使听者有安静之气，最忌轻佻作态，须处处出于自然。"可见，作好演讲，除了靠好的语言功底外，还要辅以美的演讲体态。

体态语又称态势语或形体语言，是人们利用仪表风度、表情眼神手势动作等来传递信息的非言语行为。体态语是人类社会交际的信息载体，人们借助体态语来表达和交流信息、感情、态度，因此体态语也是演讲语言的组成部分。演讲时，体态语的运用尤其重要，体态语虽然是一种无声语言，但它同有声语言一样也具有明确的含义和表达功能，有时连有声语言也达不到其效果，这就是所谓的"此时无声胜有声"。据专家研究，在人际交往中，信息的传达＝7%的语言＋38%的声音＋55%的表情动作，可见体态语的作用要大于有声语言的作用。口语与体态语是相辅相成的关系。演讲者登上讲台，首先给听众的是视觉形象，仪表、姿态、神情、动作，全都呈现在听众面前。演讲者灵活自如、优美协调的体态动作，能很好地辅助口语，弥补有声语言表达的不足，使有声语言表达的内容更准确、生动、完整。一名演讲者，要表现稳定优美、舒坦自然的姿态，就必须学会"体态语言"。良好的态势语可以为演讲增色不少。

演讲的体态语言主要包括以下几个方面。

一、仪表与风度

仪表与风度是一种无声的体态语言。演讲者一上台，观众首先通过视觉观察其形象，根据他的仪表和风度，产生了一连串的心理活动，形成第一印象，这直接影响着听讲效果。因此，演讲者应讲究仪表风度，着装要整洁大方，不宜过于雕饰，以得体的形象出现在听众面前，这种行为本身就显示出对听众的尊重。这种无声的信息传递，能很自然地缩短演讲者与听众的心理距离，赢得听众的关注和尊重，形成融洽、和谐的气氛。

二、表情和眼神

表情是心灵的屏幕，它把复杂变化的内心活动像镜子一样反映出来。演讲中要善用表情，让表情随着演讲内容的变化而变化，调动观众的情绪，增强演讲的感染力。表情要真挚明朗，庄重大方、从容自信、亲切热情。运用面部表情，要求自然真实，切不可过分夸张，矫揉造作，那样会令人感到虚伪滑稽；也不可毫无表情，冷若冰霜，否则会使人感到枯燥压抑。演讲者一般应面带微笑以示从容、友好。为了有效地传递信息、交流感情，要尽量避免傲慢、沮丧、苦恼、不耐烦和无可奈何的表情，如皱眉、做鬼脸、吐舌头、叹气、一脸苦相等，这些都会在听众中产生不良影响，形成离心效应。

眼睛是心灵的窗户，眼神是心境的流露。演讲者通过眼神把自己所表达的某种心理变化、学识、品德、情操、性格、趣味等呈现给读者，听众也总是通过演讲者的眼神变化来窥见其思想感情的。所以演讲者不能只顾埋头看笔记或材料，必须通过眼神交流观察听众的反应，接受听众的信息反馈。如听众东张西望，显然是心不在焉；如听众往后一靠，双手交叉在胸前，可能是对讲话内容不甚赞同，或对译文不认可；如听众露出迷惑不解的神情，演讲者就要思考是否是译文有不到位的缘故。进行眼神交流时要自然、从容，表现出信心和活力；看听众与看材料应交替进行。眼睛不要到处看，更不要看天花板，眼神游移不定是演讲的大忌。一般情况下应看下面听众的鼻子，这样一来，就显得你在注意观众，但有时候你要重点看评委，这样可以加分。如果看观众的眼睛会让你紧张，那就看观众的头顶（观众不会发现的）。眼睛直视观众，可以随机地更换注视的对象。不要左右乱看，不要往上看，因为这会让你看起来不值得信任。

三、手势和动作

手势是演讲者的第二张脸，是特殊的演讲表情，是使用频率最高的体态语言形式。由于双手活动幅度较大，活动最方便、最灵巧，形态变化也最多，因而手势的表现力、吸引力和感染力也最强，最能表达出丰富多彩的思想感情。寓意深刻、优美得体的手势，能产生极大的魅力，激发听众的热情，加深听众对演讲内容的理解，使演讲获得成功。

不要使用过多的手势，否则会显得很浮躁，令人眼花缭乱，另外也可显示出演讲者处于紧张状态，会无形中分散听众的注意力，引起听众的反感。手势动作还不可过大或过小。过大，显得张牙舞爪；过小，又显得缩手缩脚。对于那些习惯性动作和毫无意义的下意识动作，如抓耳挠腮、不自觉地挥舞等应尽量控制住。在演讲中，手放置在哪里往往很让人头疼。如

第三章 演讲技巧

果是在讲台后面,可以将双手自然地放在讲台两侧;如果没有讲台,可将双手自然垂在身体两侧,或者让双手握在胸前,也可以用手来操作教学设备,握住提示卡、笔、教鞭或是做手势等。无论在什么情况下,都不该把双手置于裤子口袋内,或是把手背在身后。

运用手势要注意以下6个原则。

1. 上、中、下三区的运用。上区,是指手势在肩以上,表示积极向上,一般用在号召、鼓动、赞美、表扬的时候;下区,是指手势在腰以下,表示消极的、不好的,一般用在批评责备的时候;中区,是指手势在肩与腰之间,表示一般的描述。一般演讲过程中,大部分手势都在中区。

2. 场面大,手势大;场面小,手势小。当会场大、人数多的时候,手势做得要大气,要做出来让听众都能看得见。当会场小、人数少的时候,手势做得要小一些,做太大了,反而会让听众感觉有点张牙舞爪,和现场不协调。在这里还要分年龄。在对年龄大的人演讲时,手势要尽量小一些;在对年龄小的人演讲时,手势要尽量大一些。另外还有男女之分,对于男士,手势可以大气一些,对于女士,手势可以做小一些。

3. 肩发力,表示力量;肘发力,表示亲切。

4. 手势应该停留足够长的时间。手势一做出去,马上就收回来,则会使听众对你立刻失去信赖感。

5. 自己的思维"仓库"里要存储3~5个手势。

在运用手势的过程中,切忌一成不变地做一种手势,这样会显得太单调、太呆板。

6. 在运用手势过程中一定要自然、协调。

在有些演讲比赛上,有些选手讲完"我们一定会取得圆满成功"这最后一句话时,忽然想起老师说过最后加上一个动作效果会更好,马上刻意地补上一个手势,结果就显得有点做作了。所以不要为做手势而做手势。初学者刚开始可以多学学别人比较优美潇洒的手势,模仿是最快的学习,慢慢地再形成自己的风格。当然,刚开始做手势时,会显得不协调甚至有点别扭,但没关系,习惯了就好,所有的习惯都是从不习惯开始的。

手势动作只有在与口语表达密切配合时,才最为生动具体。演讲者的手势必须随演讲的内容、自己的情感和现场气氛自然地流露出来。手势的部位、幅度、方向、力度都应与演讲的有声语言、面部表情、身体姿态密切配合,协调一致,切不可生搬硬套,勉强去凑手势。如果手势泛滥,刻意表演,会使人感到眼花缭乱,显得轻佻作态、哗众取宠。当然,也不可完全不用手势,那样会显得局促不安,失去活力。如果因紧张而发抖,不要拿纸在手上,因为纸会扩大你发抖的程度,可以握紧拳头,或扶着讲台。

动作是指全身或身体某一部分的活动。在演讲时,整体动作必须自然、协调、舒展、大方,要时时注意与演讲内容有机地结合起来。动作不可过多,不可过于夸张。请看闻一多在《最后一次讲演》中的一段话:

反动派暗杀李先生的消息传出以后,大家听了都悲愤痛恨。我心里想,这些无耻的东西,不知他们是怎么想法,他们的心理是什么状态,他们的心怎么长的!(捶击桌子)其实很简单,他们这样疯狂的来制造恐怖,正是他们自己在慌啊!在害怕啊!特务们,你们想想,你们还有几天?你们完了,快完了!

讲演中"捶击桌子"这个动作,充分表达了闻一多对李公朴先生被暗杀的悲愤心情,增强了对疯狂无耻的反动派斥责的效果。

第三节 控场应变技巧

一、控场

控场技巧，指演讲者面对意外的阻碍和干扰时进行调节、控制所采取的措施。

（一）控制冷场的技巧

冷场是指在演讲过程中，听众对演讲者所讲毫无兴趣，反应冷淡，出现打瞌睡、看书报、想心事等现象。他们从根本上是不愿听的，之所以还要来听或是因纪律的约束，或是礼貌原因，总之是心不在焉。冷场是演讲失败的表现，这时演讲者控制冷场的能力尤其重要，可采取以下三种方法：

1. 变换话题

针对现场听众的需要加入即兴演讲的内容。如果没有即兴演讲的能力，也要在原准备的演讲内容中揉进现场听众感兴趣的内容，以调动听众的情绪。

2. 插科打诨

临时改换让听众感兴趣的取乐、逗笑的言辞，待听众注意力被吸引住，产生活跃的气氛后，再接着原有思路讲下去。

3. 减短内容

只拣要害、关键之处讲，尽量不要讲那些客套、应景话或人人皆知的大道理。特别是像在文艺晚会、体育比赛、开业庆典、工程落成、庆功表彰等类活动中，应景式的演讲更是越短越好。

（二）控制侵场的技巧

侵场是指在演讲过程中，突然有某种外在因素侵入现场，对演讲的正常进行造成影响。如停电、麦克风发出刺耳的怪叫、天花板掉下一小块石灰、场外雷声闪电大作、露天演讲时下雨等。侵场的发生，会引起听众情绪的浮躁以及现场秩序的波动。演讲者不能回避，必须实施有效的控制措施。只要控制技巧得当，不仅不会给演讲造成不利影响，反倒可能促进演讲的顺利开展，收到更为理想的效果。控制侵场的策略有三种：

1. 主动适应

侵场发生时，演讲者是处于被动地位的，但对有经验的演讲者被动可以转化为主动。如停电了，你可以提高音量，用清亮的嗓音进行原声演讲，听众也会聚精会神地听下去。

2. 巧借妙用

比如，有一位领导在江堤改建的工地上对施工人员作鼓动宣传的演讲时，晴朗的天空突然下起雨来，听众中有些骚动。这时，这位领导高声说："同志们，老天都被我们的干劲感动得热泪滚滚了！"大家听后都热烈鼓掌。

3. 幽默风趣

如麦克风发出吱吱的怪叫声，演讲者说："哟，对我的讲话，台下那么多人都没提意见，它倒叽里哇啦地提起意见来了！"于是，在听众的哄笑中化解了不快。

(三) 控制搅场的技巧

搅场就是在演讲过程中，听众故意搅乱现场秩序。听众本就对演讲者有成见，是反对派，之所以来听讲，就是想来找岔子；不管你说什么，他都要捣乱。对这种搅场情况的控制要坚定信心，处之泰若，从容不迫地进行演讲。人们会相信真理的力量，执迷不悟的人也终会幡然警醒。林肯在纽约库珀学会作竞选演讲，事前，当地报纸就已对其大肆攻击。他登台后，台下便掀起一片嘲笑、起哄的声浪。他刚一开口，台下一些共和党人就大声叫嚷要他闭嘴、滚下去。可他全然不为所动，镇定自若地按自己的目标一直讲下去。开始还有人吹口哨、喧哗，渐渐地，会场安静下来，除了林肯演讲的声音，只有煤气灯呲呲的燃烧声，听众都听得入了迷。第二天，当地报纸纷纷发表赞扬他演讲成功的文章，并表明支持他参加总统竞选。

演讲中发生搅场情况时，一定要镇静，要控制感情，掌握分寸。不要在讲台上惊慌失措，不要因急躁而冲动行事。

(四) 控制难场的技巧

难场就是在演讲过程中，有人突然对演讲者进行质疑或非难。难场有两种表现形式：一种是善意的，因对演讲者所讲的内容存在疑问或不同观点，提出问题和反对意见；另一种是心怀不端的故意刁难，达到让演讲者出丑、受窘难堪的目的。因情况不同控场的策略也要有所区别。对善意的难场要尽己所知，认真、负责地阐述自己的观点或解答对方提出的问题。只要不是涉及国家、组织机密和有违伦理道德、涉及隐私等内容的，都要有问必答。既不可以"无可奉告"之类的外交辞令搪塞，也不可含糊不清，顾左右而言他，如果确实回答不了，应老老实实地表示歉意，或者留下另行探讨的话语。

有一个市委宣传部的部长在对时事政策进行演讲时，一个女工站起来问道："你老讲形势好，GDP上升，为什么我们企业还有那么多人下岗？"部长就认真负责地阐述了自己的观点："下岗是社会发展的正常现象，是社会进步的表现，恰恰说明形势好。现在一些地方人浮于事，一些地方事多待人，这正常吗？一个工厂技术落后，设备陈旧，产品没市场，大家都发不出工资，还不如让一些人下岗转行，在政府给予一定补贴的情况下，去干社会需要的事。这样，既满足了社会的需要，大家又都有钱可挣，不比半死不活地吊着好吗？"那位女工听了信服地点点头，听众也报以热烈的掌声。

对恶意难场的控制就要表现出强硬的态度：针锋相对，坚决、果断地予以驳斥或揭露。手法上可以多样化，如反唇相讥，以牙还牙，影射嘲讽，借题发挥，击到要害部位等。坚决不能让不良企图得逞。面对这种情况，不予理睬、拒绝回答、发火、生气、令其离开或自己离开，都是不恰当的。这样做不仅会助长反对者的气焰，混淆其他听众的视听，还有损自己的形象。

二、应变

所谓应变，是指演讲者在演讲中运用演讲的吸引力和演讲技能来控制场上气氛，调节听众情绪，达到吸引听众、打动听众、感染听众的目的。

在演讲过程中，听众可能会出现或情绪浮躁，或交头接耳，或随意走动，或哄然大笑，或反应冷淡，或东倒西歪，或昏昏欲睡的现象。总之，在演讲现场，由于种种原因，常常会遇到无数个这样或那样的"意外"。对此，演讲者若不镇定自若，就会激化事态，造成僵局，陷于被动。可见，恰当控场可让演讲者处乱不惊，从窘迫的困境中解脱出来，从而使演讲继续进行下去。

演讲中最常遇到的"意外"，有几种情况，一是开头卡壳，二是中途忘词，三是演讲出错。

(一)如何应对演讲开头的"卡壳"

朱熹曰："腹有诗书气自华。"因此，演讲者事先应把讲稿背得烂熟。特别是对演讲中那些最为精彩和节奏较快的部分，更要反复练习，直至脱口而出、声情并茂。但演讲者一旦进入了会场，就不要再叽里咕噜背个不停，因为这会导致心理学上所讲的"倒摄抑制"，而应当闭目静思，把演讲稿的逻辑上的基本线索从头至尾进行"梳理"和"串联"，以便演讲时条理清晰。尤其是上台前几分钟，最好的对策是什么也别想，只是牢牢记住演讲稿开头的第一句话或前几句话，因为演讲最怕上台时"卡壳"，一旦出现了"卡壳"，整个演讲会方寸大乱。

(二)如何应对中途忘词

进行演讲时，即使事先把讲稿背得滚瓜烂熟，正式演讲时仍有可能脑子里出现瞬间的"空白"，忘记"台词"，并由此导致演讲的长时间停顿，重者会因惶恐不安而中止演讲。在此情况下，一般有五种应急措施：

1. 演讲者要强迫自己集中精力思考，争取在二三秒钟之内迅速回忆演讲的内容，及时补救难堪局面。

2. 若实在想不起下一句的内容，千万不要僵持在那里苦思冥想，而应果断地另起一段，即把下面的内容提上来讲，以保证整个演讲的连贯和流畅。要知道，听众是很难忍受演讲者过长时间的停顿、回忆和思考的。

3. 在中断的地方插一句："朋友们，我这样讲不知大家能否听清楚?"利用征询听众意见和观察听众反映的瞬间迅速回忆。

4. 出现短时遗忘后，将前面最后一句话重复一遍，以表示强调。也可以说"是的……这个问题应当引起我们的重视。"经过重复容易引起联想。

5. 如果上述方法都不能奏效，只好想到哪里就从哪里接下去。为了衔接自然不露痕迹，可以适当加一些关联词。如果演讲结束前又回忆起来，必要的话，可以根据情况在某一个层次补进去。

(三)如何应变演讲出错

演讲中一旦讲错了某一句话，并且自己已有所察觉，可以根据失误的性质、程度，采用如下方法补救。

1. 将错就错。对丢词漏字、发音失误、听众没听出来的又不影响问题阐述的小错，不必纠正。

2. 重复纠正。对比较关键或原则性的失误或是听众已经产生反应的小错，可以重复纠正一遍，但一般没有必要声明"对不起，刚才我讲错了"。惊慌失措、匆匆道歉、连连解释，会破坏演讲的连贯性、完整性和会场气氛。

3. 随机应变。有时候，一些较大的失误单靠重复一遍也很难挽回影响。对此应当及时果断地处理，巧妙灵活地圆场。比如，有一位演讲家在一次演讲中说错了话，当他意识到之后，便毫不犹豫地大声说道："同志们，难道是这样的吗?"当场又把它否定了，这便是现场改错的最具艺术性的处理方法。

如果听众对你的演讲不满意或不感兴趣，你千万不要着急，不要有埋怨心理，也不要上台后立刻开始演讲。你可以采取一些吸引听众的措施，比如先给大家讲一个与自己演讲主题有关的新闻信息、小故事或小笑话,以引起大家的注意。当听众被你的讲话吸引而重新集中精神时,就可以开始正式演讲了。

【复习思考】
1. 讲的技巧有哪些?
2. 演的技巧有哪些?
3. 控场技巧有哪些?
4. 应变技巧有哪些?

第四章 命题演讲

第一节 命题演讲的基本知识

从演讲者的角度来说,演讲是一种表达个人观点、见解、思想的行为;从目的和内容来说,演讲是一种目的明确而且内容纷繁复杂的活动。在演讲活动中,由于演讲者的身份各不相同,演讲的目的多种多样,加之演讲的内容复杂、演讲的方式多样、演讲者的风格迥异等众多因素,演讲的分类标准也是多种多样的。

根据演讲的准备情况和题目限制,可将演讲分为命题演讲和即兴演讲。本章主要讲述命题演讲的相关知识。

一、命题演讲的概念

命题演讲是根据既定的题目或限定的主题范围,事先做了充分准备的演讲。命题演讲,一般是指出题者给出一个既定的题目,要求演讲者根据这个给定题目进行演讲。开幕词、闭幕词、报告,各种集会上的讲话,乃至课堂演讲等都属于命题演讲。

一般情况下,命题演讲能使演讲者有足够的时间写好演讲稿,并进行精心设计和反复演练。命题演讲是演讲活动中最基本的、也是运用最广泛的演讲方式。

二、命题演讲的种类

命题演讲是根据事先规定好了的题目或者主题,在充分准备的基础上所作的系统的、完整的、比较全面的演讲。

根据演讲的不同场合,可将命题演讲分为专题型命题演讲和比赛型命题演讲两种类型。

专题型命题演讲,指演讲者就某一件事情或者某一个问题表明自己的观点、态度,是针对性或者专业性比较强的演讲。

比赛型命题演讲,指演讲者根据指定的题目或限定的主题,表明自己的观点、态度的演讲。

此外,人们通常把报告、讲话、发言、学术讲座等主题明确、事先准备充分的演说形式也归为命题演讲。这些形式的演说,在某些方面符合命题演讲的特征,虽然不是完全意义上的命题演讲,但可以看作是广泛意义上的命题演讲。

我们来看以下几类具体的命题演讲。

(一)学术专题演讲

所谓学术演讲,是指相关学者利用学术会议等活动平台,展示自己的科学研究成果,传授科学知识和阐述学术见解的专题演讲。它是一种高层次的演讲,是学术研讨会、学术讲座等场合常见的交流形式,具有独到性、科学性和专业性等特点。

因为是学者在某专门领域进行的学术探讨或成果展现,将其理论或见解以演讲的形式表达出来,所以学术演讲不能是学术论文的机械性搬家,也不是一个简单的说明。学术演讲应该选择具有学术价值和现实意义的论题,具有讨论的性质,并尽量用通俗的语言来讲解和探讨。所以,它应该是一个包括信息转换、媒介转换、情境调控等过程的活动。

学术演讲的信息转换主要是指文体的转换,即在确保学术信息真实的前提下,把论文、专著、教科书、标书甚至学术思想等转换成为与会者容易理解和接受、学术演讲媒介适合演示的文本形态。如在形式上,把研究论文改写成演示稿(如 ppt 文件);对原作的内容进行加减处理,即扩展或缩写;对原作进行通俗化、口语化、图式化、视频化等处理,即以提纲、表格、框架图、箭头图、简图甚至图片、视频等简单明了、容易理解的形式展现给与会者。精彩的学术演讲应是有共鸣、真实、言之有物、幽默、有激情、精短、脱稿的演讲。

学术演讲的媒介转换,是指演讲者把书面材料、图表等转换为视听媒体的过程,它的目的在于有效地传递学术信息,便于吸引与会者的注意力,提高其学术交流兴趣。值得注意的是,媒介化处理过程中,呈现在视听媒体上的学术内容绝不能只是文稿内容的机械转移,而应该是以条理化、精炼化、图表化的图文来再现文稿内容,以口述和多媒体演示相结合的方式呈现。同时,学术演讲应该学会利用交流的媒介工具,通过与会者的视觉、听觉、触觉、嗅觉、味觉五大感官,特别是视觉来实现与会者对演讲内容的理解和把握。因此,利用幻灯片或投影进行学术演讲,其效果显然优于单纯的口头演讲。

学术演讲的情境调控,是指学术演讲情境应既庄重又活跃,既紧凑又宽松。学术演讲者如果能恰如其分地驾驭演讲气氛,就能营造出学术演讲的良好氛围。演讲者可以从以下几点去尝试:

1. 选择适宜演讲的内容

演讲内容的学术价值高,如立论准确、观点新颖、具有学术启迪意义等,交流者、参与者的兴致就高,会场氛围就热烈。这就要求演讲者对与会者群体的背景和期待有足够的了解,也要求演讲者有真知灼见。

2. 擅长应用演讲的技巧

学术演讲需要合理运用与会者的感官以及"形体——表情——语言——媒体"的技巧,如:利用形体传意;利用表情左右与会者的情绪;利用媒体助讲等。演讲技巧的运用,能显示出演讲者的水平。演讲技巧的灵活运用,需要多次的实践和总结。

3. 善于同与会者互动

学术演讲中,与会者通常都是在同一领域有所研究和成就,难免会与演讲者有共鸣或者争鸣,演讲者对此应该予以正视和重视。学术演讲中,还要善于创设情境,引导与会者去质疑和讨论,激发与会者的求知欲望和探究动机。

学术演讲一般力求表明演讲者的观点、意图、思想,让与会者明白并理解。所以,在演讲的时候可以淡化演讲的表演性质,不用太多的手势和肢体语言,要以演讲者自身的文化修养和学者的气质、风度来折服听众。

(二)会议专题演讲

所谓会议专题演讲,是指在各种会议活动中所进行的演讲,它一般是作为传达上级指示、部署工作任务、统一思想、协调行动的重要手段。会议演讲因其内容不同而可以分为多类,主要包括开幕词和闭幕词、会议报告和典型发言等类型。

1. 开幕词和闭幕词

开幕词是指党政机关、社会团体、企事业单位的领导人,在会议开幕时所作的讲话,旨在阐明会议的指导思想、宗旨及会议的重要意义,向与会者提出会议的中心任务和要求。不论召开什么重要会议,或开展什么重要活动,按照惯例都会由主持人或主要领导人致开幕词,这是一个必不可少的程序,它标志着会议或活动的正式开始。

开幕词通常用于阐明会议或活动的性质、宗旨、任务、要求和议程安排等,旨在集中体现大会或活动的指导思想,对会议活动起着定调的作用;同时,它对引导会议或活动朝着既定的正确方向进行,保证会议或活动的圆满成功,有着重要的意义。所以,开幕词要求篇幅简短精炼,并且能快速切入正题,内容忌重复、啰唆;语言既要求口语化并富有感情色彩,又要求生动活泼;语气既要热情、友好,也要激越、高亢。

与开幕词相对应的是闭幕词,它也被看作是会议或活动一道必不可少的程序,标志着整个会议或活动的结束。所谓闭幕词,是指在一些大型会议或活动结束时由有关领导人或德高望重者向会议所作的讲话。闭幕词具有总结性、概括性、评估性、号召性、简明性、口语化等特点。

闭幕词通常要对会议或活动作出正确的评估和总结,充分肯定会议或活动所取得的成果,强调会议或活动的主要精神和影响,激励有关人员宣传会议或活动的精神实质和贯彻落实有关的决议或倡议。因此,要求发言者务必紧扣活动主题,观点鲜明,感情充沛。又因为闭幕词出现在会议终了,所以要与开幕词前后呼应、首尾衔接,显示大会开得圆满、成功。

2. 会议报告

会议报告是指在重要会议和群众集会上,主要领导人或相关代表人物发表的指导性讲话,是发言人在会议上讲话的总称。它既可以作为一种书面文字材料,又是会议文件的重要组成部分和贯彻会议精神的依据,还是供查阅的历史资料,具有宣传、鼓动、教育作用。它包括政治报告、工作报告、动员报告、总结报告等。

(1)政治报告。它是领导机关为实现一定历史时期的政治目标而作的路线、方针、政策方面的报告,多由领导机关的主要负责人来完成。

(2)工作报告。它是以经济建设、科学文化、教育卫生等工作为主要内容的报告。如国务院总理的《政府工作报告》,各省、市、州、县政府主要负责人向同级人民代表大会所作的工作报告,以及各系统各单位领导就所属范围的工作向下级单位和人民群众所作的工作报告等。

(3)动员报告。它是为动员有关人员去完成某专项工作或突击任务的报告。动员的目的,是使人们提高认识,明确任务,增强信心,圆满完成任务。

(4)总结报告。它包括工作总结报告和会议总结报告两类。工作总结报告是对前段工作进行总结的报告。工作总结报告与工作报告有一定的区别。工作报告虽然也有回顾前段工作的内容,但非常简要,重点放到今后的任务上,而工作总结报告的重点是从回顾前段工作中总结出带有指导意义的经验与教训。会议总结报告是在会议结束时,对会议的整个情况进行总结的报告。

会议报告具有主题集中鲜明、内容条理分明、语言通俗、口语化、形式灵活多样等特点,具有一定的约束性和指导意义。不同种类的会议报告,会有不同的写作或者演说要求,如在作工作报告时,要兼有谈话和专业的风格,既要产生活泼的会议气氛,又要不失报告的严肃严谨性。

3. 典型发言

所谓典型发言是指在表彰大会或推广经验的交流会上,由先进单位、部门的代表或先进个人,报告本单位、部门或个人的先进事迹、工作经验的发言。

在内容上,典型发言有工作上、学习上、生产生活上、技术改革上的发言;形式上,典型发言有个人发言、集体发言、代表发言;发言方式上,典型发言有综合介绍、重点介绍、一般介绍等类型。

因为典型发言是发言者在具体的会议上介绍经验或者推广技术等,所以发言既要言之有物、独具特色,又要具有普遍的适用意义和指导作用。这要求演讲者抓住事物的本质,总结和反映事物的普遍规律。另外,在作典型发言时,一般要求发言者所引用的材料真实准确,同时秉着实事求是的心态,对材料作出客观正确的评价。

(三)比赛型命题演讲

比赛型命题演讲,主要是指在演讲比赛中所进行的演讲。这种演讲以宣传教育为主要目的,在提高自身能力、增进友谊、表达个人观点见解的同时,以赢取名次作为目标。比赛型命题演讲观摩性、竞争性和教育宣传性很明显,同时还具有听众广泛、公平竞争、自由阐述观点等特点。

要成功地作好比赛型演讲,首先要了解演讲比赛的评分标准及演讲技巧:

1. 演讲比赛的评分标准

演讲比赛的评分,一般可以从演讲内容、言语表达、形象风度、会场效果等方面来进行。

(1)演讲内容。首先要求思想内容能紧紧围绕主题,观点正确、鲜明,见解独到,内容充实具体。其次要求材料真实、典型、新颖,事迹感人、事例生动,反映客观事实,具有普遍意义,体现时代精神。再次要求讲稿结构严谨,构思巧妙,文字简练流畅,具有较强的思想性和条理性。

(2)语言表达。一是要求演讲者语言规范,一律使用普通话,吐字清晰,声音洪亮圆润。二是要求演讲者在表达上做到准确、流畅、自然。三是要求演讲者语言技巧处理得当,语速恰当,语气、语调、音量、节奏张弛符合思想感情的起伏变化,能熟练表达所演讲的内容,最好能够脱稿演讲。

(3)形象风度。要求演讲者精神饱满,能较好地运用姿态、动作、手势、表情,表达对演讲稿的理解。着装上朴素、端庄、大方,举止自然得体,演讲时有风度,富有艺术感染力。

(4)会场效果。演讲具有较强的感染力、吸引力和号召力,能较好地与听众感情融合在一起,营造良好的演讲效果和氛围。演讲时间控制在比赛要求的范围之内。

2. 演讲比赛的演讲技巧

演讲比赛在日常生活中比较常见,不论是在学校,还是在工作单位,或者是在社会其他场合,演讲比赛随处可见。因此,不仅要把握好演讲比赛的评分准则,也要掌握好演讲比赛中的演讲技巧。

(1)做好演讲的准备。比赛演讲一般是事先通知的,演讲者有一定的时间作准备。这就需要演讲者对演讲的各个方面进行了解和把握,包括了解听众,熟悉演讲主题和内容,搜集素材和资料,准备演讲稿,进行适当的演练等。比赛型演讲的比赛成分和表演成分,要求演讲者最好能脱稿演讲,并能顾及听众的感受,所以事先的准备是一个很重要的方向。

(2)优秀演讲者的必备条件。做一名优秀的演讲者,必须具备以下几个条件:

①有足够的权威性和理智性。演讲者不论在台下是什么身份,一旦走上讲台,就要有一种能将人说服、让人折服的自信,这源自自己学识的渊博、话语的权威性和富有哲理性。

②具有较强的语言表达能力和技巧。演讲者不仅要有思想,而且要懂得用最好的演说方式来表达,这就需要演讲者具有较强的语言表达能力和技巧,正确把握好语气、语调和语言的节奏等。

③有热情。热情是一个演讲者所必须具备的,演讲者要在演说过程中将自己的想法、见解以热情洋溢的态度展现出来,而不是死气沉沉的言说。

④合适的仪表状态。仪表状态作为演讲者的风度展现,也是一个不可忽视的因素,合适的、庄重的仪表给人大方得体的印象,而演讲者精力充沛、积极向上的精神面貌也能给人振奋和清爽的感觉。

(3)运用适当的演讲艺术和技巧。演讲的艺术包括开场白的艺术、结尾的艺术、立论的艺术、举例的艺术、反驳的艺术、幽默的艺术、鼓动的艺术、语音的艺术、表情动作的艺术等等。演讲者通过运用各种演讲艺术,使演讲具备逻辑的力量和艺术的力量。

广义上的演讲技巧包括演讲稿的写作技巧,演讲时的言语技巧、表情、态势语等等。演讲时演讲者要以轻松的姿态展现在听众面前,这样就会显得自信大方、泰然自若,过度的紧张会让人觉得不自信,而且会影响演讲的效果。

演讲时克服紧张的方法之一是注意演讲时的视线。一般情况下,演讲的视线可以分为环视、扫视、点视等。所谓环视,就是演讲者看着听众的时候,让每一个听众都觉得演讲者在看着自己,事实上演讲者的眼光不是在某一个人身上,也就是说他眼里是没有人的。扫视,是指演讲者在演讲过程中,有意或者无意地扫视听众,一来可以了解听众的反响,二来可以使自己的眼神不至于死板呆滞。点视,则是指在演讲过程中,演讲者的眼神停留在某个听众身上的时间比较长,这样可以使得听众的精神更加集中,也能增强演讲者和听众的眼神交流。这些不同视线的运用,都可以增加演讲者的自信心,且更好地展现演讲者的风度和魅力。

演讲时的脸部表情无论好坏都会带给听众极其深刻的印象,这就要求演讲者在演讲过程中尽量控制好自己的表情。首先"不可垂头",人一旦"垂头"就会给人一种"丧气"之感,让听众觉得演讲者很不自信。如果演讲者的视线不能与听众接触,就难以吸引听众的注意。其次是"缓慢说话",说话速度不要过快,即便是对演讲稿内容很熟练。脱稿演讲不等同于背诵演讲稿,不是背出来就可以了事的。如果出现忘词或者卡壳的情况,要放慢语速,这样既可稳定情绪,脸部表情也得以放松,全身上下也能够为之泰然自若起来。

(4)善用演讲空间。所谓演讲空间,就是指进行演说的场所范围、演讲者所在之处以及与听众间的距离等等。演说者所在之处以位居听众注意力容易汇集的地方最为理想,这样不但能够提升听众对于演讲的关注,甚至具有增强演说者信赖度、权威感的效果。在注意利用空间效果的同时还要注意与观众互动,这样可以渲染场上的氛围,增强感染力,也会使演讲更加有活力。

三、命题演讲的特点

命题演讲除了具有演讲的现实性、艺术性、鼓动性、工具性等一般特征外,还具有以下几个特点:

1. 有充足的准备时间

命题演讲在明确了演讲题目后，有较充足的时间用于锤炼观点、选择材料，对讲稿进行周密的设计、构思、预讲等。经过充分的准备，演讲者能使自己的演讲尽量做到观点正确缜密，材料充实典型，语言清晰生动，体态自然传神。在演讲时顺应听众的心理和情绪，按照"规范"和"提示"，做到恰到好处地临场发挥，达到预期的目的。

2. 命题阐述的全面、系统性

命题演讲是有充分准备的。演讲稿经过认真撰写就把演讲各要素综合成一体并把它们组成独立有机和完整的系统，它陈述的不是点点滴滴、支离破碎的见解，而是经过深思熟虑以后形成的完整的有层次的观点体系，以及与之相匹配的大量事理，并借助逻辑论证过程，形成整体力量。它需要而又使人得到的是认识能力的深化，对现象做出本质的揭示，从而显示出雄辩的本质力量和巨大的说服力；它需要而又使人得到的是思想的精确缜密，看问题周详全面、精当恰切、无片面性。

3. 针对性和限制性

命题演讲的内容是事先确定的，在临场演讲时，演讲者一般都依照事先准备的演讲稿进行，所受时境的限制较少，内容随时境变化的可能性较小。命题演讲的题总是针对当前的热点问题，题有所指，具有很强的针对性，在选题上具有极强的限制性，不允许跑题。

第二节　命题演讲的程序及技巧

一、命题演讲的程序

命题演讲的演讲者在事先就被指定，并且也确定了演讲的题目或者主题。因此，命题演讲有一定的程序。

(一)准备和构思阶段

不论演讲者是自愿的还是被指定的，都会在事先知道自己的演讲"任务"，所以，演讲者就有一个准备和构思的时间。所谓准备和构思阶段，主要是指演讲稿的写作，其中包括审题、定题、搜集材料、构思和定稿等阶段。

1. 审题

众所周知，命题演讲是按照规定好了的题目或者主题进行的演讲，所以审题是非常重要的一个前提。如果没有正确的审题，就有可能偏离演讲的主题，写出来的演讲稿也可能会"下笔千言，离题万里"。不论是演讲者自己选择题目还是使用给定的题目，都需要认真审题。

审题时有两个需要注意的地方：

(1)选题的角度问题。同样的一个话题，演讲者可以从不同的角度切入，但是切入的角度要新、要适度。新，就是创新，要避免和别人的观点相同或者相近，要有自己的想法和创新，要尽可能地给人耳目一新的感觉。适度，就是演讲题目的角度要适度，角度太大就不容易把握，也很难讲得透彻；角度太小，则又显得容量不够，内容不够充实，也显示不出演讲者的特色和水平。

(2)要懂得扬长避短，发挥自我优势。命题演讲中因为主题已经确定，那么在创新的基础上，能够发挥自己的优势，选择自己的长处表现出来，就能完美地表现自己的演讲艺术。

比如考虑到自身因素和听众因素，选择适合自己或者听众感兴趣的题目，就能在演讲之前为自己的演讲加分。

2. 定题

定题是命题演讲的一个关键点，一个精彩出众的题目，是成功的一半，一个好的题目，既能让听众明白演讲的内容，又能提高听众的兴趣，更是对演讲内容的一个高度概括。

如何确定一个好的题目呢？

（1）要把握主题的时代性。即主题要适应时代的发展，适应社会的需要，具有发展的眼光。

（2）题目要窄而深。即题目不要太宽泛，也不要有很多的主题词。题目可以单一，讲的内容也可以有所偏重，讲到了核心和本质的问题就是好的。

3. 搜集和选择材料

如果说有力的论点是演讲稿的骨骼，那么材料就是演讲稿的肌肉。在演讲的准备阶段，演讲者要学会搜集和选择适当的材料。首先，要确定好方向，有了方向才能有所收获，在演讲的时候才会用得上。其次，材料作为演讲的信息载体，是要有力而且有用的，这就需要演讲者在选择材料时具有一定的选择标准，并对材料进行优化组合。演讲中运用的材料既要能恰当地表现主题，也要能满足听众的需要，既要真实典型，又要具体新颖。

4. 构思和定稿

命题演讲的构思要考虑到两个方面：

一是构思演讲稿的写作，包括开场白、主体、高潮、结尾等，这实际上要结合材料进行适当的安排和处理。

二是精心设计演讲的现场控制。演讲的现场是不能主观决定的，存在很多临时性和突发性的状况，但是演讲者还是可以在事先进行精心设计，预想效果和反复演练。

演讲者在构思演讲稿的时候，就应该考虑到现场的效果和听众的接受情况，在演练的过程中将具体的演讲细节突出，做到心中有数。这种演讲的设计和设想，包括各种演讲技巧的运用，比如说手势、眼神、肢体语言、语气和语调等，这也是命题演讲一个不可缺少的环节。

在进行初步设想之后，就可以将演讲内容执笔成文，变成真正意义上的演讲稿，然后再进行演练。

值得说明的是，演讲稿的写作也不是一蹴而就的，要经过反复的修改和推敲。命题演讲的成败，很大程度上取决于演讲稿的优劣，所以演讲稿的写作是非常关键的。

(二) 演练阶段

演练阶段是命题演讲的一个重要阶段和环节，主要包括背诵和处理演讲稿。

演讲中，演讲稿虽然是一个重要的部分，但是如何表现演讲稿的特色，如何完美地进行演讲，也是一个不容忽视的问题。

命题演讲中，有不脱稿的演讲和脱稿的演讲，但是不论怎样，都要求演讲者对演讲稿的内容非常熟悉。

演讲，不是对演讲稿的背诵，不能照着稿子念，也不能照着稿子背。演讲稿只是一个文字的记录，只是让演讲者心里有底，但是文字稿中无法体现语气语调、停顿甚至手势、表情等方面的内容，而这些都只能通过演讲者反复的演练才能体会出来。当然，在真正演讲的时候，演讲者可以有自己的发挥。所以，演练阶段尤为重要。

演练中的精心处理，主要包括以下几个方面：

1. 背稿

要对演讲稿非常熟悉，即我们通常所说的背稿。

这里所说的背稿，不是简单地将内容记下来，而是要把停顿、断句等一并记下来。

2. 感情基调的把握

即要根据演讲稿的内容，作出相应的反应，或平实，或激昂，或欢快，或悲壮。如果感情的基调把握不好，就很难将演讲稿所要表现的思想感情准确地表达出来。演讲稿写得再精彩，演讲的效果也不会好。

3. 语音的处理

即对语气、语调等方面的把握。将演讲稿转化为语言，首先要注意语调，演讲中的语言应该是抑扬顿挫的，有感情起伏的，不能出现念稿和背稿的现象。但是演讲的语调也不能太夸张，不能过头，过头了就有些装腔作势，就不是演讲了。演讲既要自然地表达感情，又要艺术化地处理感情，要充满激情，也要正确地表达。同时，要注意全局把握演讲的感情，不要拘泥于某一个段落、某一句话甚至某一个词语。

4. 态势的处理

即在演讲中对服饰、手势、身姿、表情的处理。态势的可变性和随机性比较强，不是完全能够设计好的，只能够大体把握。另外，细节方面和关键之处可做适当的设计。这样一来，演讲者就能在演讲台上应付自如了。

(三) 演讲阶段

通常说台上一分钟，台下十年功。事先的所有准备，都是为了登台演讲。所以，这是一个非常关键的环节。演讲者在正式的演讲阶段，要注意以下几个关键之处：

1. 登台亮相

听众在演讲者一上台就能看清楚演讲者的所有面部表情。如果演讲者的亮相给人印象好的话，就能于无形之中加分；要是给人一种萎靡、消沉甚至邋遢的印象，就很难在之后的演讲中博得听众的认可和赞赏。

演讲者登台亮相，应首先站定，然后抬头看听众，可以扫视全场，也可以轻轻点头或者鞠躬，以表示对大家的感谢和问候。

登台亮相要表现出端庄大方，亲切自然，给听众创造一种轻松的、良好的氛围。

2. 开场白

开场白不仅要开得好，而且要开得妙；开场白既要扣题，又要营造气氛。

演讲的开头，可以有不同的方式，可以是设问开头，用问题引发听众的兴趣；可以是叙事开头，用故事吸引听众；可以通过实物展示开头，给听众以直观的印象和感受。总之，不论怎样，精彩的开场白能在瞬间就抓住听众的心，甚至几句话就能使现场变得火暴，掌声、笑声不断。

在演讲稿的设计中，有对开场白的设计，所以只要演讲者按事先的演练临场表现出来就行了。但是，也会有现场和想像出现不吻合的情况，这就需要演讲者根据现场情况作出相应的调整。

好的开场白能够奠定全场的感情基调和气氛，开头精彩就会引起听众的兴趣，演讲者也能轻松上阵，发挥自己的最佳水平。

3. 高潮

就像写小说和讲故事一样，最忌平铺直叙，演讲也需要高潮。没有高潮的演讲，是平淡的、乏味的。演讲的高潮，表现在听众的全身心投入，掌声、笑声、欢呼声不断，现场形成强烈的"共振效应"。演讲者可以通过造势和强化等方法来制造演讲的高潮。在高潮来临之前，演讲者运用制造悬念、故作迷阵、情感铺垫等方法，都是为了高潮之处能唤起听众的共鸣，能够赢得他们热烈的掌声，这就是造势。

而强化则是指演讲者说到情动之处，要利用语言、手势、表情等来加强情感的表达。高兴的事情，可以说得眉飞色舞；伤心的事情，可以说得潸然泪下；气愤的事情，可以说得咬牙切齿。这样听众也会感同身受，产生共鸣，从而达到高潮的效果。高潮的突出和强化，还可以通过修辞和语气来实现。

修辞方面，主要是运用反问、比喻、夸张、排比等来加强语气，这些修辞手法可以使演讲的语言不单调，有起伏，而且能够更加形象生动地说明问题，情动之处也更能打动人心。

语气方面，则是指演讲者在演说过程中的抑扬顿挫的语调和时而缓慢、时而迅速的语速等，可以更好地表达出演讲者的感情，也会使演讲有节奏感。

演讲中段落的过渡和收尾的处理也是重要的。过渡的自然、承上启下，结尾的呼应和简短有力，都是演讲中应该注意和把握的。

二、命题演讲的技巧

"台上十分钟，台下十年功"，用这句话来形容演讲前的准备工作十分贴切。优秀演讲者除了要有口才、学识、品德和稳定的心理素质外，在每一次演讲前都要进行认真的准备，深入了解听众，广泛收集材料，写好演讲稿，反复练习。其中演讲稿的撰写是关键，写好演讲稿可以帮助演讲者加深对主题和内容的理解、熟悉，理清思路，增强语言表达力，恰当掌握演讲时间，使演讲者心中有数，有助于消除其紧张情绪。

命题演讲要注意以下几点。

（一）根据听众特点确定内容

演讲是讲给人听的，听众听得懂、喜欢听才能有助于演讲目的的实现。听众渴望了解的是他们关心的问题，对其工作、生活有指导价值的知识和信息，因此演讲者的选题应从听众的心理需求出发，这样才能缩短演讲者与听众间的心理距离，获得支持。了解听众首先要了解听众的身份、文化、职业、年龄等，这些因素会影响听众的理解能力、语言感知能力；其次要了解听众关心的焦点，有时一场演讲的听众成百上千，难免各有所思、各有所想，性格、心态各不相同，但在某种特定的场合下，比如一个非常的时代、某个特殊意义的时刻、某种特定的情景等，人们所关心的焦点往往会比较集中地落在一个问题上，而暂时统一了愿望和要求。那么演讲者就应该因地制宜，有的放矢。例如，闻一多的《最后一次演讲》，是在李公朴追悼会上发表的演说，闻先生了解到现场有许多便衣特务，便在演讲中不仅盛赞了李公朴等革命志士的伟大，同时也痛斥了反动派的阴险卑劣，替在场听众抒发了对走狗特务的痛恨之情。

（二）提炼主题深刻独到

主题是演讲稿的统帅，演讲主题的提炼应本着使人获益的原则，那种空洞肤浅或主题不突出的演讲会令人生厌。演讲主题应是演讲者的真知灼见，这样才能吸引听众，使人获益。然而演讲者的真知灼见又来源于广博的生活，因此提炼主题还应善于对生活进行升华，能够以小见大、从平凡中见精神，由细小中见奇伟，善于挖掘社会现象中所隐含的人生哲理、客观规律，善于从一个比较新奇的角度去揭示生活的本质，在一个更高的高度上去观察生活、思索现实。

（三）材料充实，新颖感人

文章要求选择材料要围绕主旨，典型真实，演讲稿的写作也不例外。但演讲作为一种特殊的语言活动，要求其材料要符合演讲的鼓动性、针对性、情感性等特征。此外，演讲选择材料要多，准备充分，有备无患，以便临场应变，留有增减的余地。

从以下几方面选择材料一般能取得较好的效果：一是选择真实而新鲜的新闻事件，知识性强，时效性强；二是选择亲身经历或亲眼所见的材料，富于真情实感，有利于打动听众；三是选择名人事迹，借助名人效应，增强说服力；四是可以旧事新议，赋予人们所熟悉的事物以新意或从一个新的角度来议论一个旧话题，以激发起听众的兴趣，避免陈词滥调；五是站在听众的立场选择材料，以唤起听众的切身感受；六是选择幽默风趣的材料，能够寓教于乐。老少皆宜，雅俗共赏，并有助于活跃现场气氛。

（四）结构跌宕，势如破竹

结构即是根据某种需要，把散乱的材料有条理、有逻辑地组织起来，使材料之间相辅相成，构成一个完整的有机体。而演讲结构即是以掀起听众的情感波澜为宗旨，巧妙地安排论点与材料，以便做到层次清晰、循序渐进，自始至终吸引听众。

1. 开头引人入胜

万事开头难，演讲的开头更是如此，因为它担负着极其重要的任务，好的开头能镇定纷乱的会场、集中听众的注意力，还能导入主题、定下基调，把听众带入演讲者需要的气氛中去。因此对演讲的开头应精心设计，力求引人入胜。演讲如何开头应根据演讲内容、演讲风格、听众心理、现场情况等因素来确定。或开门见山揭示论点，或提出问题引人思考，或引用名言警句发表高论，或以抒情创造意境。方式方法不胜枚举，目的都在于吸引听众。

2. 主体部分是回答问题，总结成果

主体部分不能空洞，应以充实的材料充分展开，深入挖掘主题，广泛阐述道理，保持开端造成的声势，环环相连，扣人心弦。主体部分的材料应注意形成内在情感的节奏感，即通过由浅入深的论述层层推进听众的情感。安排材料时还应将典型的突出的事例详写，一般性的材料作为辅助部分略写，详略相间，造成情感的张弛回旋。主体部分的材料应多姿多彩、正反相照、深浅相兼、触类旁通，不可单调呆板，只有这样才会显出起伏转折、处处有景、时刻吸引听众。

3. 结尾掀起高潮

经过开头和主体部分的蓄势，演讲者和听众的情绪都已水到渠成，到了最高峰，这时应

该安排一个有力的结尾总结全文,以突出主题、掀起高潮、催人奋发,给听众留下一个更强烈的回味无穷的印象。演讲的结尾应简洁明快,精彩有力,切忌虎头蛇尾,枯燥冗长,落入俗套。演讲的结尾方式多种多样,可重复本文论点进行强调,可直抒胸臆进行呼吁,可发表宏论鼓动听众,也可展望未来给人希望,等等。例如,闻一多的《最后一次演讲》始终伴随着此起彼伏的掌声,尤其是结尾:"历史赋予昆明的任务是争取民主和平,我们昆明的青年必须完成这任务!我们不怕死,我们有牺牲的精神,我们随时像李先生一样,前脚跨出大门,后脚就不准备再跨进大门!"更掀起了长时间热烈的掌声。这个结尾慷慨激昂,既有对听众的鼓励,又有自己的决心,其感召力是不言而喻的。

【复习思考】

1. 名词解释:(1)命题演讲;(2)学术专题演讲;(3)会议专题演讲;(4)比赛型演讲。
2. 简述命题演讲的种类。
3. 简述命题演讲的特点。
4. 简述命题演讲的一般程序。
5. 简述命题演讲的程序。
6. 简述命题演讲的技巧。

第五章 即兴演讲

第一节 即兴演讲的基本知识

一、即兴演讲的感念

即兴演讲,又称即席演讲或即时演讲。相对于命题演讲而言,它是指演讲者在事先完全没有准备或没有充分准备的情况下,受特定情境和主体诱发,自发或被要求立即进行的当众讲话。演讲者不凭借文稿,而是有感而发,随想随说。所以,那种看似无稿实则背稿的演讲,应归为"伪"即兴演讲。

一场好的即兴演讲,由于内容上针对性强,且与听众交流色彩浓,一方面能让听众感觉到宽松、自在的氛围,另一方面能树立起演讲者聪敏机智的良好形象。因此,在日益激烈的人才竞争中,即兴演讲越来越被推崇。擅长即兴演讲,已是当下人们一项不可或缺的职业技能。

二、即兴演讲的特点

一般来说,即兴演讲应当具备如下几个特点:

1. 针对性强,话题集中

一般情况下,即兴演讲是对眼前情况或近期经历有感而发的,因此话题切入角度较小、较窄,议论主题求新、求精。

例如,一篇《总把新桃换旧符——在兄妹团聚会上的即兴讲话》。

今天,我们兄弟姐妹近二十人,在这里张灯结彩,喜气洋洋,在美满家庭温馨的气氛中,举行联欢晚会。首先,我代表远在北国沈阳的全家向大家拜年,祝大家春节愉快,万事如意!

"年年岁岁花相似,岁岁年年人不同",春节年年有,但今年的春节意义不一般。

首先,我们兄弟姐妹分别四十多年来,第一次在一起过春节。解放以后,我们各奔东西,为了实现这次团聚,大家从改革开放的窗口深圳,从千里冰封万里雪飘的沈阳,来到浦阳江边,陶朱山下,相会于西施故里。我们"少小离家老大回,乡音无改鬓毛衰",随着年龄的增长,强烈的思念家乡、思念亲人之情,从未间断,今天终于实现了这一愿望。

第二……

第三……

第四……

在迎接2011年新春佳节之际,我想起北宋伟大的政治家、革新家、诗人王安石一首著名的诗词《元日》:爆竹声中一岁除,春风送暖入屠苏。千门万户曈曈日,总把新桃换旧符。常言道:诗言志。这首诗充分表达了诗人不安于现状,大胆改革、勇于创新、积极进取的精神,很适合我们目前改革开放的形势。让我们乘着改革开放的春风，拿着新的桃符，换去旧的桃符，和全国人民一道，在社会主义现代化建设的大道上，在不同的岗位上去创造新的业绩吧！

2. 临场发挥，直陈己见

即兴演讲既不像命题演讲事先可以拟好讲稿，也不像辩论演讲事先进行模拟训练，演讲者往往是当场打腹稿，即席讲话，说情况、讲道理、表看法、提意见，很少绕弯子。

例如，韩素音在第二届"理解与友谊国际文学奖"授奖仪式上所作的即兴答谢词：

很久以前，我想是1942年吧，毛主席抱怨说，有一些同事，作文演说，冗长无度。英国人有一句谚语：言贵简洁，智在清晰。对此，我完全同意，并在世界各地两千余次的演说中总是努力实践。因而，今天也只说几句。

首先，要感谢大家，感谢所有的中国朋友，感谢所有那些我尚无缘认识但也许要阅读这篇讲稿的人们，感谢伟大的卓越的中国人民及其领导人。

几乎40年来，是他们鼓舞着我的工作。不但鼓舞着我写作，也鼓舞着我行医，不但鼓舞着我行医，也鼓舞着我研究人生。

今天，如同我21岁时一样，我发现我的根在中国。四天之前，初度七十有八，感觉依然如故……

3. 生动活泼，短小精悍

即兴演讲多是在一种激动的场合下进行的，没有人乐意听长篇讲话，因此必须篇幅短小、内容精悍，演讲时间一般控制在1～5分钟，有的甚至只有一句简短的话。

如台湾著名节目主持人凌峰在1990年参加中央电视台春节联欢晚会上所做的自我介绍，即堪称经典：

在下凌峰，我和文章不一样，虽然我们都得过"金钟奖"和"最佳男歌星"称号，但是，我是以长得难看而出名的。两年多来，我在大江南北走了一趟——拍摄《八千里路云和月》，所到之处，观众给我们很多的支持，尤其是男观众对我的印象特别好。因为他们认为本人长得很中国，中国五千年的沧桑和苦难写在我的脸上。一般来说，女观众对我的印象不太良好：有的女观众对我的长相到了忍无可忍的地步，她们认为眼比黄花瘦，脸比煤球黑。但是，我要特别声明：这不是我的错，实在是父母的错误，当初没经过我的同意就把我生成这个样子……

4. 以小见大，引人深思

好的即兴演讲基本都是以点带面，从现象看本质，从小事中透出人生道理、生活哲理和社会真理。

我们来看一段婚礼主持的借题发挥：

朋友们，新郎的名字叫海泉，新娘的名字叫涛。"海"、"泉"、"涛"三个字都与水有关，所以我们可以说，两位新人的名字就蕴涵着一种缘分。此外，水还孕育了生命，蕴涵着生机，凡是有水的地方都会呈现出一派蓬勃的景象。这两个名字的结合，预示着他们的爱情，会像大海一样的深厚与深沉；预示着他们的婚姻，会像泉水一样的清澈与甘甜；预示着他们的家庭，会永远充满着生机与欢乐！

三、即兴演讲的类型

一般来说，即兴演讲可以分为三种类型：

1. 随机应变式

这类即兴演讲有充裕的时间准备，但因变数较大，不好做具体准备，只能作大体设想，如各种大小会议上的开场白、总结致辞，各种礼仪讲话（生日祝词、婚庆祝词、开业庆典祝词、节日祝福、迎送答谢；各种集会、座谈、谈判、聚会上的即兴讲话）、导游的即兴解说以及日常生活中的各种应酬（如介绍和自我介绍、应聘面试、新上任时的发言、刚参加工作与领导同事间的简短交流寒暄）等。

例如，一位舅舅在外甥10周岁生日晚宴上的即兴讲话就很典型：

姐姐、姐夫、我的小外甥：今天是外甥10周岁生日，俗话说：到生日吃面，当舅舅的我首先奉上三个蛋一碗面。

这第一个蛋叫"德"，思想好，像个石头蛋，扎扎实实的，在学校里尊敬老师，团结同学；在家里，孝敬父母，热爱劳动，艰苦朴素，文明举止；在公共场合，遵守规则，遵守秩序，不要做一个人人讨嫌的坏蛋。

这第二个蛋叫"智"。学习好，像个五彩蛋，兢兢业业的……

这第三个蛋叫"体"，身体好，像个铁蛋蛋，壮壮实实的……

至于这一碗面么，大家看看，这面长长的像理顺的头绪，这象征着一切事情都有个开头，这就是说，要吃到这三个蛋就要从现在开始，从现在努力！外甥，你说呢？

2. 有感而发式

它多由相对有身份的人（多为领导干部和学者）及其代表来完成。

例如温家宝总理2010年10月6日在布鲁塞尔第六届中欧工商峰会上的即兴演讲：

两年前，金融危机刚刚爆发时，我在中欧工商峰会上演讲强调的是信心，今天我要强调的是冷静、智慧和勇气。面对中欧这么多工商界领袖，我想重点讲讲欧盟工商界关心的几个问题，借此机会澄清事实，消除误会，使我们合作得更好……

一个基本的事实是，中欧之间贸易和投资发展很快。据欧盟统计，在金融危机的影响下，2009年欧盟的出口整体下降，但对中国出口增长4%。今年上半年欧盟对中国出口更是增长了42%。昨天晚上，我对德国进行了短暂访问，我对默克尔总理讲，中德贸易大约是每个月100亿美元，今年可能超过1200亿美元。整个中欧贸易2009年约4000亿美元，今年可能超过5000亿美元。这就是基本现状和事实。

关于人民币汇率，我昨天同欧元区"三驾马车"会谈时讲，欧洲的领导人和工商界不要参与压迫人民币升值……

发展中欧经贸关系符合双方的根本利益。今天站在这里，我感到责任重大，一定要为推进中欧经贸合作竭尽全力，努力克服合作中出现的暂时困难和问题。

让我们携起手来，共同推动中欧经贸关系发展，共创中欧全面战略伙伴关系美好未来。

3. 应急被动式

它专指那种原来没打算发言，因故而被临时"点将"的发言者的发言。

在教师节师生联欢会上，一位快退休的老教师被年轻老师和学生"点将"，让他讲几句。他灵机一动，做了如下的即兴演讲：

各位同行、学员同志们：

你们好！教师节，是我们在座每一位师生自己的良辰吉日，可喜可贺！现在不正是如此吗？师生汇聚一堂，欢迎她，情谊殷切；你我竞相赞美，祝贺她，激情满怀！此时此刻，我感触良多。

自古至今，教师是社会文明的传播者，教师以人梯的精神培育了数以亿计的人才，推动着人类的进步、历史的前进，教师的事业是伟大的、光荣而高尚的。那么多年来的教书生涯，我们一直情系教坛，真诚执教，无论什么挫折和诱惑，都动摇不了我们"教书育人"的天职，改变不了我们"终生从教"的执著追求。

然而，当今社会的改革开放需要我们教师在思想上不断升华，业务上不断进取……

同学们，趁着我们还年轻，充分发挥我们的青春优势，学习进取，不断充实自己，用今朝的热血去写就明天的成功！

最后，值此隆重庆祝教师节之际，赠送给同学们"十六个字"和"六种心"，以求共勉：

坚定信仰，执著追求，来日方长，好自为之。

忠心献给国家，孝心献给父母，爱心献给社会，痴心献给事业，诚心献给朋友，信心留给自己。

四、即兴演讲者应具备的条件

有一位演讲家做了一场十分精彩的即兴演讲，事后，人们问他："你为这场演讲准备了多长时间？"他不假思索地回答道："二十五年。"二十五年，是他从事演讲活动的"讲龄"。这则小故事表明，做一次精彩的即兴演讲绝非一朝一夕之事，需要长时间的实践锻炼和人生阅历。

简而论之，即兴演讲者应具备如下方面的素质：

1. 知识渊博

渊博的知识能使演讲者的演讲内容充实深刻，见解新颖。历史上许多著名的演讲家如德摩斯梯尼、西塞罗、林肯、马克思、恩格斯等，他们无一不是伟大的思想家，他们的演讲也无时不在闪烁着真理、科学、智慧的光芒。因此，只有博览群书、视野开阔，才能在短暂的准备时间内从脑海中找到生动的例证和恰当的词汇，来增添即兴演讲的魅力。这就要求演讲者除了具备自己所专攻的专业知识外，还能广泛了解社会学、心理学、传播学等众多学科原理，以及掌握广博的生活常识，如地理环境、风土人情等。

2. 观察敏锐

演讲者有了敏锐的观察力，就能从普普通通的生活中积累大量素材，通过分析和判断，从中发现能反映生活的本质。在演讲中，演讲者可以了解听众的表情、心理及场上的气氛变化，及时调整演讲的内容、方式、节奏；在演讲后，演讲者可以从周围的反映中综合分析自己演讲的成败得失，使自己的演讲臻于成熟。

3. 综合力强

这是指即兴演讲者在具备了对事物进行纵向分析和横向比较的认知能力前提下，能通过表层迅速深入到事物本质，形成新颖独到的见解，并能围绕主题，在很短的时间内把相关材料合理组合、科学搭配在一起，使之连贯成文，以免事例繁杂、游离主题。

4. 表达清晰

即兴演讲腹稿拟得再好，表达不出来，同样是白搭。

在演讲中，清晰的表达能力如同"点金术"，有了它，就可以"思接千载，视通千里"，将各种各样的事物与演讲主题巧妙地结合起来，因地设喻，即景生情，有效体现演讲者知识的广度和思想的深度。这就要求演讲者平时要善于学习生活中生动活泼的语言，同时吸收外国语言中的有益成分,并且学习古人语言中有生命力的东西。

5. 随机应变

即兴演讲由于演讲前无充分准备,临场时就容易出现意外,如怯场、忘词等。因此,随机应变、临场发挥就显得特别重要。遇到这种情况,只有沉着冷静,以不变应万变,才能扭转被动局面。

第二节　即兴演讲的技巧

一、即兴演讲的技巧

进行即兴演讲需要多方面的知识素养,又需要敏捷的思维能力、快速的语言表达能力和应变能力。

1. 恰当的准备技巧

(1)知识素养准备。演讲者的知识积累、兴趣爱好、阅历修养与演讲的成功有着紧密的关系。"巧妇难为无米之炊",许多演讲者感到演讲的最大困难在于没有演讲材料。这就要求我们平时做有心人,"家事、国事、天下事、事事关心",广泛地阅读、收集、积累材料,古今中外的人文科学、自然科学都要学习,同时加强自我的思想、道德、情感等各方面的修养。这是一个长期、琐碎而复杂的工作。重点应从以下几方面入手。

①多收集历史资料,对那些重要的历史事件、人物的有关情况要熟记,并分门别类地进行整理。

②多收集现实资料,对当今国内外发生的重大的政治、经济、文化、科技等各个领域的事件、人物的有关情况要了如指掌,进行思考。

③加强记忆,多记名人名言、俗语谚语、古典诗词、经典文学、寓言故事、时文政评等。

(2)临场观察准备。演讲者要尽快观察、熟悉演讲现场,及时收集捕捉现场的所见所闻,包括现场环境(时间、地点、场景布置)、听众、其他演讲者的演讲等,以确定自己的话题,增加演讲的即兴因素。

(3)心理素质准备。既然是有感而发,就要有稳定的情绪,有十足的信心,有必胜的信念,这样才能保证思路通畅,言之有物,情绪饱满,镇定从容。

2. 快速思维的技巧

临场性决定了即兴演讲者必须具有较强的快速思维能力。快速思维即快速组织内部语言,实际上就是一个快速创作、打腹稿的过程。其技巧主要表现为三定、四思、五借。

(1)三定即定话题、定观点、定框架。

①定话题。应选你想说的、观众想听的、你能讲的、社会生活需要的话题。

②定观点。应确立明确精练、正确深刻、为大家所能接受的、言之有理的观点。

③定框架。定框架有两种模式。一是开门见山式,也叫金字塔式。方法是先亮出主题,然后对主题作较详细的论证和分析说明。二是曲径通幽式,也称为卡耐基的"魔术公式"。方法是先举例,再叙主旨要点,最后说明理由,进行论证分析。

(2)四思即逆向思维、纵深思维、发散思维、综合思维。

①逆向思维。是指从相反方向思考问题，即一反传统看法，提出与之相对或相反的观点。这是一种反弹琵琶式的思维模式，鲜明地表现为对传统的批判精神，但要注意观点必须持之有据，能够自圆其说。

②纵深思维。从一般人认为不值一谈的小事，或无须作进一步探讨的定论中，发现更深一层的被现象掩盖着的事物本质，即"透过现象看本质"。

③发散思维。是从同一问题中产生各种各样的为数众多的答案，在处理问题中寻找多种多样的正确途径。其特点是多端、灵活、精细、新颖。

④综合思维。是前面三种思维的综合运用，事实上，人们在思考问题时一般情况都是将各种思维综合在一起使用的。

（3）五借即借题发挥、借人发挥、借物发挥、借事发挥、借景发挥。

五借是泛指，它要求演讲者要善于观察现场，获取信息。

二、即兴演讲的环节

1. 吸引人的开场白

演讲的开场白，是向听众抛出的第一条彩带，听众往往从开头判断演讲者的优劣。美国著名口才大师洛克伍德说过："在整个讲话过程中做到轻松地、巧妙地和大家交流思想是困难的。然而，做到这一点的关键是讲话开头的用字表达"。下面引用几个讲话开头的例子，请大家欣赏。

（1）直入式。

例如，闻一多在《最后一次演讲》中说道："这几天，大家晓得，在昆明出现了历史上最无耻的事情！李先生究竟犯了什么罪，竟遭如此毒手？他只不过是用笔写写文章，用嘴说说话。而他所写的、所说的，都无非是一个没有失掉良心的中国人的话！大家都有一支笔，有一张嘴，有什么理由拿出来讲啊！为什么要打要杀，而且不敢光明正大地来打来杀，而是偷偷摸摸地来暗杀！这成什么话？"《最后一次演讲》的开头语，闻一多几乎没有做任何铺垫，一开始就一连串激昂的感叹句把演讲直接引入正题，给听众一种畅快淋漓的印象。

（2）引用式。

例如，吕元礼在《祖国——母亲》中说道："人们常说，第一次把美人比作花的是天才；第二次把美人比作花的是庸才；第三次把美人比作花的是蠢材。不错，如果人云亦云，鹦鹉学舌，那么，就是再美妙的比喻也会失去光彩。但是在生活中却有这样一个比喻，即使你用它一百次、一千次、一万次，也同样具有强大的感染力。同志们或许会问，这是个什么样的比喻呢？那就是，当你怀着赤子之心，想到我们祖国的时候，你一定会把祖国比作母亲。"吕元礼的演讲引用了一个讽刺的谚语，说明了对重复比喻的厌烦，然后话锋一转，强调另一种比喻可以不厌其烦地运用，引出了演讲的主题"祖国——母亲"。这样的开头方式，既由于谚语铺垫显得水到渠成，又由于谚语的使用而显得贴近生活。

（3）提问式。

例如，蔡畅在《一个女人能干什么》的演讲中说道："今天，我讲一个问题，一个女人能干什么？一个女人能干什么呢？我的回答是：能干，什么也能干；不干，什么也不能干。能干又不能干，不能干又能干。为什么这样说呢？要确定女人能干不能干，有两个条件。一个是要看环境，另一个是要看个人的努力。如果环境好，自己不去努力，只靠人家那就什么也不能干。如果自己努力干下去，就可以得到好的结果。如果努力干，就是从那些小的具体工作到管理国家大事都能够干，如果不干，就会变成社会的寄生虫。"蔡畅通过提问来引发听众的兴趣，再用自问自答的形式来阐发自己的观点，这样给听众留下了清晰的印象。

开头的方式很多，还有故事式、悬念式、自我介绍式等。

2. 充实的主体内容

即兴演讲的篇幅短小，而在短小的篇幅内要讲出充实的主体内容，实属不易。从方法上说，要抓住三点：一是要注重交代演讲与听众之间的利害关系；二是运用生动形象的事例；三是要有感而发，情真意切。

3. 有力度的结尾，讲话的结束语用好了能起到预想不到的效果

结尾的方式有总结式、升华式、启发式、号召式等。结尾结束得好，可以达到画龙点睛的效果。演讲可以采取以下三种结束语。

(1) 故事式。以一个故事来结束演讲。

例如，"演讲快要结束了，最后跟大家分享一个故事结束今天的演讲。一个生活平庸的人带着对命运的疑问去拜访禅师，他问禅师：'您说真的有命运吗？''有的。'禅师回答。'是不是我命中注定穷困一生呢？'他问。禅师就让他伸出他的左手指给他看，说：'你看清楚了吗？这条横线叫做爱情线，这条斜线叫做事业线，另外一条竖线就是生命线。'然后禅师又让他跟自己做一个动作，他把手慢慢地握起来，握得紧紧的。禅师问：'你说这几根线在哪里？'那人迷惑地说：'在我的手里啊！''命运呢？'那人终于恍然大悟，原来命运是在自己的手里。各位，同样，我们的成长，是我们自己来决定还是由别人来决定？我们的演说水平是由自己决定还是由别人决定。显然，我们所有的决定都掌握在我们自己的手中。"

(2) 诗词式。以一段诗词来结束演讲。

例如，"最后，我想以一段激励语来结束今天的演讲。人最宝贵的是生命，人的生命只有一次。人的一生应当这样度过：当他回首往事时，他不会因为虚度年华而悔恨；也不至于因为生活的碌碌无为而羞愧；临死的时候，他能够说，我把我的整个生命和全部精力，都献给了世界上最辉煌的事业。让我们用这段光彩夺目的话来鞭策和激励自己！让自己成为一个无愧于时代的高尚的人！谢谢大家！"

(3) 引用名言。

例如，"各位，最后送大家两句话，是美国前总统林肯说的，你真的想当律师吗？真的想吗？如果你真的想，你已经成功了一半，另一半就是下定决心，但是下定决心又是最难的。所以我们要想改变自己，第一步就是要下定决心。如何去落实你的决心，就全靠你自己了。如果你从今天开始，下定决心成为一名精英演说家，然后不断练习，你一定可以获得很大的成功。谢谢大家！"

三、即兴演讲的注意事项

即兴演讲应有"五注意"：

一是注重开头，引人入胜；注重结尾，耐人寻味。

二是注重内容，言之有物，机敏幽默，蕴含深刻。

三是注重语言形式，以口语短句为主，巧用比喻、排比、设问、反问、引用、反复等修辞手法，注意过渡词、句、段的使用和衔接，不用粗话、碎屑语，不能多用方言。

四是注重有激情,语调抑扬起伏。
五是注重演讲者的形象,防止不良陋习。

四、即兴讲话的禁忌

讲话时,变调、失真、打官腔,是普遍让人厌烦的事情,只有使用自然的声音讲话,才能真正打动人。同时语言表达要简单清晰,切忌啰唆,否则会失去听众。生活中有哪些讲话容易引起人的反感呢?心理学家归纳为12种:①抱怨自己的命运,或夸耀个人的成就;②喜欢扮演心理分析家,对任何人的言行都要评头论足;③自我膨胀,夸夸其谈;④拒绝尝试新事物,不肯听取别人的意见;⑤言谈冷淡,缺乏真诚热情;⑥过分取悦或阿谀奉承别人;⑦毫无主见,人云亦云;⑧视自己为焦点人物,摆出一副"舍我其谁"的狂妄姿态;⑨言谈时观点暧昧,模棱两可;⑩言词逞强,喜欢咬文嚼字;⑪经常打断别人话题,影响他人说话兴趣;⑫过度谦虚,恭维别人。

【复习思考】

1. 什么是即兴演讲?
2. 简述即兴演讲的主要特点。
3. 如何进行即兴演讲?
4. 简述即兴演讲者应具备的条件。
5. 即兴演讲中有哪些技巧?
6. 即兴演讲的环节有哪些?
7. 一家大型的日用品公司准备举行集体生日会,为几名过生日的员工送上祝福。在生日会开始之前,公司工会主席杨阳女士突然接到通知,她也要上台讲话。在多番推辞未果后,她接受了这一安排。可轮到自己讲话前,她发现自己想说的都被别人说过了。如果你是杨阳女士,该怎么办?

第二部分

口才

第六章 辩论口才

第一节 辩论的基本知识

一、辩论的含义

辩论,也称论辩,是指持不同观点的双方为达到某一共同目的(如证明真伪、明辨是非、达成共识或争取支持等),在共同认可的前提下(如同一法律体系、公认的学术理论、相同的事物背景等),运用公认的逻辑规则进行的辩驳。辩,是辩解、辩驳,即指出对方观点的谬误性;论,是立论、论证,即确立自己观点的正确性。辩论是说话的双方(或多方)对同一事物的同一方面持有不同的观点,运用一定的理由来反驳对方的观点,确立己方观点的一种面对面的语言交锋。

二、辩论的特点

具体而言,辩论具有以下四个方面的特征:

1. 辩论人员的双边性

"双边"指有两个不同方面的参与。辩论是一种典型的双边活动,一个人不可能同自己辩论,个人对头脑中的几种方案或做法进行权衡和比较,是思考、思辨而不是论辩。辩论活动最少需要两人参与。

2. 辩论观点的对立性

辩论是不同思想观点的交锋,辩论双方总是想论证自己的观点正确,希望说服对方认同己方观点。双方的观点是对立的,这样才有辩论的可能,否则只能是诡辩。就具体操作而言,辩论观点的对立性在辩论赛中表现得尤为突出。如2003年第六届国际大专辩论会冠军中山大学对弗赖堡大学的辩题:

中山大学:网络是虚幻的。

弗赖堡大学:网络不是虚幻的。

两个大学的辩论观点截然相反,体现了辩论观点的对立性,于是出现了辩论赛中常用的正方、反方两个概念。

3. 论证的严密性

在辩论过程中,要想在唇枪舌剑、激烈对抗中战胜对手,需要口若悬河的语言表达能力、敏捷的思考能力以及应变能力、记忆能力。只有把这些能力综合发挥出来,最终形成严密的论证,才有可能取得胜利。

严密论证主要包含两个方面:论证过程必须具有严密的逻辑性,同时表述论证的语言也要能准确地表现出这种严密的逻辑性,即思维的逻辑性和表达的严密性。思维是表达的基础和前提,表达是思维的外在体现。

在辩论中,辩论方的辩护与辩驳过程,从思维到表达,均不能出现纰漏,不能留有破绽。辩论者应该做到推理正确,阐述严谨,无懈可击,才能具有说服对方或他人的论证力量。

4.追求真理的目的性

辩论的目的是追求真理,取得共识,辩论双方自身没有是非对错、美丑善恶之分。

三、辩论类型

辩论虽然具有广泛性、偶然性和随意性,有时有备而来,有时突然降临,但是就类型而言,一般分为日常辩论、专题辩论和赛场辩论三大类。

1.日常辩论

日常辩论是指人们在生活、工作、学习和人际交往中因对某个问题的看法不一致而进行的辩论。在现实生活中,大家总在某些问题上产生矛盾和冲突,为了解决这些矛盾和冲突,就会运用辩论手段,各执一词,据理力争。例如,同事间对某项工作的开展有不同主张会导致论辩;家庭成员会因为财务支出的不均衡产生辩论等。

进行日常辩论时,辩论双方为了坚持自己的观点,可以展开激烈的论战。但彼此之间要互相尊重人格,尊重真理,不能为了个人意气或私利而争辩,应当采取平等、文雅的方式,而不能采取冷嘲热讽、挖苦谩骂的方式,更不能进行人身攻击。辩论中难免遇到冲突或彼此情绪激动,这就要求双方有容人的雅量,彼此克制,以理服人。对于非原则性问题,主动认输也会显示出大度。

日常辩论的双方,或熟人或朋友,甚至是亲人。论辩中,为了不使矛盾激化、升级,不要像辩论比赛那样直接表明反对意见,可以用"我想"、"假如"、"或许"等语言,间接委婉地表达自己的观点。如果因论辩过于激烈伤害了感情,会不利于以后的工作的进行及人际关系的维护和发展。

2.专题辩论

专题辩论指的是在重大问题上观点不一致而产生的论辩。这种辩论通常具有宏观的、大是大非的原则性,辩论中持不同观点的往往不是一两个人,而是不同的派别、社会团体或阶层,辩论的内容涉及社会、政治、经济、法律、环保、安全、文化艺术等有关理论或现实问题。

专题辩论是一种规模很大的辩论,有组织、有程序、有很强的目的性,除了辩论的双方,还要有观众和媒体人士参加。常见的专题辩论有法庭辩论、外交辩论、竞选辩论、学术辩论和答辩等。

(1)法庭辩论。法庭辩论是指原告和被告在法庭上就有争议的问题展开辩论。

(2)外交辩论。它是指国家或国际组织之间就政治、经济、军事、文化、信息交流等专题展开双边或多边的辩论。

(3)竞选辩论。它是指竞选者为取得某一职位与竞争对手展开的辩论。

(4)学术辩论。它是指学术界针对某一学科的学术问题,各方阐述不同的观点和见解。

(5)答辩。它是一种特殊的学术辩论形式,是申请人申请学位、评职称、竞聘职位时针对主办方对自己提交的论文或工作设想的解答。

3. 赛场辩论

赛场辩论是指有组织地将辩论按照一定的规则,作为竞赛项目来进行的辩论活动。赛场辩论具有一定的表演性。因此,也可以说赛场辩论是对日常论辩和专题辩论的模拟演练,但赛场辩论也有自己的特点:

(1)从辩论的目的来看,赛场辩论不仅要达到认识真理的目的,而且要通过比赛来训练论辩的能力和技巧。因此,赛场辩论以击败对方为主要目的,被对方说服就意味着输掉了比赛。

(2)从辩论的内容来看,赛场辩论一般选择具有时代色彩的热门话题或公众普遍关心的热点问题,使辩题的正反双方均有道理可依,有真实事件做论据。比如某些电视台举办的辩论赛,选择的都是关乎民生的焦点问题。辩论时,双方只要能就自己的论据对论点据理力争、自圆其说,并从辩论技巧、现场表现等方面压倒对方即可取胜,这里不存在胜方观点一定代表真理、败方观点一定代表谬误的结论。只是通过辩论让双方及观众,对辩论的话题能有一个更明确的认识。

(3)从辩论的表达方式看,赛场辩论采取的论辩方式非常激烈,经常是唇枪舌剑,针锋相对,这种情况下,如果一方被激怒,甚至失态,就会失去主动,而另一方的沉着冷静、阵法有序就很可能制胜。

(4)从辩论的结果来看,赛场辩论双方都尽量想方设法,以充分的论据和有力的回击、反驳,迫使对方失利,同时以自己犀利的言辞、精悍的形象、团队合作精神等争取听众和评委的好感,从而最终取得胜利。

(5)从辩论的组织程序来看,赛场论辩属于一种竞赛,要严格按照组织程序和竞赛规则进行论辩。因此,赛场论辩是以培养、训练、提高论辩能力为目的的比赛活动,是一种高水平的智力游戏,集思想水平、道德修养、文化知识、心理素质、仪表风度及团队合作精神于一体,是论辩者思维能力和综合素质的全面较量。

四、辩论的作用

在口语表达中,辩论具有重要的作用,辩论是发扬真理、揭穿谬误的重要武器,是保护公民正当权益、捍卫法律尊严的重要手段,是推进学术发展的重要途径,是保证决策科学化的重要条件。在口才训练中,辩论同样具有重要的作用,主要表现在以下两个方面。

1. 激发求知欲,深化对事物本质的认识

通过辩论,人们会发现有许多问题看似明白,追根究底却又说不清楚,这就促使人们扩大视野,学会灵活运用所掌握的知识去分析解决问题。

在一般情况下,由于受主客观条件的制约,个人思想认识存在着局限性,容易被表面现象所蒙蔽,因而对某些事物的真相认识不清;与某些思辨能力强或对某些事物有研究的人进行争辩,就会受到启发,提高认识,掌握规律。

2. 培养综合能力,全面提高口语表达水平

在辩论过程中,要求能迅速提取个人知识储备的有关信息进行思辨,具有确定自己立论的能力,边听边归纳对方话语要点的能力,判断对方见解正误的能力和快捷组织语言作出有针对性反应的能力。这种思辨能力强的具体表现是:论述己方观点时逻辑严密,条理清晰;反驳对方观点时判断准确,分析透辟,击其要害。通过辩论训练,人们注意力的集中性、指向性,思维的敏捷性、灵活性,表达的准确性、条理性,都会得到很好的培养;逻辑推理能力、现

场应变能力和即兴讲说能力，都会得到有益的锻炼，从而能全面提高口语表达水平。

五、辩论原则

与人类其他语言艺术一样，辩论必须遵循一定的基本原则。所谓辩论的基本原则，是指参与辩论的各方在整个辩论过程中必须遵守的一些原则。辩论的基本原则可以起到规范、约束辩论的作用，使辩论能够正常、顺利地进行下去，使其真正达到探求真理、揭露谬误的目的。一般而言，辩论的基本原则有：

1. 实事求是原则

辩论是由双方观点对立或矛盾，为力证自己、驳斥对方而进行，然而辩论的目的不仅仅是为了说服他人，辩论的更高追求应该是探求真理、揭露谬误。因此，在辩论中应该坚持实事求是的原则。辩论不应停留在辩论赛上那种狭隘的以"辩口才"为主要的层面上，应该在辩论中承认人类已经取得的真理性认识，当对方引用真理性认识论证其观点时，我们应予以承认。

2. 平等原则

在辩论中，辩论者的人格是平等的，绝无尊卑大小、高低贵贱之分。在辩论中，辩护和反驳的权利也是平等的。辩论者要有高深的涵养，不搞诡辩，不揭隐私，不搞人身攻击，不把观点的敌对引申为人际的敌对，不靠嗓门压人。有理不在声高，如果能以有制有节的音调语气道出道理，其效果不亚于如雷贯耳。用真情、善意、美感与人辩论，就能做到晓之以理、动之以情。在争辩中，"理"是争的目的和取胜的保证。但人又是感情动物，如果在辩论中既能做到以理制理，又能以情明理，那么辩论将会成为一种愉快的、和平的思想交流，真正是既争出了公理，又增进了人际和谐，达到了积极论辩的目的。

3. 同一原则

同一原则是指辩论者的思想要具有前后一致性和确定性，不能随着辩论的开展自己前后矛盾、飘浮不定。

同一原则具体来说包括两个方面：一方面，要求辩论者所使用概念的内涵和外延要前后一致，不能出现偷换概念的现象；另一方面，辩论中的辩题必须保持同一，不能随着辩论的开展，飘浮到别的辩题上去了。如果出现乱象的辩论，就没有任何意义了。

4. 充足理由原则

充足理由原则要求有充足的理由来论证辩论者提出的思想观点。这包括三个方面的内容：其一，认证的理由和论据要真实有效；其二，辩论者提出的理由必须能够充分证明自己论点的正确性；其三，观点或者思想和论据或者理由之间的逻辑联系是必然的，从论据出发要能顺理成章地得出论点。

六、辩论程序及细则

（一）辩论赛程序

辩论赛开始；

宣布辩题；

介绍参赛代表队及所持立场；

介绍参赛队员；

介绍规则评委及点评嘉宾；

辩论比赛；

规则评委及点评嘉宾退席评议；

观众自由提问；

规则评委入席，点评嘉宾评析发言；

宣布比赛结果；

辩论赛结束。

(二)辩论赛程序中的细则

辩论赛程序中的细则，一般包括：

1. 时间提示

自由辩论阶段，每方使用时间剩余 30 秒时，记时员以一次短促的铃声提醒；用时满时，以钟声终止发言。

攻辩小结阶段，每方使用时间剩余 10 秒时，记时员以一次短促的铃声提醒；用时满时，以钟声终止发言。

其他阶段，每方队员在用时尚剩 30 秒时，记时员以一次短促铃声提醒；用时满时，以钟声终止发言。终止钟声响时，发言辩手必须停止发言，否则作违规处理。

2. 陈词

提倡即兴陈词，引经据典恰当。

3. 开篇立论

由于辩论赛辩题大都富于生活化色彩，所以开篇立论无须在理论的层面上过多纠缠。立论要求逻辑清晰，言简意赅。

4. 攻辩

(1)攻辩由正方二辩开始，正反方交替进行。

(2)正反方二、三辩参加攻辩。正反方一辩作攻辩小结；正反方二、三辩各有且必须有一次作为攻方；辩方由攻方任意指定，不受次数限制。攻辩双方必须单独完成本轮攻辩，不得中途更替。

(3)攻辩双方必须正面回答对方问题，提问和回答都要简洁明确。重复提问和回避问题均要被扣分。每一轮攻辩，攻辩角色不得互换，辩方不得反问，攻方也不得回答问题。

(4)正反方选手站立完成第一轮攻辩阶段，攻辩双方任意一方落座视为完成己方攻辩，对方选手在限时内任意发挥(陈词或继续发问)。

(5)每一轮攻辩阶段为 1 分 30 秒，攻方每次提问不得超过 10 秒，每轮必须提出三个以上的问题，辩方每次回答不得超过 20 秒。用时满时，以钟声终止发言，若攻辩双方尚未完成提问或回答，不作扣分处理。

(6)四轮攻辩阶段完毕，先由正方一辩再由反方一辩为本队作攻辩小结，限时 1 分 30 秒。正反双方的攻辩小结要针对攻辩阶段的态势及涉及内容，严禁脱离比赛实际状况的背稿。

5. 自由辩论

这一阶段，正反方辩手自动轮流发言。发言辩手落座为发言结束，即为另一方发言开始的记时标志，另一方辩手必须紧接着发言；若有间隙，累积时间照常进行。同一方辩手的发言次序不限。如果一方时间已经用完，另一方可以继续发言，也可向主席示意放弃发言。自由辩论提倡积极交锋，对重要问题回避交锋两次以上的一方扣分，对于对方已经明确回答的问题仍然纠缠不放的,适当扣分。

6. 观众提问

观众提问阶段正反方的表现计入比赛成绩。观众提出的问题先经两位以上规则评委判定有效后,被提问方才能回答。正反方各回答两个观众提出的问题,双方除四辩外任意辩手作答。一个问题的回答时间为1分钟,如一位辩手的回答用时未满,其他辩手可以补充。

7. 结辩

辩论双方应针对辩论会整体态势进行总结陈词、脱离实际、背诵事先准备的稿件适当扣分。

七、论辩与演讲的区别

论辩与演讲作为语言表达的两种不同形式,既有区别又存在相互之间的联系。

1. 形式不同

演讲是由演讲者独自进行的单一的口才活动,以思想、语言的单向传递为主要形式。演讲时一个演讲者面对许多听众,尽管不一定直接面对听众,但也一定要通过媒体来把内容传递给听众。但是,论辩可以直接在有声媒体上进行,也可以通过纸媒,如报刊上进行,还可以在网络上进行。既可以直接把有声语言传递给听众,也可以脱离声音通过文字让观众来理解和感受,这一点与演讲有着很大的不同。

2. 内容不同

在演讲的过程中演讲者只需要一个主要观点,而论辩的双方要坚持两个截然相反的观点,也就是针对相互矛盾的命题展开论辩。

3. 规模不同

通常情况下,演讲是一个人站在台上演讲,如果是大型的演讲会,也是一个接一个上台。而论辩可以是两个人对峙式的论辩,也可以是团队行为。即使不是论辩赛场,在工作和生活中,也会出现两个支持不同观点的团队。

4. 听的作用不同

在演讲的过程中,听众处于"听"的状态,是被动地接受;论辩的时候,对方即是直接的听众,"听"的同时要进行监督和参与。在口头论辩中,听是一个重要的方面,对方说出来的,必须听进去,并产生决速反应;听得准,才能说得准,论辩才有针对性。论辩不是双方互相不停地说,而是指论辩的双方(或多方)相互交替地进行说与听。

5. 结果不同

演讲把运用语言影响听众作为最终目的,不追求打败听众的结果。但是,论辩的目的是直奔战胜对方这个最终结果展开,影响听众(观众)是次要目的。论辩与演讲在对参与者的能力要求方面,存在共同之处。参与者都要具备良好的口才能力,广博的知识,迅速的反应能力,在登台之前都要做认真、详细的准备工作。论辩与演讲的共通之处,都是要通过语言表达来影响他人,改变原有的认识、观念,只是存在程度和对象上的差别。

第二节 辩论准备

一、辩论审题与立论

（一）分析辩题

辩论前的工作，首先是分析辩题，因为辩题是争论的焦点，所有的论点、论据都是以辩题为中心展开的。

1. 分析辩题的目的

（1）明确争论的问题。只有把辩题分析清楚，才能知道所争论的究竟是什么。

（2）确定辩论的范围。面对一个辩题，可找到双方分歧的根本点，从而抓住要害，确定辩论的范围和中心，以防辩论不着边际或抓不住关键。例如："多读课外书利大于弊"这一辩题，通过分析就可以发现，它所要辩论的是多读课外书的问题，既不是多读课外书是否有利的问题，也不是是否有弊的问题，而是多读课外书究竟是利大还是弊大的问题。这样一来，辩论的范围就明确了。

（3）根据辩论题目进行立论和辩论。辩题是一切工作的基础，只有把辩题分析清、分析透，才能在此基础上确定己方的论点、论据和论证方法，才能预测对方的基本论点和基本论据，从而设计出辩论的方案。

2. 分析辩题的类型

对辩题类型的分析，对于准确把握辩题的逻辑含义，有针对性地运用辩论技巧和方法有着重要意义。从表达形式上看，辩题是多种多样、丰富多彩的，但归根到底都可以还原为"A是B"或"A不是B"这种判断形式。乍看起来，有的辩题中并没有"是"这个系词，例如"大学生自主择业利大于弊"，但我们可以在保持原意的情况下把它改写为"大学生自主择业是利大于弊的"，所以仍然是"A是B"的判断形式。

沿着这个思路发展，辩题可分为三种不同的判断形式：

（1）等同型。如辩题"现代化就是西方化"中的"现代化"和"西方化"，二者是等同的。

（2）归属型。如辩题"艾滋病是医学问题"中的"艾滋病"，是归属于"医学问题"的。

（3）条件型。在辩题"提高人口素质是实现现代化的先决条件"、"温饱是谈道德的必要条件"中，或者"A是B的条件"、"B是A的条件"，需要重点把握"先决条件"、"必要条件"、"重要条件"、"基本环节"、"前提"、"基础"、"核心"、"关键"、"根本原因"、"重要因素"这类关键概念的逻辑含义。比如："根本"这个概念与"基本"、"重要"比较起来，程度上要深一些；又如："环节"这一概念暗含着除了辩题中提到的"环节"外，还有其他的环节之意。由此可见，把握辩题中"是"的确切含义是十分重要的。对这个词的含义认识不清，就不可能吃透整个辩题的基本精神。

（二）界定概念内涵

分析辩题之后，对于辩论的范围和辩题的核心已了然于心。这就需要通过界定每个概念的内涵，对辩题做出有利于己方的解释。这一步工作非常重要。因为辩论赛不同于现实生活中的争论,它只是"有规则的智力游戏",只要论点、论据能自圆其说,就能得到评委和观众的认可。在分析辩题时,已发现了辩题的哪些方面对己方有利,哪些方面对己方不利,这时就应设法通过对辩题中概念的界定扬长避短,努力将"战火"引到己方材料最丰富、观点最明确、反驳最有利的阵地上来,同时要竭力避免在对我方不利的领域同对手进行正面交锋。应该说,确定定义是双方较量的开始,也是立论的基础,因为只有严格周密、具有充分伸缩性的定义才能够有效地防止对方的进攻,建立起牢固的防御阵线,利于己方在自由辩论阶段的发挥。

确定定义的原则,是使辩论对己方有利,即在不歪曲原意的情况下扬长避短,对概念做出有利于己方的界定。例如,复旦大学队对"人性本善"这一辩题中"人"、"性"、"本"、"善"四个概念的界定:

人:人和其他动物既有联系,又有区别。科学表明,人是最高等的动物;哲学表明,人是理性动物。人性本善,乃是人类高贵性的根本体现。人有人性,也有兽性。

人性:人区别于其他动物的根本属性。

本:此处是本来、本然、先天的意思。

善:吉祥和好的意思。

复旦大学队如果持正方意思,那他们对概念作出这样的界定无疑是有利的。在这四个概念当中最关键的是"人性"这个概念,把它界定为区别于其他动物的根本特性,而人既有人性,也有兽性,这就为"人性本善"的立场准备了逻辑前提。如果反方用现实社会中的恶行来质问对方的话,就可以把所有的恶行都归结于人的兽性,而兽性不等于人性,这样做逻辑上就比较严密,翻来覆去都能自圆其说。比赛时,台湾大学队抽签抽到了正方,但他们只对"本善"作出了解释,认为人性的根源点是善的,而没有对人性的概念作出严密的界定,因而在辩论中处于被动应付的状态。

二、辩论材料的准备

"巧妇难为无米之炊",为了成功捍卫自己的论点,必须有大量的事实和理论作为论据。因此,当把辩题的实质和核心弄清后,就进入了搜集材料阶段,这需要一个脚踏实地的工作过程。

1. 搜集理论材料和事实材料

理论材料和事实材料在辩论过程中起着各不相同的作用。理论材料能够使论点有深度,而且运用权威人士的名言来论证自己的观点所产生的权威效应,能够极大增强论证和驳斥的说服力。而事实材料则利用其具体可感的特征,能够形象生动地论证己方观点,既避免了空洞的说教,又给听众以极大的感染力,事实性材料在辩论赛中的特殊威力不可低估。

2. 既搜集己方论据材料,也搜集正反两种观点的论据

也就是说,既要围绕确定下来的己方观点列出支持该论点的分论点,找出相应的理论和事实证明材料;同时,要站在对方的立场上,设想对方的总论点与分论点以及作为论据的理论和事实材料。在此基础上,有针对性地收集足够反驳对方论点、论据的材料,做到了然于心,临场时只要对方说出了你预想中的论点或论据,就可以运用这些材料予以迅速反击。

三、辩论战术的制定

辩论战术的制定,对于整体把握辩论,使辩论有条有理、顺畅进行有至关重要的作用。

一般而言,有两种辩论战术:一种是比较稳定的战术,主要用于己方立论,须全面贯彻,

变动较小;一种是比较灵活的战术方案,主要用于辩论交锋。

(一)相对稳定的战术方案

按照一定的逻辑展开方式,确定立论陈述的顺序,制定己方战术。辩论的战术技巧,主要体现在论点的独到性和论证过程的层次安排中。

1. 稳扎稳打

提出己方观点后,按照一定逻辑顺序,从各个不同的侧面进行论证,最后完成己方的立论建构。这样思路清晰,适于己方的立论优势明显、材料充实时使用。

2. 先发制人

提出己方论点时,尽量包含对方观点。

3. 埋伏奇兵

开始时进行一般论证,后来才提出一些强力论点。

(二)灵活机动的战术方案

根据双方的情况、战略目标、优势与劣势以及各种定数和变数,制定大致的战术方案。特别要对对手的思路进行判断预测,看其将如何立论,优势、弱点都在哪里,然后确定己方的攻击点和攻击方式,拟定战术方案。

大致而言,辩论战术可参考以下几种:

1. 穷追猛打

己方进攻——对方回避——己方追击——对方招架——己方总攻。多用于己方优势下对敌弱点的进攻。

2. 诱敌上钩

己方示弱——对方上当——己方反击——扩大战果。针对对方心理,出奇制胜。

3. 将计就计

对方诱问——己方识破——将计就计——对方追击——己方反击。此战术较为随机,在识破对方计谋时顺势而为。

4. 肉搏

对方进攻——己方迎战——对方再进攻——己方再反击。硬拼,重在材料。

四、辩论讲稿的撰写

在确定辩论目标、谋略原则、战术安排之后,还要进行必要的语言准备,比如赛场辩论要写辩词,法庭辩论要写公诉词或辩护词等,这样就能真正地把战略意图、战术技巧通过语言表达落到实处。

(一)辩词的类型

一般来说,辩词有两类:一类是立论性辩词,主要用于陈述己方论点。这类辩词应精心写作,字斟句酌,反复推敲,甚至要形成完整的文字讲稿。另一类是驳论性辩词,主要用于论战交锋,它以驳论为主。因辩论交锋中不可知因素较多,所以这类辩词只能拟定辩词纲要或局部性辩词,作为辩论指导,在辩论中相机而用,或变通使用。

从写作的角度看,应把立论性陈述辩词的撰写作为重点。一般而言,立论性辩词要围绕论点安排层次。

(二)辩词的层次

1. 陈述辩词的层次

陈述辩词的层次,大致可以分为三个部分:

第一部分:提出己方论点。

第二部分:对己方论点进行论证。这是辩词的核心内容。通常要在总论点之下有若干分论点,从几个侧面或几个层次进行论证。在层次逻辑关系上可以是并列方式,也可以是递进方式。在论证中,要引用大量典型论据、数字,运用适当论证方式证明己方观点正确,或反驳对方观点,证明对方论点不正确。

第三部分:引出结论,与论点相呼应。

2. 法庭辩护词的层次

通过一篇陈述性辩词单独完成立论或驳论,在法庭辩论中较为多见。一般情况下,公诉词较多用于立论,证明被告有罪;而被告人或辩护人的申辩词、辩护词兼含驳论内容,即针对对方立论进行反驳,是在答复对方指控中进行再证明的答辩。

以辩护词为例,其结构形式如下:

第一部分:引子。明确辩护人的职责,对案件掌握的情况,提出辩护人的立场观点。

第二部分:辩护内容。包括对控诉的反驳,运用事实和法律条文对案情进行分析论证,以证明己方论点。这部分内容常常针对指控提出的几个问题,对应地分几个层次加以论证或反驳。

第三部分:处理意见。对于辩护论证归结说明,有时还要将与案件处理有关的其他因素一并提出,进行引申论证,以加强辩护观点的力度,引起法庭的重视。

3. 赛场辩论辩护词的层次

在赛场辩论过程中,程序发言通常由几篇辩词共同构成。目前,比较流行的程序性发言属于多人立论性辩词。四个辩手的辩词担负着立论过程中的四个阶段的不同任务——起、承、转、合,各自的辩词从不同角度完成特定层次的论证任务。

由于任务不同,辩词的角度、论据材料的运用都有区分和安排。具体如下:

一辩的辩词担负着破题竖旗的任务,要求开门见山提出己方总论点,并作一般论证,让人明了己方的观点和论证层次。在语言风格上要有气势,能产生先声夺人的效果。

二辩的辩词在内容上承接一辩,继续正面阐述己方观点,比如可从理论的角度作深层次的论证,并引用大量材料,使己方观点丰满起来。

三辩的辩词要转换论证角度,从新的视角深化己方的观点,比如从事实角度进行论证,把论证引向新的层次。

四辩的辩词要求驳立结合,先驳对方观点,后对己方的观点进行总结发言,最终完成己方立论,在语言上要有力度、产生震撼、形成高潮。

四位辩手各自的辩词应独立成篇,相对完整。

五、辩论制胜的诀窍

(一)审时度势,权衡利弊

要审时度势,权衡利弊,就要做到以下几点:

1. 认真观察

要仔细观察辩论对手的表情举止，观察第三方如观众、评委的情绪变化，捕捉有关信息。

2. 仔细倾听

这里说的倾听不同于一般的倾听，注重心耳并用，把听的过程变成获取与理解信息的过程。一般说来，仔细倾听不可能自发地发生，需要主观的努力，排除干扰，才能听到本质，抓住要害。

具体而言，一方面要留心对方辩手的发言，听出关键在哪里，话外之音是什么，听出对方的漏洞、失误；另一方面，还要监听己方辩手表述内容的失当之处。

3. 准确判断

对于捕捉到的辩论场上的语言信息、情感信息、时空信息，要综合起来加以考虑，迅速处理，做出准确判断。

比如说，对方偏激的语言通常是受某种观点蒙蔽，一时难以转弯；对方用夸大失真之词来维护自己的主张，表明他受这种思想的支配；对方说假话、作伪证，言语往往犹豫不定；如果对方论证难以站住脚，开口时一定不能理直气壮等。如此听其言，察其色，析其心，判断对手，有助于确定正确的辩论政策。

(二)临场发挥，随机应变

具体地说，应做到以下几点：

1. 预案从实战出发

要根据辩论实战要求实施既定的、有利的预案，从而在辩论中有效打击对方，以期达到预期效果。

2. 预案不能一成不变

必须根据现场情况的变化对预案加以改造，这样才能在动态的辩论过程中处于不败之地。

3. 准备一套应急方案

在辩论的实战中，有很多情况是没有预料到的，在新情况面前，应运用智慧，决定对策，组织语言，运用技巧，迎击对方。有一套应急方案在手，是比较理想的辩论准备。

(三)抢占制高点，争取主动

在辩论中，无论进攻还是防御，取得主动权都是极其重要的。谁抢占了制高点，谁就掌握了主动权。而有助于抢占制高点的因素有：了解论战全局，能预测战局走向，并采取得体对策；能把矛头直指对方的漏洞、薄弱环节；扬长避短，把对手引向自己熟悉的阵地去打击；在被动状态下，要沉着冷静，多立少驳，伺机反攻。

总之，在抢占制高点、掌握论战主动权问题上，一定要当仁不让。己方处于优势时，要"得理不饶人"，乘胜追击；己方陷入不利时，要设法将对方引入对己方有利的阵地，给对方予以打击；当双方处于胶着状况时，应快刀斩乱麻，跳出来引向一个新领域。如果一切都在你的掌握之中，你就抢占了制高点，争取到了辩论的主动权，距离胜利就不远了。

第三节 辩论技巧

一、立论技巧

辩论首先是有"论",在论的基础上才会有"辩"。赛场辩论中,双方的立场都是由抽签决定的,并不是出自自己的主观意愿,因而立论的过程非常重要。通常的立论方法有:

1. 构筑阵地

所谓构筑阵地,即紧扣辩题,构筑自己严密的立论体系,使对方无懈可击。如在首届国际大专辩论会上,复旦大学队在半决赛中抽到了"艾滋病是社会问题,不是医学问题"的签。这个题目可以从艾滋病的易发性、高传染性、高死亡率的角度来阐发,也可以从医学的无能为力这一角度来论证,但这似乎都不是最好的角度,因为对方对这些问题可以比较容易地进行反驳。比如艾滋病的种种特性都是源于 HIV 病毒,而病毒是医学问题;医学目前的无能为力并不意味着永远回天乏术,更何况正因为还未解决,才成其为一个问题。可见,这样的立论体系不容易站住脚。经过分析讨论,复旦大学队找到了较好的立论基点,那就是判断问题的标准,提出"判断一件事是什么问题,就要看它在什么领域里发生、发展并加以解决"。在此基础上,他们建构了一个较为完整的理论体系。首先,艾滋病是源于社会机体的综合病症;其次,社会机体的腐烂使得艾滋病的蔓延如虎添翼;最后,解决艾滋病的问题,只有依靠社会系统工程。这样环环相连,紧扣"社会",形成了对己方较为有利的态势。

在决赛中,复旦队在抽得了反方论题"人性本恶"的观点后,反复剖析辩题,先后三次调整方案,寻找最佳角度,构筑严密的立论体系。在反复斟酌的基础上,复旦队在立论中引入了事实判断和价值判断两个层面:在事实判断上,理直气壮地肯定人性本恶是颠扑不破的真理;在价值判断上,又竭力主张通过好的教化引导人性向善。复旦队还把"恶"定义为"对人的欲望的无节制的扩展",把"善"定义为"对人的欲望的合理的节制",积极倡导抑恶扬善的思想。经过这样的改动,复旦队立论不仅简洁明了、十分严密,而且具有广泛的可接受性。这一战略不仅在规则辩论中大显神威,在自由辩论阶段也表现出了它的神奇力量。

2. 坚守阵地

有了自己的立论体系后,就要坚守阵地,不能随意放弃。辩论时要有一种誓与阵地共存亡的气概,充满自信,从容不迫。当然,这是来自对辩题的深入研究而产生的内心充实与强大,是对真理的信仰而产生的理性力量,是一股逼人的气势。

3. 诱敌深入

在辩论中,进攻者往往盛气凌人,急于求成,这使得耐心的防守者有机可乘,以静制动,后发制人。也可以在辩论中故意设定比较荒唐的与常识不符合的立场,诱敌深入,使对方一步一步落入自己设下的逻辑陷阱。

有一个著名的关于哲学家和船夫的例子。一位哲学家坐船渡河。突然,睿智的哲人问正用力划桨的船夫:"你懂数学吗?"船夫摇摇头,哲学家不无遗憾地说:"那你将失去三分之一的生命。"隔了一会儿,哲学家又问:"那么你懂哲学吗?"船夫还是摇摇头。哲学家感慨道:"那你就只剩下了一半生命。"这时,一阵大风掀翻了船,哲学家和船夫都落到了水中,精通水性的船夫从容地划着水问哲学家："你会游泳吗？"苦苦挣扎的哲学家大叫："不，我不会。"船夫深深地叹了一口气："那么你将失去全部的生命。"

相信读过这个故事的朋友都会讥笑哲学家的浅薄和卖弄，而我们注意的则是船夫，他的摇头使得哲学家一步步地落入自己设下的逻辑陷阱。此时无声胜有声，这是一种高超的诱敌深入的技巧。而最后的神来之语，将哲学家一招击垮。这位船夫绝对不是那位自负的哲学家想像中的无知粗人，他对哲学的理解、对生命的感悟远远超过了那个哲学家。

二、驳论的技巧与方式

辩论中要赢得胜利，辩手必须尽量攻击对方的言论，驳倒对方的论点论据，才能守住自己的立论。进攻和防守是互为作用的。没有进攻就不能攻破对方的论点，就不能最终守住自己的阵地。进攻是最好的防卫。

(一)进攻要掌握以下几种驳论技巧

1. 攻其要害

抓住对方立论的逻辑起点的要害，发起进攻，能取得好的效果。如在《母亲能私拆女儿的信吗》的例文中，乙方首先肯定婚姻法的规定，接着立即指出，对方即使依据婚姻法也不能推出"母亲可以私拆女儿信件"的结论，相反，依据宪法规定，私拆别人的信件是一种侵犯公民权利的行为。这位母亲应当采取法律许可的适当手段教育女儿。乙方主辩的发言，抓住了问题的实质，击中了对方的要害。辩论中双方唇枪舌剑，你来我往，往往会留下一些漏洞、把柄，但进攻时不能面面俱到，而要权衡得失，抓住本质，攻其要害。

2. 攻其一点

"一点"是指对方的观点，可以指上文中的"要害"，也可以是我方事先设计的突破口。既然是一点，就要求在进攻时稳、准、狠，信心十足，排山倒海，给对方造成巨大的心理压力。攻其一点一旦奏效，便可果断地转移战场，切忌死缠滥打，软磨硬泡。如复旦大学队在与台湾大学队就"人性本善"这个辩题展开辩论时，连续五次追问对方立论中的要害："如果人性本善，最初的恶是如何产生的？善花是如何结出恶果来的？"对方回避不了这个问题，只能回答："恶是由外在环境引起的。"复旦队季翔又穷追不舍："如果人性本善，环境的恶又是如何产生的呢？"严嘉也调侃对方："如果鸡蛋没有缝，苍蝇又怎么去叮？人性中没有恶根，世界上何来那么多恶人？"这些连珠炮似的追问打乱了对方的阵脚，以至对方三辩把荀子和孟子的人性论混同起来，并公开指责荀子的理论是错误的。复旦队蒋昌建立即反唇相讥："如果你认为荀子错了，荀子就错了，那还要那些儒学家干吗？"场内马上爆发出热烈的掌声。

3. 攻其不备

智者千虑，必有一失。要善于发现对方辩论中的漏洞，从而设计进攻点。如首届国际大专辩论赛中，复旦大学队和悉尼大学队一战，复旦大学队设计了一个进攻点："请问对方，今年世界艾滋病日的口号是什么？"这是个听起来很普通的问题，如果答不上来，会让人觉得对艾滋病知之甚少。但这个问题又确实不易回答，因为比赛是8月份，离世界艾滋病日12月1日还有三个多月，不是专业人员谁也不会关心。悉尼队想蒙混过关，复旦大学队队员在对方错误回答后加上一句："对方辩友连这个基本的问题都不知道，怪不得谈起艾滋病问题来还是不紧不慢的。"以"不紧不慢"与世界艾滋病日的口号"时不我待"相对应，这样的对比造成了比较好的效果。

(二)从进攻的方式分,又分为强攻、巧攻、反攻、对攻、快攻几种

1. 强攻

这是针对对方立论的核心问题进行直接性的进攻。强攻不拐弯抹角,不作比设喻,中心就是一个设问句或反问句。

2. 巧攻

这是当强攻无法奏效或根本不适于进行强攻时的选择。不适于强攻有两种情形,一是场上剑拔弩张,双方都过于强悍;二是强攻点是对方生死攸关之处,明火执仗不易得分。巧攻通常采用的方法是变形,即换一个更形象的说法。请看这样一段辩词:"对方认为,教唆一个人追求温饱这就是最道德的。我们教唆一个贫寒的人去抢麦当劳,看样子是最道德的喽。"这里利用了对方逻辑上的不严密,即追求温饱的过程中也是需要道德的,而抢劫麦当劳符合对方所说的追求温饱,可这种行为又是公认的不道德行为,这就使对方陷入了两难的境地,从而产生了从抽象到形象的力量。试想,如果最佳辩手不是用这种方式提问,而是生硬地来一句:"教一个人追求温饱难道是最道德的吗?"这样不仅不能打击对方,而且会在听众心目中造成一个"我方不赞成追求温饱"的不良印象。

3. 反攻

当对方进攻时,就对方所使用的理论、事实等材料,就地加工,予以反击。反攻要求辩手知识面广,反应敏捷,言语幽默。既不能答非所问,又不能就事论事;既要前后照应,又要推陈出新。例如,在《冯督军怒斥洋人》中,两位洋人傲慢地表示:"我们打的是无主野牛,所以用不着通知任何人!"面对气焰嚣张的洋人,冯玉祥十分气愤,立即予以驳斥。他运用揭悖法指出了对方所谓"无主野牛"的说法与国际公认的领土主权理论相悖,否定了对方的论据,从而驳倒对方打野牛"用不着通知任何人"的观点。洋人听了不服气,换了个角度狡辩说,护照上"准许携带猎枪"就说明行猎已得到了准许。针对这一诡辩,冯玉祥先用反诘直问法,针锋相对地指出准许携带猎枪与准许行猎之间(即对方的论据和论点之间)没有必然联系;然后运用归谬法,假定对方"准许携带猎枪,行猎就不是私自进行的"说法成立,再由这个说法推出"若是准许你们携带手枪,那你们岂不要在中国境内随意杀人了"的荒谬结论,驳倒了对方的狡辩。

4. 对攻

对攻与反攻的相同之处在于都是针对对方进攻的反击,不同之处在于反攻是在原有战场上进行,对攻则开辟出一个新的战场。开辟新战场的原因各有不同,可能是因为原有战场因多次厮杀已失去新意,也可能是新战场对己方很有利。

5. 快攻

快攻又称蛙跳式进攻。蛙跳战术最早是第二次世界大战中由美军在太平洋战场发明的。当时日军占据着西太平洋上数以百计的岛屿,这些岛屿扼制着通向日本的海上交通线,美军要逐一攻占这些岛屿必将付出惊人的代价。于是美军统帅部制定了跨岛作战方案,只对具有战略意义的岛屿进行重点占领,对其他小岛则只实施海上封锁。这样,美军如青蛙一样几下便逼近了日本本土,为投掷原子弹找到了前进基地。随着日本帝国的崩溃,那些孤岛上的守军只好不战而降,蛙跳战术也由此声名鹊起。

在辩论场上,同样也有一个从外围到核心的剥笋过程,对方对于重点防守的目标必然会设置重重障碍,如果逐步推进,必然会付出沉重的代价——消耗宝贵的时间。因此,蛙跳战

术也同样适用于辩论。

三、语言技巧

辩论是以有声语言作为载体的一种活动，它反映的首先是辩论者对于语言驾驭的能力，而辩论的魅力在某种意义上讲体现的也是语言的魅力。这不单纯是指发音的字正腔圆、音质优美、语调错落，更重要的是指语言所体现的优美与智慧，所传达的深厚的文化底蕴。辩论中，如何使语言表达更有说服力，是有规可循的。

1. 适当引用

辩论语言虽然是理性的，以说理为主，但也需讲究语言的生动优美。在辩论中，引经据典，广征博引，能够为论点提供鲜明生动、富有说服力的论据，同时，也美化了语言，使辩论更富色彩，更具张力，更加华美、典雅。西安交通大学队在辩论"美是客观存在还是主观感受"时，辩手巧妙地引用诗词，他这样说：

请问对方辩友，(举着一枝玫瑰花)您告诉我，在大家的眼中，这是不是一枝花，但在大家的心中是不是有不同的美的评价？伤心的人会说"感时花溅泪"；而高兴的人会说"花儿对我笑"；憔悴的人会说"人比黄花瘦"；而有的人会欣喜地说"人面桃花相映红"；有人说花是有情的，所谓"落红不是无情物，化作春泥更护花"；有人说花很无情，"颠狂柳絮随风舞，轻薄桃花逐水流"。原因是什么？"年年岁岁花相似，岁岁年年人不同"，在客观上"花自飘零水自流"，使我们的主观"一种相思，两处闲愁"。这段话引用多篇诗句，语言精练、流畅，生动优美，无一不证明了"美是人的主观感受"的论点。再看这样一句引言："这个世界唯有两样东西能让我们的心灵感到深深的震撼，一是我们头顶上灿烂的星空，一是我们内心崇高的道德法则。"这是一位辩手在论辩"温饱是否是谈道德的必要条件"时引用的康德的名言，它不仅强调了崇高的道德法则，也深深震撼了人们的心灵。

2. 语言幽默

幽默是一种较高的语言境界，它体现、凝聚着高度的智慧和意趣。在辩场上，幽默往往是赢得最佳效果的有效方法，因为它可以鲜明地表达自己的观点，使大家在一种舒畅的心情中认同你的观点；可以营造场上的气氛，获得优势，使观众倾向于自己一方；可以使对方产生压力。一旦这个幽默产生了作用，场内气氛就会转化，就会给对方造成心理上的紧张；可以给自己一方鼓动，促使情绪高涨。如在辩论温饱与道德的关系时，辩手巧妙地把先温饱才能谈道德的逻辑归纳为"肠胃决定论"，把裴多菲的《自由与爱情》诗按对方的逻辑改成"爱情诚可贵，自由价更高，若为温饱故，二者皆可抛"。这一幽默赢得了满场长时间的掌声，可见其表达效果是非常理想的。

3. 巧用类比

在辩论中，有些道理如果从正面直截了当地去解释，往往会费时费力而又说不清楚，而如果用类比这种方法巧妙地加以解释，就会收到意想不到的效果。

1939年，爱因斯坦希望美国抢时间赶在纳粹德国之前造出原子弹，便派萨克斯博士带信去说服罗斯福总统。罗斯福看完爱因斯坦的信后，态度十分冷淡，不愿由政府出面组织研制原子弹。第二天，萨克斯在白宫辞行的餐桌上，给总统讲了一段类似的历史冲突：拿破仑在对美海战中，由于拒绝采用富尔顿发明的新舰船，结果被美国舰队打得一败涂地。接着博士对此评论说："要是拿破仑当时采纳富尔顿的建议，那么，19世纪的欧洲历史恐怕要重写了。"

于是，罗斯福总统心动了，终于在爱因斯坦的信上签署"此事立即付诸行动"，批准了研制原子弹的"曼哈顿工程"。这是一个成功运用类比说理的例子。如果萨克斯博士只是一味强调原子弹的威力，强调它在战争中的巨大作用，也许费尽口舌仍一无所得，那么"二战"的进程恐怕就要有所改变了。

四、态势技巧

表情、眼神、手势和动作，这些体态语在辩论中同样具有重要的作用，这部分内容在演讲的基础知识中已介绍过，这里就不再赘述了。

第四节　辩手素质

一、论辩者的素质要求

论辩是口才艺术的精华，论辩者应具备什么样的自身条件，才能成为一个论辩高手，在论辩时频频取胜呢？经验告诉人们，论辩者必须具备敏锐的观察能力、严密的逻辑推理能力、准确捕捉战机、迅猛实施攻击的能力这四项基本能力，否则，是不可能战胜论敌的。

1. 明察秋毫的观察

观察是有目的、有计划、有思维活动的知觉行为。论辩者要使自己的论辩产生强大的威力，首先要对论题有全面、深刻、正确的认识，其次要对论辩现场的情况，尤其是对手的言行举止有入木三分的观察能力。只要能够做到耳目聪慧，明察秋毫，心中韬光养晦，手中有道理千条，才能不为强者所败，不为诡辩所惑，就能将论辩引向胜利。

2. 严密的逻辑推理

论辩是逻辑产生的基础，逻辑又是论辩的命脉，论辩者要想使自己的语言具有攻击性并充满魅力，就必须具有令人倾倒的逻辑推理能力。

斯大林曾通过描述列宁的演讲，阐明逻辑性的重要。这段话是："当时使我佩服的是列宁演说，那种不可战胜的逻辑力量，这种逻辑力量虽然有些枯燥，但是紧紧地抓住听众，一步一步地感动听众，然后就把听众俘虏得一个不剩。我记得当时有很多代表说，列宁演说中的逻辑好像万能的触角，用钳子从各方面把你钳住，使你无法脱身：你不是投降，就是完全失败。"

论辩时严密的逻辑推理，不但能使自己的立论稳如磐石，而且可以使自己的辩驳锋芒毕露，若决堤之水，使对方只有招架之功，而无还击之力。

3. 善于捕捉战机

论辩战机的把握是指捕捉最有利的置辩时机的方法。"机会决定命运"，如果能在对方露出破绽之时，准确地抓住战机，发起有力的进攻，就会赢得论辩的胜利。在针锋相对的舌战中，论辩者必须"兵来将挡，水来土掩"，使用锋利、明快、夹枪带棒的语言，迫使对方频频后退，不战自败。

4. 坚定信心

信心是战胜任何敌人最有利的武器。论辩者要想在唇枪舌剑中取胜，首先要信心十足，认为自己一定能赢。这一点往往比巧用言语更为重要。有的人在论辩时信心不足，总担心自己出错,一旦出现了问题,尽管可能是微不足道的,往往情绪十分激动,思维混乱,舌头不听使唤;或未开口,胆先怯,心一慌,两眼就发黑,真就不战自败了。

如何克服信心不足呢?一方面要在心理上站在"抨击对方"的立场,而不是先设想自己是站在"己方失利"的立场上,只要站在这个角度去考虑这场论辩就会信心大增。另一个方面是,应千方百计寻找对方的弱点,抓住对方的把柄。应该看到他也是一个平常的人,他同样也会有紧张不安的心理,自己没有任何理由不战胜他。"战略上蔑视敌人,战术上重视敌人。"这句话,很适合作为论辩者心理调适的座右铭。

如果在论辩中失言,要想克服手足无措、心浮气躁的现象,应采用"失忆法"迅速忘记。这样做可避免因失言而引起愧疚不安的紧张心理,从而做到失言而不失态。其实,任何人都免不了在紧张的时候有发傻、犯晕的时候,正如法国一句谚语说的:"一个生平不干傻事的人,并不像他自己想像得那样聪明。"在论辩中,我们要不怕失言、出错,重要的是在失言、出错后能保持平常的心态,不失战斗力,这是取得论辩胜利的一种必备心理。

5.幽默风趣

论辩是智慧的碰撞,思维的较量,优秀的论辩者必须具有多方面的素养,掌握多种语言表达方法,只有这样,才能无辩不胜。

幽默这种论辩方法,要求论辩者有临场的机智和快速应变能力,能在适当的时候用幽默的语言打动别人的心,并把锋芒隐藏在幽默中,从而在笑声中给对方以沉重的打击。

德国诗人海涅是犹太人,常常遭到无端攻击。在一次聚会上,有一个旅行家说他在环球旅行中发现了一个岛,于是他对海涅说:"你猜猜看,在这个小岛上有什么现象使我感到新奇?那就是在这个岛上竟然没有犹太人和驴。"这个旅行家的话显然是恶意的,将犹太人和驴相提并论。海涅不动声色地回答道:"如果真是这样,那只要我和你一块到小岛上去一趟,就可弥补这个缺陷了。"

幽默论辩术是一种极为有效的论辩技巧。可直接体现论辩者的知识水平与心理素质以及运用语言时纵横捭阖的能力。

二、辩论者的能力要求

1.表达能力

辩论是一种使用语言传达观念的活动,良好的表达能力无疑是一个辩手必须具备的,当然这里主要指的是语言表达能力。判断一个辩手的表达能力,主要是看其能否把自己所想的用语言表述出来以及是否能够表述得清楚、明白。

表达能力可以说是一个辩手进行辩论的基础,因为无论多么好的立论都必须从辩手嘴里说出来才能体现其价值。如果表达得当,一些很朴实的思想也能够让人大为赞赏。

因此,作为辩手,都应当把语言表达能力的锻炼摆在第一位,结合自己的性格和表达特点,加以磨炼。

2.交流能力

辩论作为一种双方辩手以及辩手与评委、观众的互动活动,要求辩手具有一定的交流能力。交流不同于表达,因为表达仅仅要求你说出来、说清楚,而交流则要求你表达的内容能够被受众接受,也就是要好听。同时,交流还包括了听的能力,即理解他人所说的确切含义和暗示。

交流不是一种单向的观点灌输，而是一种双向的讨论，而这才是辩论过程中所谓"交锋"的来源——归根结底交锋毕竟也是交流的一种方式，没有了交流就成了自说自话，而那样的辩论往往令人感到无趣。

当然，交流所借助的并非只是语言工具，表情、姿态、肢体动作等都可以成为交流的工具。对于一个优秀辩手而言，后者往往是他们交流能力优秀的具体表现。

3. 协作能力

任何集体活动都要求参与者具有一定的协作能力，辩论也不例外。

无论是构建体系还是上场比赛，都不可能也不应该是靠一个人完成。辩论不是一个人的事情，也不是四个人的事情，而是一个团队的系统工程。

辩论成员确实有分工的区别，但只有各个位置上的辩手协同合作，才可能呈现出真正精彩的比赛。

作为场下队员，应能够在不上场的情况下时刻做好准备，并主动给队伍提供力所能及的帮助；作为场上队员，应能够配合队友发言，执行战术意图，这些都是衡量一个辩手素质的重要方面。

4. 应变能力

辩手在比赛中随时可能遭遇到意外情况，此时如何作出反应使局面得到控制或者扭转，就依赖于他们的应变能力。另外，由于一个立论体系中包含多个论点多个角度，在比赛中如何结合当时情况调整战术的侧重点也属于应变能力的范畴，只不过那是一种宏观的应变而已。

一个出色的辩手，正是依靠其过人的应变能力，才做到赛场上的临危不乱和对比赛的整体把握。在某种意义上说，这是辩手最难培养的一项素质，因为它有不少性格和天赋方面的因素。

5. 分析能力

辩论不是耍嘴皮子，否则很容易就事论事或者罗列事实，因此辩手应当具有充分的分析、思考能力。

这种能力，主要体现为分析辩题时的清晰性、逻辑性和条理性，即是否能把一个辩题的双方立场所依赖的各种前提、逻辑形式以及其中可能存在的矛盾、悖论等想清楚。

分析能力不同于应变能力，分析时没有严格的时间限制，可以允许辩手反复、充分地思考论证。良好的分析能力，不仅是立论时的依托，也是应变的基础和表达对象的来源。一个只有执行能力而缺乏对辩题进行深入分析的辩手，常常难以真正吸引住听众，也难以说出令听众回味的话语。

【复习思考】

1. 什么是辩论？
2. 辩论中如何进行审题与立论？
3. 简述辩论的特点和作用。
4. 简述辩论的程序和细则。
5. 辩论制胜的要诀是什么？
6. 怎样撰写辩论词？
7. 在当今时代，要成为一个成功的辩手，应该具备哪些优良素质？

附：

2003年国际大专辩论会比赛章程

一、整体规模
1. 本届辩论会共有12支世界各地著名大学代表队参赛。
2. 比赛将按A、B两组分别进行。A组为华裔组，共8支代表队；B组为非华裔组，共4支代表队。
3. 代表队组成：辩手4名，教练1名(共5人)。

二、赛制
1. A、B两组均采用淘汰制比赛方式。
2. A、B两组各采用不同的比赛规则。
3. 对阵形式于赛前抽签决定。

三、评判
1. 本届辩论会设评委7名。
2. 评委由社会各界人士组成。

四、评分
1. 团体分每场计 200分

其中：立论 20分

盘问(B组第二轮立论) 20分

驳论 20分

对辩(两轮，每轮10分) 20分

回答嘉宾提问 20分

自由辩论 40分

总结 30分

语言风度 30分

2. 辩手个人得分每场计 20分

五、胜负判断
1. 每场比赛的胜负，由公证员依据7位评委所打团体分(去掉一个最高分和最低分)的总和来判定。
2. 个人得分只作为个人奖项的评审依据，与判断所在参赛队胜负无关。

六、奖项设置
1. A、B组比赛均设冠军、亚军和最佳辩手奖，并将由主办方颁发奖杯、证书以及奖品；
2. 最佳辩手奖：每一场比赛由评委对每一位辩手进行打分，统计时去掉一个最高分和一个最低分，最后得分累计最高者获得最佳辩手奖；
3. 每一场比赛，由现场观众评选出一名优秀辩手，并颁发证书和奖品。

七、比赛形式
1. 本届辩论会采取现场辩论的形式。初赛和半决赛的正、反方立场，由赛前抽签确定；决赛的正、反方立场，到比赛前现场抽签确定。
2. 正、反双方在比赛中，发言时间分别计算。
3. 双方各设1号、2号、3号、4号辩席，在每一场比赛开始时，双方辩手可以随意挑选席位,但在一场比赛中不能调换。

4. 比赛时,可以用"×号辩手(辩友)"称呼对方。

5. 每方的4位辩手,可任意独立承担辩论过程中的各环节。但是每位辩手必须至少独立承担以下环节中的一项:立论、盘问、驳论、对辩(其中一轮)、总结。

6. 自由辩论由每方4位辩手共同完成。

7. 设教练席。比赛时,在不影响辩手发言的情况下,可以和非发言辩手自由交流。

八、比赛程度及用时规定

A组比赛程序及用时规定

序号	程序	时间	备注
1	立论:正方发言	3分钟	任意辩手
2	立论:反方发言	3分钟	任意辩手
3	盘问:反方提问	2分钟	盘问方可多次盘问,被盘问方每次回答不超过20秒
4	盘问:正方提问	2分钟	盘问方可多次盘问,被盘问方每次回答不超过20秒
5	驳论:反方发言	2分钟	必须针对正方的论点论据进行驳论
6	驳论:正方发言	2分钟	必须针对反方的论点论据进行驳论
7	对辩:正方先发言	2分钟	正方和反方各推荐辩手进行一对一辩论,各1分钟,分别计时
8	对辩:反方先发言	2分钟	正方和反方各推荐辩手进行一对一辩论,各1分钟,分别计时
9	嘉宾提问(先向正方提问)	不计总时间	每方辩手回答一个问题限时在1分钟内
10	自由辩论(正方先发言)	6分钟	双方各3分钟,分别计时
11	反方总结陈词	3分钟	任意辩手
12	正方总结陈词	3分钟	任意辩手

总时间约34分钟

B组比赛程度及用时规定

序号	程序	时间	备注
1	立论:正方发言	2分钟	正方任意辩手
2	立论:反方发言	2分钟	反方任意辩手
3	立论:正方发言	2分钟	正方任意辩手
4	立论:反方发言	2分钟	反方任意辩手
5	盘问:反方提问	2分钟	盘问方可多次盘问,被盘问方每次回答不超过20秒
6	盘问:正方提问	2分钟	盘问方可多次盘问,被盘问方每次回答不超过20秒
7	对辩:正方先发言	2分钟	正方和反方各推荐辩手进行一对一辩论,各1分钟,分别计时

8	对辩:反方先发言	2分钟	正方和反方各推荐辩手进行一对一辩论,各1分钟,分别计时
9	嘉宾提问(先向正方提问)	不计总时间	每方辩手回答一个问题限时在1分钟内
10	自由辩论(正方先开始)	8分钟	双方各4分钟,分别计时
11	反方总结陈词	3分钟	反方任意辩手
12	正方总结陈词	3分钟	正方任意辩手

总时间约34分钟

九、比赛程序说明

1. 立论

由于本次比赛辩题大都贴近生活,开篇立论无须在理论的层面上过多纠缠。立论要求逻辑清晰,言简意赅。

2. 盘问

● 由反方先进行盘问。

● 盘问方和被盘问方均只能由双方任意一人承担,在盘问的过程中不得更换辩手。盘问方只能提问,不能为己方立论。

● 被盘问方必须正面回答,不得回避问题,也不得反问。被盘问方回答一个问题的时间,不得超过20秒。

3. 驳论

● 由反方先进行驳论。

● 必须针对对方提出的论点、论据进行反驳,不要脱离现场,对自己假设的对方观点进行反驳,或是以陈述自己的观点为主。

4. 对辩

● 第一轮对辩,由正方和反方各推荐辩手进行一对一辩论,正方先发言。

● 第二轮对辩,由正方和反方各推荐辩手进行一对一辩论,反方先发言。

● 两轮对辩不得由同一辩手完成。

5. 嘉宾提问

● 本次比赛,拟聘请4位往届辩论会的最佳辩手作为提问嘉宾。

● 每一场比赛,4位嘉宾各向双方辩手提一个问题(正反方各两个问题)。评委对辩手的回答给予评分,并记入总成绩。

● 提问方式:先向正方辩手提问,再向反方辩手提问,正反方交替进行。

● 嘉宾指定辩手回答问题。

6. 自由辩论

● 由正方先发言,正、反方辩手自动轮流发言。

● 一方发言辩手落座为发言结束,同时该方记时暂停,另一方记时开始。

● 同一方辩手的发言次序不限。

● 如一方时间已经用完,另一方可以继续发言,也可向主席示意放弃发言。

● 自由辩论提倡积极交锋。不要回避问题,不要对对方已经明确回答的问题仍然纠缠不放。

7. 总结陈词

● 由反方先发言。

● 辩论双方应针对辩论会整体态势进行总结陈词,不要脱离辩论现场或背诵事先准备的稿件。

十、时间提示

1. 立论阶段,每方使用时间剩余30秒时,记时员以一次短促的铃声提醒;用时满时,以钟声终止发言。

2. 盘问阶段,被盘问方每次回答问题满20秒时,以铃声终止回答;总用时满时,以钟声终止发言。

3. 驳论阶段,每方使用时间剩余30秒时,记时员以一次短促的铃声提醒;用时满时,以钟声终止发言。

4. 对辩阶段,每方使用时间剩余10秒时,记时员以一次短促的铃声提醒;用时满时,以钟声终止发言。

5. 嘉宾提问阶段,不计总时间,但每位辩手回答问题的时间不得超过1分钟。

6. 自由辩论阶段,每方使用时间剩余30秒时,记时员以一次短促的铃声提醒;用时满时,以钟声终止发言。

7. 总结陈词阶段,每方队员在用时剩余30秒时,记时员以一次短促铃声提醒;用时满时,以钟声终止发言。

终止钟声响时,发言辩手必须停止发言,否则作违规处理。

十一、其他

1. 提倡正面交锋,反对回避问题。

2. 希望辩手的语言平和、自然,不提倡咄咄逼人、气势汹汹,以及朗诵或表演的语言风格。

3. 在不违背比赛规则的前提下,提倡辩手发挥个人的性格特点,充分展示个人的风采、魅力,使比赛更加活泼生动。

第七章 交际口才

第一节 交际的基本知识

社交即社会交往活动的简称,是人们运用一定的工具传递信息、交流思想以达到某种目的的社会活动。当今时代,经济和社会环境的变化使得人与人之间的交往显得更加重要。

一、社交口才的特点

所谓社交口才,就是指人与人之间在社交活动中所表现的语言艺术或才能,即善于用准确、贴切、生动的口语表达自己的思想、意愿的一种能力。

在日常工作与生活中,人们进行的各种各样的社会交际活动一刻也离不开社交语言。可以说,只有善于言辞的人,才能使人乐于倾听与接受,并能在现实中使许多大大小小的问题得以顺利解决。

具体说来,社交口才具有以下特点:

1. 情感的丰富性

社交者不仅要以深刻的议论给人以启发和教益,更要以强烈的情感给人以感染和鼓励。"感人心者,莫先乎情",在交流过程中,善于表达深厚、稳定且有原则性的情感,往往会产生巨大的力量。

2. 信息的互动性

沟通的关键在于引起信息互动,而引起信息互动的关键话语必须具有激励力量。所谓"激励力量",是指激发鼓励的力量,这是人类活动的一种内在心态的外在表现。社交口语在多数情况下应具有激励性,这样才能对交流对象产生一股内在的激发奋进的动力,进而引起即时性的信息互动。

3. 发言的分寸感

社交语言是为了一定的社交目的而施展的语言,因而具有一定的要求,不能信口开河,必须把握分寸。也就是说,在社交活动中,说话要讲究策略,表达的内容及方式要适度,要恰到好处。

4. 语体的多样性

广义的社交语体有讲演语体、日常语体、服务语体、广告语体、谈判语体、论辩语体、新闻发布语体、公文事务语体等,这些语体的形成是受社交语境决定的。

5. 内容的大众化

社交的对象是大众,因此社交活动中的口语表达必须始终遵循大众化的原则。你所表达的思想、感情,必须毫无障碍地为大众所接受,为大众所认同。

二、社交口才的作用

作为一项以公众为对象的社交活动，社交口才的作用之大是不言而喻的。这种作用，可以从以下几个方面来认识：

1. 个人与公众交往的纽带

社交活动中，社交语言可以联络个人与公众的感情、增进友谊、扩大社交范围，也可以为社交场合营造良好的气氛，从而提高社交的质量。在社交中，社交才能高的往往是那些被称为具有"绅士风度"的人。他们待人接物礼貌得体，善于辞令，时而妙语连珠，时而幽默风趣，他们在任何交际场合都能让人愉快。

2. 个人形象的塑造

一个各方面都很出色的人，如果不为公众所了解，就不可能在公众中享有很出色的声誉和影响。因此，社交者必须向公众宣传自身的情况。在这种自我宣传的过程中，社交口才的作用不可低估。

3. 影响公众的态度

在社交活动中，社交主体应多方了解公众对自身的态度，从而有的放矢，开展以影响公众态度为目的的社交活动，把公众的态度和行为引导到理解、宽容、信任与合作的方向上来。而这些有目的的活动，许多都离不开社交口才。

4. 团队沟通的桥梁

现代社会已经越来越注重多人的合力，个人也因被纳入形形色色的团体而成为社会的人。因此，协调好团体之间的关系，已是个人利益能否得到保障、团体能否立足于社会、社会能否正常运转的关键。因此，口才在团体沟通中大有作为。

三、社交口才的原则

日常交际口才的基本原则包括如下几点。

1. 尊重原则

尊重原则是实现语言交际目的的重要前提。坚持语言交际的尊重原则，就是在态度上和人格上尊重他人、重视他人，言辞体现出真诚友善的态度，语意上传递出尊重礼貌的情感。在人际交往中，渴望受到尊重是每个人的基本心理需求，要得到他人的尊重，就要善于主动接近对方，缩短人际距离，沟通相互间的情感。一个微笑，一句敬语，细心倾听都会赢得对方的尊重。

2. 真诚信任

在语言交际中，说话人的感情直接影响表达的效果，也影响着听话人的理解和接受。待人真诚，给人以充分的信任，可以激励他人的工作热情，提高工作效率。人际交往中要做到真诚信任，首先要做到说真话，以坦诚的心取信于人。言必行，行必信，是交往沟通时收到良好谈话效果的重要前提。其次要做到感情真挚，态度诚恳。在与人的交流沟通中，诚恳真挚的态度是语言交往目的得以实现的基础。善大，莫过于诚。热诚的赞许与诚恳的批评，都能使彼此间愿意了解、信任、倾诉和交心。

3. 平等友善

在人际交往中，尽管人与人之间身份、地位等方面的情况有所不同，但是交际双方在人格上是平等的,在心理上是对等的,平等是建立良好人际关系的前提。我们不仅要尊重他人的人格、个性习惯、权利地位、情感兴趣和隐私,还要尊重彼此存在的外显或内在的心理距离,要有人人平等、一视同仁的谈话态度,切忌给人居高临下、自以为是的印象。只有在人际交往中保持自尊而不盲目自大,受人尊敬而不傲慢骄横,才能得到对方对你个人、对你的组织、甚至对你的国家的尊重,才能谈得上真诚合作、平等合作。

4. 宽以待人

在人际交往中,要宽宏大量,不计小过,容人之短,在一些非原则性、无关大局的问题上不计较,严于律己,宽以待人,用辩证的观点看待人和事。尤其是对待一些小节或者产生一些小矛盾的时候,应该相互谅解理解,以保持、发展和加深友谊。因此交际中只要少一点自以为是,多一点宽容理解,就会少一些误解和摩擦,多一些理解和和谐。海纳百川,有容乃大。"六尺巷"的故事就充分说明了宽以待人的善果。清朝时,在安徽桐城有个著名的家族,父子两代为相,权势显赫,这就是张英、张廷玉父子。清康熙年间,张英在朝任职文华殿大学士、礼部尚书。老家桐城的老宅与吴家为邻,两家府邸之间有个空地,供双方来往交通使用。后来邻居吴家建房,要占用这个通道,张家不同意,双方将官司打到县衙。县官考虑纠纷双方都官位显赫,是名门望族,不敢轻易了断。

在这期间,张家人写了一封信,给在北京当大官的张英,要求张英出面干涉此事。张英收到信件后,认为应该谦让邻里,给家里的回信中只写了四句话:千里来书只为墙,让他三尺又何妨?万里长城今犹在,不见当年秦始皇。

家人阅罢,明白了其中的意思,主动让出三尺空地。吴家见状,深受感动,也主动让出三尺房基地,这样就形成了一个六尺的巷子。两家礼让之举和张家不仗势压人的做法传为美谈。

5. 合乎语境

在交际中所使用的语言必须合乎交际的情境即语境,包括主观语境和客观语境。要使交际语言得体,首先要区分对象,因人而异;其次要注意场合,切合情境。在人际交往中,对于交际主体来说,最重要的莫过于研究交际对象,根据交际对象的性别、年龄、生活背景、心理特征等因素的差异来选择恰当的语言,以求明晰地表达自己的思想,达到正常的语言交际的目的。

1954年5月,周恩来总理率中国政府代表团参加日内瓦国际会议。为了让与会代表和新闻记者了解中国悠久的传统文化和新中国成立后的新气象,中国代表团带去了国内新拍出的第一部彩色(越剧)影片《梁山伯与祝英台》。外国人对中国的越剧究竟感不感兴趣?作为新闻联络官的熊向晖心里很茫然。为此,工作人员准备了一份长达16页的说明书。周恩来看后笑道:"这样看电影岂不是太累了,我看就在请柬上写上:请你欣赏一部彩色歌剧电影——中国的《罗密欧与朱丽叶》。"一如周恩来所料,《梁山伯与祝英台》受到了外国观众的喜爱。一位美国记者甚至说:"这部电影太美了,堪比莎士比亚的《罗密欧与朱丽叶》"。在语言交际时,必须切合语言环境,无论是话题的选择、内容的安排,还是语言形式的采用,都应该根据特定的场合的表达需要来取舍,做到灵活自由。例如,鲁迅先生曾讲了一个故事:"一家人家生了一个男孩,合家高兴透顶了。满月的时候,抱出来给客人看,——大概自然是想得一点好兆头。一个说:'这孩子将来要发财的。'他于是得到一番感谢。一个说:'这孩子将来要做官的。'他于是收回几句恭维。一个说:'这孩子将来是要死的。'他于是得到一顿大家合力的痛打。"由此可见,语言必须切合语言环境,否则必得不偿失。

第二节　赞美与批评

一、赞美

"最真诚的慷慨就是赞美"、"授人玫瑰，手留余香"。赞美别人，仿佛用一支火把照亮别人的生活，也照亮自己的心田，有助于发扬被赞美者的美德和推动彼此友谊健康地发展，还可以消除人际间的龃龉和怨恨。赞美是一件好事，但绝不是一件易事。赞美别人时如不审时度势，不掌握一定的赞美技巧，即使是真诚的，有时也会变好事为坏事。人人都有自己的长处，都有自己的闪光点，因此，要善于从对方身上捕捉可赞美之处。有些人对他人很少赞美，一个重要的原因就是看不到他人值得赞美的地方，其实，只要细心观察，就不难发现值得赞美的内容，如美丽的服饰、动听的歌喉、漂亮的书法、敏捷的思维、深刻的见解、优异的成绩、有趣的爱好、高尚的人格等，举不胜举。有时，一句话、一个动作，都可以成为赞美的对象。总之，凡是与对方有关的美好的东西都能成为赞美的话题，为我所用，关键在于你是否有一双敏锐的眼睛。罗丹说过："对于我们的眼睛，不是缺少美，而是缺少发现。"赞美他人时一定要掌握以下技巧。

1. 赞美要因人而异

人的素质有高低之分，年龄有长幼之别，因人而异，突出个性，有特点的赞美比一般化的赞美能收到更好的效果。老年人总希望别人不忘记他"想当年"的业绩与雄风，同其交谈时，可多称赞他引以为自豪的过去；对年轻人，不妨语气稍为夸张地赞扬他的创造才能和开拓精神，并举出几点实例证明他的确能够前程似锦；对于经商的人，可称赞他头脑灵活，生财有道；对于有地位的干部，可称赞他为国为民、廉洁清正；对于知识分子，可称赞他知识渊博、宁静淡泊……当然这一切要依据事实，切不可虚夸。

2. 赞美要注意场合

在众人面前赞扬部下，对被赞扬的员工而言，受到的鼓励是最大的，也是一个赞扬部下的好方式；但采用这种方式时要特别慎重，因为被赞扬的表现若不能得到大家客观的认同，其他部下难免会有不满的情绪。因此，公开赞扬最好是能被大家认同及公正评价的事项。例如，业务竞赛的前三名、获得社会大众认同的义举、对公司作出重大的贡献等，这些值得公开赞扬的行为都是公平公开竞争下产生的，或是已被社会大众或公司全体员工认同的。

3. 赞美要真诚不伪

虽然人都喜欢听赞美的话，但并非任何赞美都能使对方高兴。能引起对方好感的只能是那些基于事实、发自内心的赞美。相反，你若无根无据、虚情假意地赞美别人，不仅会让人感到莫名其妙，更会觉得你油嘴滑舌、诡诈虚伪。例如，当你见到一位其貌不扬的小姐时，却偏要对她说："你真是美极了。"对方立刻就会认为这是虚伪之至的违心之言。但如果能着眼于她的服饰、谈吐、举止，发现她这些方面的出众之处并真诚地赞美，她一定会高兴地接受。真诚的赞美不但会使被赞美者产生心理上的愉悦，还可以使赞美者发现别人的优点，从而使自己对人生持有乐观、欣赏的态度。

4. 赞扬的内容要具体

在日常生活中，人们有非常显著成绩的时候并不多见。因此，交往中应从具体的事件入手，善于发现别人哪怕是最微小的长处，并不失时机地予以赞美。赞美用语越翔实具体，说明对对方越了解，对对方的长处和成绩越看重。赞扬别人时，要针对具体的某一件事情，让对方感到你的真挚、亲切和可信。如果只是含糊其辞地赞美对方，说一些"你工作得非常出色"或者"你是一位卓越的领导"等空泛漂浮的话语，可能引起对方的猜度，甚至产生不必要的误解和信任危机。赞扬要依据具体的事实评价，除了用广泛的用语如"你很棒！""你表现得很好！""你不错！"外，最好要加上具体事实的评价。例如，"你的调查报告中关于技术服务人员提升服务品质的建议，是一个能针对目前问题解决的好方法，感谢你提出对公司这么有用的办法。"，"你处理这次客户投诉的态度非常好，自始至终婉转、诚恳，使问题圆满解决，你的做法正是我们期望员工能做的标准典范。"

5. 赞美要及时、雪中送炭

人人都需要别人真诚的赞美，不论他看起来是多么的不屑他人的赞美。赞美的效果在于相机行事、适可而止，真正做到"美酒饮到微醉后，好花看到半开时"。当别人计划做一件有意义的事时，开头的赞扬能激励他下决心做出成绩，中间的赞扬有益于对方再接再厉，结尾的赞扬则可以肯定成绩，指出进一步努力的方向，从而达到"赞扬一个，激励一批"的效果。俗话说："患难见真情。"最需要赞美的不是那些早已功成名就的人，而是那些因被埋没而产生自卑感或身处逆境的人。他们平时很难听到赞美的话语，一旦被人当众真诚地赞美，便有可能振作精神，大展宏图。因此，最有实效的赞美不是"锦上添花"，而是"雪中送炭"。

6. 帮助别人接受我们直接的称赞

出于谦虚，或者没有别的回答方式时，人们通常会拒绝他人的赞扬，但无论出于什么样的原因，我们都可以做些什么，让赞扬更有效果，更容易让对方接受，例如，可以在赞扬之后加上问题。开放式问题最好，让对方在听到赞扬时，只需说声谢谢，然后回答问题即可。此外，赞美并不一定总用一些固定的词语，有时，投以赞许的目光、做一个夸奖的手势、送一个友好的微笑也能收到意想不到的效果。

7. 赞美事实而不是人

把赞美的焦点放在对方所做的事情上，而不是他本身，会更容易让人接受赞美者的称赞，而不会引起尴尬。例如，"王玉，你的书法写得真好"要比"王玉，你真棒"让人容易接受。

8. 适当运用间接赞美

间接赞美就是借第三者的话来赞美对方，有时这比直接赞美对方的效果更好。例如，见到你下属的业务员，对他说："前两天我和总经理谈起你，他很欣赏你接待客户的方法，你对客户的热心与细致值得大家学习。好好努力，别辜负他对你的期望。"无论事实是否真的如此，他对你的感激肯定会超乎你的想像。间接赞美的另一种方式是在当事人不在场的时候赞美，这种方式有时比当面赞美所起的作用更大。一般来说，背后的赞美都能传达到本人，这除了能起到赞美的激励作用外，更能让被赞美者感到对他的赞美是诚挚的，因而更能加强赞美的效果。

总之，赞美是人们的一种心理需要，是对他人敬重的一种表现。恰当地赞美别人，会给人以舒适感，同时也会改善人际关系。所以，在沟通中，我们必须掌握赞美他人的技巧。每一次赞美别人时，不但对方快乐，同时也会使自己获得满足。这里有一个基本规律：若不能为任何人增加快乐，那么便不能为自己增加快乐！因此，每天至少赞美三个人，将会使自己的快乐指数不断上升。把赞美当做是一个快乐游戏，经常留意那些可以赞美的好事，可增强人的积极心态。

二、批评

俗话说："金无足赤，人无完人。"在沟通活动中，往往会发现他人的缺点和错误，当发现他人的错误时，及时地加以指正和批评，是很有必要的。有人说赞美如阳光，批评如雨露，二者缺一不可。批评他人时也需掌握一定的技巧。

1．选择合适的场所，以赞美做开头

选择合适的场所，不要当着众人的面指责他人。

戴尔·卡耐基指出："当我们听到别人对我们的某些长处表示赞赏之后，再听到他的批评，心里往往会好受得多。"因为当我们听到别人赞赏的时候，会产生一种积极、愉快的情绪体验。在此心理状态下，再听到别人的批评或规劝，就比较容易接受。这就像一枚苦味的药丸，外面裹上糖衣，使人先感到甜味，容易一口吞下去，药物进入胃肠，才会发生效用，治愈"疾病"。尺有所短，寸有所长。一个人犯了错误，并不等于他一无是处。批评部下时，如果只提他的短处而不提他的长处，就会使他感到心理不平衡，觉得委屈。比如一名员工平时工作颇有成效，偶尔出了一次质量事故，如果批评他的时候只指责他导致的事故，而不肯定他以前的成绩，就会使他感到以前"白干了"，从而产生抗拒心理。据心理学研究表明，被批评的人最主要的障碍就是担心批评会伤害自己的面子，损害自己的利益，所以在批评前帮他打消这种顾虑，甚至让他觉得他是"功大于过"，那么他就会主动放弃心理上的抵抗，对批评也更容易接受。下面这个小事例就是一个很好的说明。

有一位女打字员打字总是不注意标点符号，办公室主任很恼火，批评了多次也不起作用。有一天，主任终于想出了一条妙计，他对打字员说："你今天穿了这样一套漂亮的衣服。更显示了你的美丽大方。"那位女打字员突然听到主任对她这样的称赞，受宠若惊，主任又接着说："尤其是你这排纽扣，点缀得恰到好处。所以我要告诉你，文章中的标点符号，也就如同衣服上的扣子一样，注意了它的作用，文章才会好看和意思清楚。"从那以后，那位女打字员改正了这一"久治不愈"的顽症。

2．批评他人前先谈自己的错误

被批评者在批评者面前常常会有一种错误，似乎批评者是在用批评显示他的优越。如果在批评他人之前能够先谦虚地承认自己也犯错误，那么被批评者再听到对自己的批评时，就不会感到受不了了。戴尔·卡耐基每当要指出他的侄女的错误时，总是说："约瑟芬，你这样做错了，但是天晓得，我像你这种年龄时比你更糟糕！你当然不可能天生就万事精通，事实上你比我当年成熟多了。所以我不想批评你，你手头的这件事情这样做，你瞧，这样是不是更好一点？"通过这种方式，既让被批评者脸上挂得住，又能使其体会到批评者的诚心，从而乐于接受批评。

3．要尊重客观事实

批评他人通常是比较严肃的事情，所以在批评的时候一定要客观具体、就事论事，要记住，批评他人，并不是批评对方本人，而是批评他的错误的行为，千万不要把对部下错误行为的批评扩大到对部下本人的批评上。例如，一名编辑去校对清样，结果发现版面上有一个标题字错了而校对人员没有发现，这时编辑对他进行批评，可以说："这个字你没有校出来。"

也可以说:"你对工作太不负责任了,这么大的错误都没有校正出来。"很显然,后者是难以被对方接受的,因为编辑的话让他很难堪,也许他只是一次无意的过失,却被编辑上升到了责任心的高度去批评,这很可能使他们的关系恶化,也很可能导致校对员在今后的工作中出现更多的纰漏。

4. 间接地提醒他人

很多时候,我们不能直截了当地指出别人的错误,因为那样不仅达不到批评的目的,反而会引起一些不愉快。例如,小张宿舍的一位室友从来不买生活日用品,牙膏、肥皂、洗发水总是毫不客气地用小张的,小张很生气,他完全可以把那位室友狠狠地斥责一番,但他没有这样做。一天,小张乘宿舍只有他们两个人的时候,友好地对室友说:"小李,我知道你学习任务紧,又要参加足球训练,挺忙的。我这人没什么别的爱好,空闲时间比较多,如果你不介意的话,我倒挺乐意给你跑跑腿,帮你把平常的生活用品买来。"室友一听,心里全明白了,在惭愧之余,室友自己买来了全套日用品。

5. 为对方保全面子

俗话说:"伤树莫伤根,伤人莫伤心。"每个人都有自尊心,那些犯了错误的人尤其有很敏感的自尊心,对伤害其自尊心的刺激体验特别强烈。让犯错者保住面子,这一点非常重要。一是不要当众批评人,尤其不要在大庭广众之下对他人横加指责,没有人愿意在这种情况下接受批评;二是不要揭短,要就事论事,千万不要由此事而将他人的缺点一股脑儿地全兜出来,这样做只会令人恼羞成怒。

不同的人由于经历、知识、性格等自身素质的不同,接受批评的能力和方式也会有很大区别。在沟通中,应该根据不同的人采取不同的批评技巧但一定要不损对方的面子,不伤对方的自尊。

6. 批评要因人而异.区别对待

常言道:"凡事有法而无定法。"批评他人也是同理。成功的批评固然有法可依,但是不变之法是不存在的。尺有所短,寸有所长,每个人理解和接受问题的方式都不一样。对性格豪爽的人可以直来直去;对理智的人,应采用帮助他们查找个人不足促成自我批评的方式;对性格内向的人,应采用循循善诱的态度,耐心劝说,不可急于求成;对脾气暴躁的人,批评的方式应该间接、委婉,旁敲侧击。

7. 友好地结束批评

正面的批评或多或少会让对方感到有一定的压力。如果将一次批评弄得不欢而散,对方一定会增加精神负担,产生消极情绪,甚至对抗情绪,这会为以后的沟通带来障碍。所以,每次的批评都应尽量在友好的气氛中结束,这样才能彻底解决问题。在批评结束时,不应该以"今后不许再犯"这样的话作为警告,而应该对对方表示鼓励,提出充满感情的希望,比如说"我想你会做得更好"或者"我相信你",并报以微笑。

第三节 说服与道歉

一、说服

（一）说服他人的基本要诀

生活中需要说服的对象有很多，可能是父母、上司、顾客、朋友……生活中，随时可能遇到要说服别人的情况，如果不掌握技巧，说服就难以达到理想效果，如果不讲究手法，不掌握要领，急于求成，往往会事与愿违。人们在说服他人时常犯的错误是：①先想好几个理由，然后才去和对方辩论；②站在领导者的角度上，以教训人的口气，指点他人应该怎样做；③不分场合和时间，先批评对方一通，然后强迫对方接受自己的观点；等等。这些做法，其实未必能够说服对方。因为这样做，其实质是先把对方推到错误的一边，也就等于告诉对方，我已经对你失去信心了，因此，效果往往十分不理想。说服他人的基本要诀主要包括以下几个方面。

1. 取得他人的信任

在说服他人时，最重要的是取得对方的信任，只有对方信任你，才会正确地、友好地理解你的观点和理由。社会心理学家认为，信任是人际沟通的"过滤"。只有对方信任你，才会理解你友好的动机，否则，如果对方不信任你，就有一种排斥心理，即使你说服他的动机是友好的，也会经过"不信任"的"过滤器"作用而变成其他的东西。因此，说服他人时取得他人的信任是非常重要的。

2. 消除对方的防范心理

一般来说，在和要说服的对象较量时，彼此都会产生一种防范心理，尤其是在危急关头。这时，要想使说服成功，就要注意消除对方的防范心理。如何消除防范心理呢？从潜意识来说，防范心理的产生是一种自卫，也就是当人们把对方当做假想敌时产生的一种自卫心理，因此消除防范心理的最有效方法就是反复给予暗示，表示自己是朋友而不是敌人。这种暗示可以采用种种方法来进行，如嘘寒问暖，给予关心，表示愿意给予帮助等。

有个"的姐"（出租车女司机）把一男青年送到指定地点时，对方掏出尖刀逼她把钱都交出来，她装作害怕的样子交给歹徒300元钱，说："今天就挣这么点儿，要嫌少就把零钱也给你吧。"说完又拿出20元找零用的钱。见"的姐"如此爽快，歹徒有些发愣。"的姐"趁机说："你家在哪儿住？我送你回家吧。这么晚了，家人该等着急了。"见"的姐"是个女子又不反抗，歹徒便把刀收了起来，让"的姐"把他送到火车站去。见气氛缓和，"的姐"不失时机地启发歹徒："我家里原来也非常困难，咱又没啥技术，后来就跟人家学开车，干起这一行来。虽然挣钱不算多，可日子过得也不错。何况自食其力，穷点儿谁还能笑话我呢！"见歹徒沉默不语，"的姐"继续说，"唉，男子汉四肢健全，干点儿啥都差不了，走上这条路一辈子就毁了。"火车站到了，见歹徒要下车，"的姐"又说："我的钱就算帮助你的，用它干点正事，以后别再干这种见不得人的事了。"一直不说话的歹徒听罢突然哭了，把300多元钱往"的姐"手里一塞说："大姐，我以后饿死也不干这事了。"说完，低着头走了。在这个事例中，"的姐"典型地运用了消除防范心理的技巧，最终达到了说服的目的。

3. 反映对方的感受

要说服对方，就要考虑到对方的观点或行为存在的客观理由，即要设身处地地为对方想一想，让对方感到你是在为他着想。这样，说服的效果将会十分明显。真诚地体谅对方、为对方着想，从对方的角度考虑，以谅解、关怀、宽容、同情的心来对待对方，可使他感受到你的温暖与真诚。

站在他人的立场上分析问题，能给他人一种为他着想的感觉，这种投其所好的技巧常常具有极强的说服力。要做到这一点，"知己知彼"十分重要，唯先知彼，而后方能从对方立场上考虑问题。

某精密机械工厂生产某项新产品，将其部分部件委托小工厂制造，当该小厂将零件的半成品呈示总厂时，不料全不合该厂要求。由于迫在眉睫，总厂负责人只得令其尽快重新制造，但小厂负责人认为他是完全按总厂的规格制造的，不想再重新制造，双方僵持了许久。总厂厂长在问明原委后，便对小厂负责人说："我想这件事完全是由于公司方面设计不周所致，而且还令你吃了亏，实在抱歉。今天幸好是由于你们帮忙，才让我们发现竟然有这样的缺点。只是事到如今，事情总是要完成的，你们不妨将它制造得更完美一点，这样对你我双方都是有好处的。"那位小厂负责人听完，欣然应允。

4. 明查对方的需要和动机原则

因为人的任何行为都是有一定动机的，而动机又是由需要决定的，所以要做好说服工作就先要找到对方的需要和动机。有两个行为科学的理论可以为我们引路：一是马斯洛的需要层次理论。他把人的需要分成5个层次，最基本的层次是生理需要，然后是安全需要、交往需要、尊重需要和自我实现需要。这个理论认为，每个人都有自己的主导性需要，当低层次需要得到满足时，人会追求更高一级的需要；也有人会在某一个层次上横向发展。二是赫茨伯格的双因素理论。他把人的需要分成两个大的层次，一个是保健因素层次，包括工资、待遇、工作条件等；另一个是激励因素层次，主要是成长、成就条件。他认为，当只是保健因素得到满足时，人们只会表示"没有不满意"，而当保健因素和激励因素都得到满足时，人们才会表示"满意"。

5. 利益在先、道德在后原则

利益在先、道德在后原则即利益原则。利益原则是我们做好说服工作的起点和归宿。要想让别人心甘情愿地去做事，最有效的方法，不是谈你所需要的，而是谈他所需要的，教他怎么去得到。所以有人说："撩起对方的急切意愿，能做到这一点的人，世人必与他同在；不能的人，将孤独终生。"探察他人的观点并且在他心里引起对某项事物迫切需要的愿望，并不是指要操纵他人，使他人做不利于他自己的某件事，而是要他做对他自己有利，同时又符合说服人的想法的事。这里要掌握两个环节：一是说服人要设身处地地谈问题，要把别人的事当做彼此互相有利的事来加以对待；二是在促使他人行动时，最好让其觉得不是说服人的主意而是他自己的主意，这样他会更加主动和积极。

6. 创造出良好的"是"的氛围

从谈话一开始，就要创造一个说"是"的气氛，而不要形成一个"否定"的气氛。不形成一个否定气氛，就是不要把对方置于不同意、不愿意做的地位，然后再去批驳他、劝说他。商务谈判事实表明，从积极的、主动的角度去启发对方、鼓励对方，就会帮助对方提高自信心，并接受己方的意见。

7. 给对方留有选择权原则

任何人都不喜欢被人强迫，这是人的一种保护自身自由的心理。所以，说服人时，一则要给人以选择结果的余地，在说服过程中可以指明方向、创造条件，但要由被说服者自己去选择行为的结果；二则即使是在给别人选择结果时，也应该造成是他自己在选择的心理和认识。

有些人说服人经常犯的毛病，就是先想好几条理由，然后去和对方辩论，还有的人是站在长辈的立场上，以教训人的口吻，指点别人该怎么做。这样一来，就等于先把对方推到错误的一方，因此，效果往往不好。

8. 说服用语要推敲

在商务谈判中，欲说服对方，用语一定要推敲。事实上，说服他人时，用语的色彩不一样，说服的效果也会截然不同。通常情况下，在说服他人时要避免用"愤怒"、"怨恨"、"生气"或"恼怒"等字眼，即使在表述自己的情绪时，如担心、失意、害怕、忧虑等，也要在用词上注意推敲，这样才会收到良好的效果。

(二) 说服他人的技巧

1. 利用权威说服

把自己的专长展露出来，切勿想当然地认为那是不证自明的。心理学研究证明，说服者如果威望高，一贯言行可靠，或者平时和被说服者感情好，使其觉得可以信赖，他的意见就会比较容易被接受。例如，有人为一家医院提供咨询服务的时候发现，病人总是难以按照理疗师的建议去坚持日常锻炼。他注意到，病人其实并不了解理疗师的专业资历，而理疗师想当然地以为病人了解自己的专长。当将理疗师的奖状、文凭与证书悬挂在治疗室的墙上之后，结果服从锻炼指令的人增加了34%。下属是否接受意见，往往和他心目中对说服者的"期望"心理有关。

2. 利用同情说服

渴望同情是人的天性，如果想说服比较强大的对手，不妨采用这种争取同情的技巧，从而以弱克强，达到目的。

有一个15岁的山区小姑娘，不幸被拐到上海。当天晚上，天下着小雨，小姑娘的房门打开了，一个中年上海"阿拉"走了进来。小姑娘的心跳到了嗓子眼儿。不过，她还是很快地镇静下来，机智地叫了声"伯伯！"中年"阿拉"一愣，人像被魔法定住了似的。小姑娘小心翼翼地说："我一看伯伯就是好人，看你的年龄，与我爸差不多，可我爸就比你苦多了，他在乡下种田，去年栽秧时，他热得中暑……"说着说着，眼泪就哗哗地流下来。"阿拉"的脸涨得通红，短暂的沉默后，低低地说了一句："谢谢你，小姑娘。"然后开门走了。面对强壮的"阿拉"，何不让自己显得更弱小，来激发他的同情心呢？聪明的小姑娘正是这样做的。

3. 利用威胁说服

很多人都知道用威胁的方法可以增强说服力，而且还不时地加以运用。这是用善意的威胁使对方产生恐惧感，从而达到说服目的的技巧。威胁能够增强说服力，但是，在具体运用时要注意以下几点：一态度要友善；二要讲清后果，说明道理；三要威胁程度不能过分，否则会弄巧成拙。

4. 用高尚的动机来激励

在一般情况下，每个人都崇尚高尚的道德、正派的作风，都有起码的政治觉悟和做人的道德。所以，在说服他人转变看法的时候，一个有效的办法就是用高尚的动机来激励他。比如说这样做将对国家、企业带来什么好处，或将对家庭、子女带来什么好处，或将对自己的威信有什么影响等。这往往能够很好地启发被说服者，让他做应该做的事。

5. 用间接方式促使转变

说服人时如果直接指出他的错误，常会使其采取守势，并竭力为自己辩护，因此，最好用间接的方式让他了解应改进的地方，从而达到转变的目的。间接的方法多种多样，如把指责变为关心，用形象的比喻来加以规劝，避开实质问题谈相关的事，用建议的方法提出问题等。但要根据实际情况创造性地加以运用。

6. 寻求一致，以短补长

习惯于顽固拒绝他人说服的人，经常都处于"不"的心理状态中，所以自然而然地会呈现僵硬的表情和姿势。对付这种人，如果一开始就提出问题，绝对不能打破他"不"的心理，所以得努力寻找与对方一致的地方，先让对方赞同远离主题的意见，然后再想法将主意引入话题，而最终求得对方的同意。

有一个小伙子固执地爱上了一个商人的女儿，但姑娘始终拒绝正眼看他，因为他是个古怪可笑的驼子。这天，小伙子找到姑娘，鼓足勇气问："你相信姻缘天注定吗？"姑娘眼睛盯着天花板答了一句："相信。"然后反问他，"你相信吗？"小伙子回答："我听说，每个男孩出生之前，上帝便会告诉他，将来要娶的是哪一个女孩。我出生的时候，未来的新娘便已经配给我了。上帝还告诉我，我的新娘是个驼子。我当时向上帝恳求：'上帝啊，一个驼背的妇女将是个悲剧，求你把驼背赐给我，再将美貌留给我的新娘。'"

二、道歉

人非圣贤，孰能无过？因此就需要通过道歉来获得对方的谅解，弥补被损伤了的关系，增进感情。道歉并不是有什么就说什么，它也需要掌握一定的技巧。

(一)道歉的基本原则

1. 道歉应当及时

如果认识到自己有过错，应立即向对方道歉，越是犹豫不决，越会失去道歉的机会，也可能会让对方感觉你缺乏诚意。道歉及时，还有助于"退一步海阔天空"，避免因小失大。应该道歉的时候，就马上道歉，否则越耽搁就越难以启齿，最后可能会追悔莫及。

2. 道歉应当大方

道歉绝非耻辱而是真挚和诚恳的表现，故而应当大大方方、堂堂正正，不要遮遮掩掩、奴颜婢膝。同时，也不要过分贬低自己，这样可能让人看不起，也有可能让人得寸进尺。如果自己没有错，就不要为了息事宁人而认错，要分辨清楚深感遗憾和必须道歉两者的区别。

3. 道歉语应当文明、规范

有愧对他人之处，宜说"深感歉疚"、"非常惭愧"；渴望见谅，需说"多多包涵"、"请您原谅";有劳别人,可说"打扰了"、"麻烦了";一般场合,则可以讲"对不起"、"很抱歉"、"失礼了"。除非道歉时真有悔意,否则对方不会释然于怀,因此道歉一定要出于至诚。

总之,只要能够承担责任,考虑后果,并且竭力弥补,就可使人感受到真诚的歉意。衷心地道歉不但可以弥补破裂的关系,而且还可以增进感情。

(二)道歉的最常见的技巧

1. 陈述自己失误的原因

错误已经酿成时,当事人首先要坦率承认错误,真诚道歉,使对方的怒气渐渐平息下来,然后再从主观方面出发,向对方分析自己失误的原因,诉说自己的难处,一般情况下,对方都会理解甚至谅解这种过失。

2. 夸大自己的过错

当道歉者把自己的过错夸大时,也就意味着他有一颗勇于承担责任的心,同时也表达了他希望得到理解的愿望,道歉者越是夸大自己的过错,越可以得到对方的谅解。

3. 赞美对方

在道歉的时候称赞对方,可让对方获得一种自我满足感,觉得自己是正确的,别人是错误的,这样能较容易地获得对方的谅解。例如,当你用言语伤害了同一单位一位平时挺关心你的同事之后,你向他道歉。话可以这样说:"我早就想向你做检讨,当年咱俩一块儿到单位,你对我一直很关心,像个老大哥似的,后来只怪我不懂事,做了些不恰当的事……当初说的一些话是我不对,知道你宽宏大量,一定能原谅我的过错。"一般来说,在道歉时责备自己大家能做到,但是却常常忘了称赞对方几句。其实,赞美法是道歉的一个好方法,大多数人受到赞美后,都会不自觉地按照赞美的话去做。

4. 分析利弊以道歉

分析利弊可以让对方感到道歉者是站在自己的立场上想问题,有利于对方接受道歉。多数人以为道歉指做错事后用语言表示歉意的行为,这是一种误解。不会道歉轻则失去一个朋友,重则丧失生命,甚至给整个利益集团带来灭顶之灾。正是因为接受了错误的道歉定义,才导致很多人生悲剧不断上演。道歉不应该以自身是否有过错为前提,而是以实实在在是否需要为前提,是一种谋取更大利益的权宜之计。道歉从内容上可分为物质道歉和语言或精神道歉,多数时候会合二为一同时进行;从目的上可分为过失道歉和止损道歉。过失道歉是指因自己言行不当给他人造成损失或不快,自己无利可图或获利不值时的歉意表达,也就是通常所说的礼节性道歉;止损道歉是指别人故意不断损害自己的利益以牟利,为避免扩大损失主动送些利益给对方示好,表达不愿让对方尽兴掠夺的歉意,这是一种很难达到的境界。

5. 道歉可巧借"物语"

有些道歉的话当面难以启齿,可采用送礼品或写信的方式。在西方国家,既往不咎的最佳道歉方式,无过于送上一束鲜花。这类借物表意的道歉"物语",会有极好的反馈。例如,吵架后,一束鲜花能令前嫌冰释;把一件小礼物放在餐碟旁或枕头下,可以表明悔意以示爱念不渝;不用交谈,触摸也可传情达意,因此千万不要低估"尽在不言中"的妙处。

第四节 拒绝与劝慰

一、拒绝

喜剧大师卓别林曾说："学会说'不'吧！那你的生活将会美好得多。"想做个有求必应的好好先生或好好小姐并不容易，人们的要求永无止境，往往是合理的、悖理的并存，如果当面不好意思说"不"，轻易地承诺了自己无法履行的职责，将会给自己带来更大的困扰和沟通上的难度。当自己力不从心而别人又要求协助时，应该如何拒绝呢？

（一）考虑拒绝的情况分类

拒绝人情，拒绝因缘，主要是由于能力、慈悲、道德不够，能干的人绝不轻易拒绝他人。人与人之间，若能凡事多为他人着想，多给别人留一些余地、一些包容、一些方便，少一份拒绝、少一点难堪，必能赢得别人的爱护。反之，一个人如果总是轻易地拒绝一些因缘、机会，久而久之自然就会失去一切。因此，做人不要轻易地拒绝别人，而要能随顺因缘，如此必能拥有更多学习、成长的机会。不轻易拒绝别人，肯给别人多一些因缘，自己会获益更多！

一般来讲，我们所面临的请求可能来自部下、上级、同事或公司以外人员。这些请求大致可以分为三类：一是与职务有关，责无旁贷的请求；二是虽然与职务有关，但是请求的内容不合时宜或不合情理；三是没有义务给予承诺的请求。一般来说下列情况应考虑拒绝他人的请求：违背自己做人的原则；不符合自己的兴趣爱好；违背自己的价值观念；可能陷入关系网；有损自己的人格；助长虚荣心；庸俗的交易；违法犯罪的行为等。

（二）拒绝的价值

人们有时往往出于以下一些原因不好意思拒绝不实之请：一是接受请求比拒绝更为容易；二是担心拒绝之后将会得罪对方或招致其在其他方面的报复；三是想做广受好评的"好人"；四是不了解拒绝不实之请的重要性。拒绝是一门学问，学会拒绝有利于提高我们的工作效率和生活质量：成功地拒绝他人的不实之请可以节省自己的时间和精力，还可以免除由不情愿行为所带来的心理压力。学会拒绝的艺术，既可减少许多心理上的紧张和压力，又可使自己表现出人格的独特性，也不致使自己在人际交往中陷于被动。

另外，要明白地告诉对方需要考虑的时间。我们经常以"需要考虑考虑"为托词而不愿意当面拒绝请求，内心希望通过拖延时间使对方知难而退。这是错误的。如果不愿意立刻当面拒绝，应该明确告知对方考虑的时间，表示自己的诚信。

（三）拒绝的技巧

1. 先倾听，再说"不"

拒绝之前先要倾听。请对方把处境与需要讲得更清楚一些，自己才知道如何提供帮助。接着表示自己已了解了他的难处，若是自己易地而处，也一定会如此。耐心倾听对方的要求，即使在对方述说中就已经知道必须加以拒绝，也要听人把话说完。这既可以表达对其的尊重，也可以更加确切地了解其请求的主要含义。

倾听能让对方有被尊重的感觉，即使请求被拒绝了也不会觉得太难堪。倾听的另一个好处是，可以针对请求者的情况，建议他如何取得适当的支持。若能提出有效的建议或替代方案，可能会找到更适当的支持，取得事半功倍的效果。

2. 必须指出拒绝的理由

拒绝他人时，最好直接向对方陈述拒绝的客观理由，包括自己的状况不允许、社会条件限制等。通常这些状况是对方也能认同的，因此较能理解你的苦衷，自然会自动放弃说服你，并觉得你拒绝的不无道理。说出真诚的并且符合逻辑的拒绝的理由，有助于维持原有的关系。如果自己觉得拒绝的理由不充分，也可以直接拒绝不说明理由，但千万不可编造理由，因为谎言终有被揭穿的一天。另外也不要通过第三方来拒绝，因为这样会显示出自己懦弱的心态，并且非常缺乏诚意。一定要让对方知道你拒绝的是他的请求，而不是他本人。当你说明理由后，如果对方试图反驳，千万不可与之争辩，只要重申拒绝就好。

3. 不要立刻、随便或盛怒下无情、傲慢地拒绝

立刻拒绝，会让人觉得你冷漠无情，甚至觉得你对他有成见。因此有时候轻易地拒绝别人，会失去许多帮助别人、获得友谊的机会。不要随便地拒绝别人的请求。太随便地拒绝，别人会觉得你并不重视他，容易造成反感。拒绝的话也不要脱口而出，要站在对方立场上严肃地思考，一定要显示出明白这个请求对他人的重要性。

盛怒之下拒绝别人，容易在语言上伤害别人，让人觉得你一点同情心都没有。无情地拒绝，会令人很难堪，甚至反目成仇。一个盛气凌人、态度傲慢不恭的人，任谁也不会喜欢亲近。

4. 要面带笑容，婉转地拒绝

真正有不得已的苦衷时，如果能委婉地说明，以婉转的态度拒绝，别人还是会感动于你的诚恳的。拒绝的时候，要面带微笑，态度庄重，让人感受到你对他的尊重、礼貌，就算被拒绝了，也能欣然接受。拒绝的时候要和颜悦色，首先要感谢对方在需要帮助时想到你，并且略表歉意。注意，过分的歉意会给对方造成你不诚实的印象，因为如果真的感到非常抱歉的话，就应该接受对方的请求。另外态度要坚决，不能因为对方再次的说服而改变想法，因为这样会让对方以为有回转的余地，对己对人都不负责任，甚至耽误对方办事，为双方之间埋下不愉快的种子。有些人在拒绝对方时，因感到不好意思而不敢据实言明，致使对方摸不清他的意思，而产生许多不必要的误会。因此说不的时候，态度必须是温和而坚定的。好比同样是药丸，外面裹上糖衣的药，就比较让人容易入口，同样地，委婉表达拒绝，也比直接说"不"让人容易接受。

5. 要有出路、代替、帮助地拒绝

拒绝的同时，如果能提供其他方法，帮助求助者想出另外一条出路，实际上还是帮了忙。也就是说，你虽然拒绝了他，但却在其他方面给了他一些帮助，这也是一种慈悲而有智慧的拒绝。拒绝之后，最好可以为对方指出处理其请求的其他可行办法，能够有替代、有出路、有帮助地拒绝，必能获得对方的谅解。

6. 多一些关怀与弹性

拒绝时除了可以提出替代建议，隔一段时间还要主动关心对方的情况。有时候拒绝是一个漫长的过程，对方会不定时地提出同样的要求。若能化被动为主动地关怀对方，并让对方了解自己的苦衷与立场，可以减少拒绝的尴尬与影响。当双方的情况有所改善时，就有可能满足对方的要求。

7. 巧妙转移法

不好正面拒绝时，只好采取迂回战术，转移话题也好，另有理由也可以，主要是善于利用语气的转折——温和而坚持——绝不会答应，但也不致撕破脸。例如，先向对方表示同情，或给予赞美，然后再提出理由，加以拒绝。由于先前对方在心理上已经因为你的同情使两个人的距离拉近，所以对于你的拒绝也较能以"可以体谅"的态度接受。

8. 不用开口法

有时开口拒绝对方也不是件容易的事，即使在心中演练了多次，可一旦面对对方又无法启齿。这时，肢体语言就派上了用场。一般而言，摇头代表否定，别人一看你摇头，也就明白了你的意思，之后你就不用再多说了。面对推销员时，这是最好的方法。另外，微笑中断也是一种肢体的暗示。当面带笑容的谈话突然中断时，便暗示着无法认同和拒绝。类似的肢体语言包括采取身体倾斜的姿势，目光游移不定、频频看表、心不在焉……但切忌伤了对方的自尊心。运用摆手、摇头、耸肩、皱眉、转身等身体语言和否定的表情来表示自己拒绝的态度也不失为一种拒绝的好方法。

9. 一拖再拖法

这里所说的一拖再拖法是指暂不给予答复，也就是说，当对方提出要求时迟迟不给出答复，只是一再表示要研究研究或考虑考虑，那么聪明的对方马上就能了解是什么意思。其实，有能力帮助他人不是一件坏事，当别人拜托你为他分担事情时，表示他对你的信任。如果自己由于某些理由无法相助，别急着拒绝对方，仔细听完对方的请求后，如果真的没法帮忙，也别忘了说声"抱歉"。

二、劝慰

生活中总会遇到不顺心的事，有时甚至需要他人的安慰才能舒解心里的苦闷。但如何劝慰人，又该掌握哪些劝慰技巧和要求是一个重要的问题。

1. 要同情，不要怜悯

当一个人遭到挫折和不幸时，十分需要别人的劝慰。真挚的劝慰，是站在完全平等的地位上交流思想感情，给对方以精神和道义上的支持，并分担对方的感情痛苦，使不幸者痛苦、懊丧的消极情绪得以宣泄，并有助于消除其心理上的孤独感，使他们增强战胜困难的信心。怜悯不是平等的思想感情交流，而是对不幸者的感情施舍。这种施舍只能有两种结果：一是刺伤不幸者的自尊心，激起他们的反感；二是使不幸者更加心灰意冷，无法振作。

2. 要鼓励，不要埋怨

遭遇不幸和挫折的人，由于一时无法摆脱感情的羁绊，往往会垂头丧气、消极悲观。此时，最重要的是给予其信心和勇气，让他在困难面前看到光明前景，而不要消极埋怨，那只会使不幸者更加悲观。

一名团支书有一科考试不及格，情绪十分低落。班主任找其谈话："你帮我初步挑选几个同学，看谁能当选优秀团员、优秀团干部？"她非常想说自己，但考虑到不及格没有写自己的名字。班主任鼓励她："这些同学中，你最有工作能力，工作也干得最好，但这次没办法，希望你要把学习搞上去。有信心吗？""老师，你放心吧，我一定搞好学习。"在这里，班主任用鼓励代替了批评和埋怨，收到了好的效果。

3. 力求使对方宽心

通过讲道理，使对方宽心、放心。例如，有一个学生期中考试不理想，很是苦恼。班主任找其谈话:"你每一门功课都学得很好,但总成绩不理想,原因何在?主要是因为缺少综合复习,只要你在期末考试前做好复习工作,相信你一定会取得好成绩。"对方愉快地接受了班主任的劝慰。

4. 要寓鼓励于安慰中

人,在鼓励中扬起生活的风帆,重拾生活的信心和勇气。鼓励他人既是处世的艺术又是做人的美德。寓鼓励于安慰之中,被鼓励的人会心怀感激,这恰是对鼓励者最好的回报。例如,有一个毕业多年的女学生失恋了,求助于老师。老师这样安慰她:"别苦恼,其实你的条件多好啊,只是你们缺少缘分罢了。这也许是件好事,情不投意不合,多别扭,俗话说'强扭的瓜不甜',以你的条件,不愁找不到与你般配的人。我就知道有好几个男孩子都对你不错。"一席话,点拨了她,安慰了她。

5. 要掌握好时机

对情绪失控者要待其冷静后再实施劝慰,站在被劝慰者的立场,帮其分析事理、权衡利弊,往往可收到良好效果。

【复习思考】

一、结合情境,模拟实训。

1. 日常交际中学会如何拒绝他人,情境练习——如何说"不"。

(1)你的朋友给你一根香烟并游说你去尝试,而你对吸烟却十分反感,那么你会如何拒绝他呢?

(2)你的男朋友邀请你到他家,你知道他的父母会去参加一个宴会并会整晚不在家,且又觉得不应该和他在晚上独处,你会怎样拒绝他?

(3)你的朋友在聚会中给你一杯酒并游说你去尝试,而你对喝酒十分反感,你会如何拒绝他?

(4)你的朋友邀请你和他其他朋友一起露营,而你在后天有一个测验并需要时间温习,且你也不喜欢他的朋友,你会怎样拒绝他?

(5)你的朋友邀请你和他一起去唱卡拉OK,但你认为那种场所品流复杂,且你一向歌喉平平,你会如何拒绝他?

(6)你的同学游说你把头发染成红色,但你怕被训导老师责备,你会如何拒绝他?

(7)你的同学向你借钱,说是作购买参考书之用,但你怕他不会还给你,又怕他将其用于玩乐,你会如何拒绝他?

(8)下星期三是你朋友的生日,他会举行一个生日聚会,并邀请你参加,但你有一位朋友即将去美国读书,你已约好在下星期三那天为他饯行,你会拒绝哪位?如何拒绝?

2. 日常交际中学会劝慰他人和向他人道歉。

(1)你的一位好朋友因车祸致残而精神不振,情绪低落,请你劝慰他。

(2)你的一位女同学今年17岁了。8年前她母亲因生弟弟难产而死。8年后,父亲又患了癌症病逝,姐弟俩痛苦至极。今天是清明节,你陪她去拜祭她的父母。回来的路上,她痛哭不止,你如何劝慰她。

（3）你与一位同学约好了时间去办事，结果失约，你该怎么办？
（4）当你因误会而责骂别人以后，会怎样向对方道歉？

二、阅读案例，回答问题。

案例1

第二次世界大战期间，美国一位科学家去请求罗斯福总统拨款以研制原子弹。这位科学家百般陈述利害，罗斯福仍然不为所动。临走时，这位科学家发现罗斯福的办公室墙壁上挂着一幅画，上面画着一艘潜艇，顿时计上心来，说："19世纪，曾有人向拿破仑提出过制造潜水艇的建议，拿破仑觉得很可笑，没有采纳。如果拿破仑采纳了这个建议，今天欧洲的历史就要重写了。"罗斯福听罢，立刻改变了态度，同意研制原子弹。

请问：这位科学家使用了什么技巧使罗斯福改变了态度？

案例2

第二次世界大战期间，美国的布莱德雷将军奉命执行一次危险而紧急的任务。于是，他立刻召集手下将士，让他们排成一个长列。

"这次，我们的任务既艰巨又危险！"布莱德雷瞟了大家一眼，"哪位愿意冒险担任这项任务，请向前走两步！"

此时，适逢一位参谋递给他一份最新的战报，布莱德雷和参谋交头接耳了片刻。等他处理完战报，再次面对行列中的众将士时，发现长长的队伍仍是一条直线，没有一个人比旁边的人多向前走两步。

他按捺不住情绪，生气地说："养兵千日，用兵一时，现在情况紧急，竟然一个人都没有……"

"报告司令！"队列中的人满脸委屈地说道，"我们每个人都向前跨了两步……"

布莱德雷将军犯了什么错误？应该如何避免这种错误的发生？

第八章 面试口才

第一节 面试的基本知识

面试是一种经过组织者精心设计,在特定场景下,以考官对考生的面对面交谈与观察为主要手段,由表及里测评考生的知识、能力、经验等有关素质的一种考试活动。面试是公司挑选职工的一种重要方法。面试给公司和应招者提供了进行双向交流的机会,能使公司和应招者之间相互了解,从而使双方都可更准确地作出聘用与否、受聘与否的决定。

一、面试的作用

1. 可以考察到笔试甄选手段难以考察到的内容

许多素质特征很难通过笔试表现出来,如一个人的仪表风度、口才、反应的敏捷性等。有些素质特征虽然可以通过文字形式来表达,但因为应试者的掩饰行为或其他原因而未能表达,则可以通过面试来考察。例如,对某些隐情,应试者往往不愿表露,对这些不愿表露的东西,在文字性的笔试、问卷等测试中,可以隐藏的天衣无缝,但在面对面、眼对眼的面试中,就很难做到了,因为我们的身体很难撒谎。

2. 可以综合考察应试者的知识、能力、工作经验及其他素质特征

面试是主考官和应试者之间的一种双向沟通活动,但面试的主动权还是控制在主考官手里,面试测评时主考官要专即专,要广即广,要深即深,要浅即浅,具有很大的弹性和灵活性。笔试和心理测验等在这方面均不如面试。

3. 可以弥补笔试的失误,并有效地避免选中高分低能者和冒名顶替者

有人在笔试过程中没发挥好,如果仅以笔试成绩作为录用依据,那么这些人就没有机会被录用了。如果辅之以面试形式,就可给这些人提供再次表现的机会。

笔试还存在一定的局限性,如笔试中难免有高分低能者甚至冒名顶替者,通过面试可以发现这些缺陷,从而采取措施避免用人不当。在一些省市的干部录用考试中,有些人笔试成绩很高,但面试时却言语木讷,对所提的问题的回答观点幼稚、没有深度;有的则只能背书本知识,分析问题和解决问题的能力很差。

4. 面试可以测评应试者的多方面素质

从理论上讲,面试只要精心设计、时间充足、手段运用得当,就可以准确地测评出应试者的任何素质。如果说心理测验中的许多问卷是测评应试者的智力、心理、品德等的有效手段,那么把这些心理测验中的问题以口头问答的形式表现出来,往往会收到与笔试不同的效果。由于信息量利用的高频率,其测评质量会更高。如果在面试中引入无领导小组讨论、角色扮演、管理游戏等情景模拟的人员甄选手段,还可以考察应试者的组织能力、领导能力等;如果

引入工作演示的方法，还可以直接考察出一些应试者的实际工作能力。甚至，通过面试还可以获取应试者的身体状况等信息。

二、面试的具体形式

1. 个别面试

在这种形式下，一名应招者与一名面试人员面对面地交谈，有利于双方建立较为亲密的关系，加深相互了解。但由于只有一名面试人员，所以决策时难免有偏颇。

2. 小组面试

通常是由两三个人组成面试小组对各应招者分别进行面试。面试小组可由人事部门及其他专业部门的人员组成，从多种角度对应招者进行考察，提高判断的准确性，克服个人偏见。

3. 成组面试

通常由面试小组（由两三个人组成）同时对几个应招者（最好是5~6个人）同时进行面试，在面试人员的引导下，完成一些测试和练习。在这个过程中，对应试者的逻辑思维能力、解决实际问题的能力、人际交往能力、领导能力等进行测试，以便于作出用人决策。这种方法有着很高的效度和效率，很受用人部门的欢迎。采用这种方式对考官的要求不高，不需要他们具备专业的人员甄选测试的训练和经验，而不同的人的判断结果通常又会趋于一致。这反映了小组讨论法的较高的信度。应聘者通常也对这种方式感到满意和新鲜有趣，觉得跟很多同行进行交流也是一种提高。当然，这种方法也有缺陷——适用的应聘者类型有限。这种方法不适合专业性特别强的工作，尤其是诸如程序员、设计师等或者操作层次的员工甄选，它只能通过一些关键点考察员工，而对员工的一些诸如动机、要求等内在的东西无法考察；它适合作为初步筛选阶段的一个工具，筛选大量的基本合格的应聘者，对人力资源管理者本身的素质要求比较高；它需要设计者本人对招聘职位有着相当深入的了解，同时具备优秀的方案创意和写作能力。

4. 电话面试

电话面试是一种通过手机、固话等通信工具对面试者进行考核和筛选的面试渠道。采用的是不亲身接触、仅通过言语传递信息来了解面试者的身份、简历、应聘职位和应聘能力的面试方式。

电话面试需注意以下事项。

(1) 当接到面试电话通知时，一定要问清楚应聘的公司名称、职位、面试地点（包括乘车或开车的路线）、时间等基本信息，最好顺便问一下公司的网址、通知人的姓名和面试官的职位等信息。在这里提醒大家，尽量按要求的时间去面试，因为很多企业都是统一面试，如果错过可能就错失了机会。

(2) 上网查一下该公司的相关背景和应聘职位的相关情况。

(3) 公司背景包括企业所属行业、产品、项目、发展沿革、组织结构、企业文化、薪酬水平、员工稳定性、发生的关键事件等，了解越全面、深入，面试的成功率就越高，同时，也有助于对企业进行判断（人才和企业是双向选择的关系）。

(4) 应聘职位情况包括应聘职位的职位名称、工作内容和任职要求等，这一点非常重要，同一个职位名称，各家企业的要求是不尽相同的，了解越多，面试的针对性就越强。

三、面试测评的内容

从理论上讲，面试可以测评应试者的任何素质，但由于人员甄选方法都有其长处和短处，扬长避短综合运用，则事半功倍，否则就很可能事倍功半。因此，在人员甄选实践中，并不是以面试去测评一个人的所有素质，而是有选择地用面试去测评它最能测评的内容。

1. 仪表风度

仪表风度是指应试者的体形、外貌、气色、衣着举止、精神状态等。如国家公务员、教师、公关人员、企业经理人员等职位，对仪表风度的要求较高。研究表明，仪表端庄、衣着整洁、举止文明的人，一般做事有规律、注意自我约束、责任心强。

2. 专业知识

了解应试者掌握专业知识的深度和广度，其专业知识更新是否符合所要录用职位的要求，作为对专业知识笔试的补充。面试对专业知识的考察更具灵活性和深度，所提问题也更接近空缺岗位对专业知识的需求。

3. 工作实践经验

一般根据应试者的个人简历或求职登记表，作些相关的提问。查询应试者有关背景及过去工作的情况，以补充、证实其所具有的实践经验，通过对其工作经历与实践经验的了解，还可以考察应试者的责任感、主动性、思维力、口头表达能力及遇事的理智状况等。

4. 口头表达能力

口头表达能力是测试面试中应试者是否能够将自己的思想、观点、意见或建议顺畅地用语言表达出来。考察的具体内容包括表达的逻辑性、准确性、感染力、音质、音色、音量、音调等。

5. 综合分析能力

综合分析能力是测试面试中应试者是否能对主考官所提出的问题，通过分析抓住本质，并且说理透彻、分析全面、条理清晰。

6. 反应能力与应变能力

主要看应试者对主考官所问的问题理解是否准确，回答问题是否迅速、准确等，对于突发问题的反应是否机智敏捷、回答恰当，对于意外事情的处理是否得当，妥当等。

7. 人际交往能力

在面试中，通过询问应试者经常参与哪些社团活动，喜欢同哪种类型的人打交道，在各种社交场合所扮演的角色，可以了解应试者的人际交往倾向和与人相处的技巧。

8. 自我控制能力与情绪稳定性

自我控制能力对于国家公务员及许多其他类型的工作人员（如企业的管理人员）显得尤为重要。一方面，在遇到上级批评指责、工作有压力或是个人利益受到冲击时，能够克制、容忍、理智地对待，不致因情绪波动而影响工作；另一方面，对工作要有耐心和韧劲。

9. 工作态度

一是了解应试者对过去学习、工作的态度；二是了解其对现报考职位的态度。在过去学习或工作中态度不认真，做什么、做好做坏都无所谓的人，在新的工作岗位也很难勤勤恳恳、认真负责。

10. 上进心、进取心

上进心、进取心强的人，一般都确立有事业上的奋斗目标，并为之而积极努力，表现在努力把现有工作做好,且不安于现状,工作中常有创新。上进心不强的人,一般都是安于现状的人,无所事事,不求有功,但求无过,对什么事都不热心。

11. 求职动机

了解应试者为何希望来本单位工作,对哪类工作最感兴趣,在工作中追求什么,可判断本单位所能提供的职位或工作条件等能否满足其工作要求和期望。

12. 业余兴趣与爱好

了解应试者休闲时爱从事哪些运动,喜欢阅读哪些书籍,喜欢什么样的电视节目,有什么嗜好等,可以了解他的兴趣与爱好,这对录用后的工作安排有好处。

四、面试的特点

1. 以谈话和观察为主要手段

在面试过程中,主考官通过应试者对问题的回答可直接、有针对性地了解应试者某一方面的情况或素质,同时,在面试中,要求主考官善于运用自己的感官,特别是视觉,观察应试者的非语言行为。它不仅要求主考官在面试中要善于观察应试者的非语言行为,而且要能指明应试者的行为类型,进而借助于人的表象层面推断其深层心理。对应试者非语言行为的观察,主要有面部表情的观察和身体语言的观察。

主考官可以借助对应试者面部表情的观察与分析,判断应试者的自信心、反应能力、思维的敏捷性、性格特征、情绪、态度等素质特征。在面试过程中,除面部表情外,身体、四肢等在信息交流过程中也发挥着重要作用。例如,手势具有说明、强调、解释或指出某一问题、插入谈话等作用,它很难与口头语言分开。

在面试过程中,听觉的运用也十分重要,主考官应倾听应试者的谈话,对应试者的回答进行适度的反馈,对应试者的谈话进行分析,比如是否听懂了主考官的提问,是否抓住了问题的要害,语言表达的逻辑性、层次性、准确性等。还可根据应试者讲话的语音、语速、腔调等来判断应试者的性格特征等。例如,声音粗犷、音量较大者多为外向性格;讲话速度快者,多为性格急躁者;爱用时髦、流行词汇者大多虚荣心较强;等等。

2. 面试内容的灵活性

面试内容对于不同的应试者来说是相对变化的、灵活的,具体表现在以下几个方面。

(1) 面试内容因应试者的个人经历、背景等情况的不同而无法固定。例如,两位应试者同时应聘档案管理岗位,一位有多年从事档案工作的经验,一位是应届档案管理专业的大学本科毕业生。在面试中对前者应侧重于询问其多年来从事档案管理方面的实践经验,对后者则应侧重于了解其对该专业基础知识掌握的情况以及在校学习期间的情况。

(2) 面试内容因工作岗位不同而无法固定。不同工作岗位,其工作内容、职责范围、任职资格条件等都有所不同,例如,国家技术监督局的有关技术监督岗位和国家人事部的考录岗位,无论其工作性质、工作对象,还是任职资格条件,都有很大差别。因此,其面试的内容和形式都有所不同,面试题目及考察角度都各有侧重。

(3) 面试内容因应试者在面试过程中的面试表现不同而无法固定。面试的题目一般应事先拟定,以供提问时参照。但并不意味着必须按事先拟定好的题目逐一提问,毫无变化,而要根据应试者回答问题的情况,来决定下一个问题问什么,怎么问。如果应试者回答问题时引发出与拟定的题目不同的问题,主考官还可顺势追问,而不必拘泥于预定的题目。

总之,从主考官的角度看,面试内容既要事先拟定,以便提问时有的放矢,又要因人因"事"(岗位)而异,灵活掌握;既能让应试者充分展示自己的才华,又不能完全让应试者海阔天空地自由发挥,最好是在半控制、半开放的情况下灵活把握面试内容。

3. 面试对象的单一性

面试的形式有单独面试和集体面试两种。在集体面试中多位应试者可以同时位于考场之中,但主考官不是同时向所有的应试者发问,而是逐个提问逐个测评,即使在面试中引入辩论、讨论,评委们也是逐个观察应试者的表现。面试的问题一般要因人而异,测评的内容应侧重个别特征,同时进行会相互干扰。

4. 面试时间的持续性

面试与笔试的一个显著区别是,面试不是在同一时间展开,而是逐个地进行。笔试是不论报考人数的多少,均可在同一时间进行,甚至不受地域的限制。

(1)面试是因人而异。主考官提出问题,应试者针对提问进行回答,考察内容不像笔试那么单一,既要考察应试者的专业知识、工作能力和实践经验,又要考察其仪表、反应能力、应变能力等,因此只能因人而异、逐个进行。

(2)面试一般由用人部门主持,各部门、各岗位的工作性质、工作内容和任职资格条件等不同,面试差异较大,无法在同一时间进行。

(3)每一位应试者的面试时间不能作硬性规定,而应视其面试表现而定。如果应试者对所提问题对答如流,阐述清楚,主考官很满意,在约定时间甚至不到约定时间即可结束面试;如果应试者对某些问题回答不清楚,需进一步追问,或需要进一步了解应试者的某些情况,亦可适当延长面试时间。

5. 面试交流的直接互动性

面试中应试者的语言及行为表现与主考官的评判是直接相连的,中间没有任何中介形式。面试中主考官与应试者的接触、交谈、观察也是相互的,是面对面进行的;主客体之间的信息交流与反馈也是相互作用的。而在笔试、心理测验中,一般对命题人、评分人严加保密,不让应试者知道。面试的这种直接性提高了主考官与应试者间相互沟通的效果与面试的真实性。

面试是主考官和应试者之间的一种双向沟通过程。在面试过程中,应试者并不是完全处于被动状态。主考官可以通过观察和谈话来评价应试者,应试者也可以通过主考官的行为来推断主考官的价值判断标准、态度偏好、对自己面试表现的满意度等,来调节自己在面试中的行为表现。同时,应试者也可借此机会了解自己应聘的单位、职位情况等。

五、面试的发展趋势

1. 形式的丰富化

面试早已突破那种两个人面对面、一问一答的模式,而呈现出丰富多彩的形式,如从单独面试到集体面试、从一次性面试到分阶段面试,从非结构化面试到结构化面试,从常规面试到引入演讲、角色扮演、案例分析、无领导小组讨论等情景面试。

2. 程序的结构化

以前对面试的过程缺乏有效把握,面试的随意性较大,面试效果也得不到保证。目前许多面试的操作过程已逐步规范起来。从主考官角度而言,面试的起始阶段、核心阶段、收尾阶段要问些什么、要注意些什么,事先一般都有一个具体的方案,以提高对面试过程和面试结果的可控性。

3. 提问的弹性化

以前面试基本等同于口试，主考官提出的问题一般都事先拟定好，应试者只需抽取其中一道或几道题来回答，而主考官不再根据应试者对问题的回答情况提出新问题。主考官评定成绩仅依据事先拟定的具体标准答案，仅看回答内容的正确与否，实际上这只不过是笔试简单的口述形式而已。

现在面试中主考官问题的提出虽源于事先拟定的思路，但却是为适应面试过程的需要而自然提出的，前后问题是自然衔接的，问题是围绕测评的情景与测评的目的而随机出现的。最后的评分不是仅依据内容的正确与否，而是要综合总体行为表现及整个素质状况评定，充分体现了因人施测与发挥主考官主观能动性的特点。

4. 面试结果的标准化

以前面试的评判方式与评判结果没有具体要求，缺少可比性。近年来面试结果的处理逐渐标准化、规范化，基本上趋于表格式、等级标度与打分形式等。

5. 面试测评内容的全面化

面试的测评内容已不仅限于仪表举止、口头表达、知识面等，现已发展到对思维能力、反应能力、心理素质、求职动机、进取精神、身体素质等全方位的测评，且由一般素质为测评依据发展到主要以拟录用职位要求为依据，包括一般素质与特殊素质在内的综合测评。

6. 面试考官的内行化

以前面试主要由组织部门的人专门主持，后来实行由组织人事部门、具体用人部门和人事测评专家共同组成面试考评小组。

许多单位实行用人部门人员培训面试测评技术。人事部门培训业务专业知识，并进行面试前的集中培训，面试考官的素质有了很大提高。面试考官的素质对于提高面试的有效性、保证面试的质量有着至关重要的作用。

第二节　面试准备

一、求职前的准备

不管做什么，都不能打无准备之仗，求职亦是如此。求职是涉及个人事业功成与否的大事，甚至是关系终生大计的大事，因此更要有周全、充分的准备。信息多，才可以在应聘时随机应变，不慌不乱，否则，就容易处于极为不利的地位。

（一）把握行情，索取信息

了解工作职位的供应紧缺状况，急需哪种人才及对人的要求、参与竞争的状况等。例如，目前某一种职业的职位需求量大，而自己在这方面又有所欠缺，那么不妨立即上个培训班，为争取这一职位做准备。获取信息的主要渠道可以是学校或人事部门，这也是获取求职信息最主要的渠道。信息准确、可靠、及时，则成功率高。这些组织机构经常举办全国毕业生计划协调会和各地区毕业生供需见面会，从总体上规划学生分配去向，进行全面性的信息交流和人才配置，具有很大的权威性和可靠性。另外，可以通过各类人才交流中心获取信息。人才交流中心是收集、发布人才供求信息和办理人才交流登记、推销介绍的服务和管理机构，提供有偿信息服务。人才交流中心获得的信息比较准确。也可以通过各种传媒、报刊、广播、电视等媒体刊登的招聘广告获取信息。这类信息对所需人才的规格、工作性质、待遇等交代得一清二楚，传播广、速度快，索取信息的成本低，中间环节少，但竞争激烈，成功率低。还可以利用各种社会关系获取信息。师长、同学、家庭成员和亲友，他们都是比较可靠、热情、有积极性的关系群体，会努力通过各种途径和关系为你提供求职信息。

（二）掌握求职时机

摸清楚求职时机，掌握在不同部门甚至不同风格的主管的情况，选择最佳求职时机，有利于提高求职的成功率。一年之中元旦前后比较有利，因为这时正好安排下一年度的工作，包括对人员调整；一月之中，最好是上旬或中旬去求职，因为在下旬，公司、企业一般忙于结算，安排下月工作计划，工作比较繁忙；一周之中，最好是周一或周二去求职，因为即使当时无法接待，也可考虑安排在后几天，切忌不要在周末登门求职，因为主管或许在周末安排有度假或活动，此时去求职只会令他烦厌；一天之中，自然是上午求职最好，而上午又是上班后的一两个小时内最佳，因为此时有利于安排时间，下午人的精神状态不佳，而且有一天的扫尾工作和第二天的工作安排，会比较紧张，不利于求职。

（三）准确估量自己的实力

对求职者而言，重要的是先估量自己的实力，筛选与那些应聘要求基本相近的单位发出求职信息，成功的可能性会大些；反之，盲目求职只会浪费时间。从哪些方面估量自己的实力呢？首先要看专业是否对口。不对口的专业，特别是对那些公开招聘的单位来说，根本不需考虑。其次要看基本资格是否具备，如用人单位要求的年龄、学历、户口所在地、性别、计算机操作等，有些单位还有更细致的要求，如能长期出差、能到外地工作、懂某种外语等。再次要看是否有相关工作经验。这是目前很多用人单位在招聘时要求的较多的一条。因为在激烈的竞争中，企业不愿意对员工进行更多的岗前"投资"，希望招收的都是"熟手"，因而具有相关工作经验往往具有较大的优势。

（四）了解用人单位的基本情况

求职前了解一个单位的实力，也就是了解这个单位是否可以让自己有用武之地以及得到发展的前景如何，以制定相应的应聘策略。

1. 机构的规模

机构规模是大还是小？大小机构各有其优点和缺点，要根据个人的自身实力、定位和兴趣来判断该机构是否适合自己。

2. 声誉

公司在行业内外的声誉对职员的事业非常重要，如果是一家规模宏大、声誉良好的机构，别人对你的要求自然会高，对日后的发展也极有帮助。

3. 发展潜力

通过侧面了解该机构以往的记录和发展政策，大致推测它将来的发展趋势。如果是上市企业，则可通过股市了解其股票情况。

4. 人员构成

通过了解高素质的员工占有多大比例，可以预测依据你的实力在该机构是否能得到重用和承担有挑战性的工作。

5. 业务范围

有实力的单位如实力较强的企业，业务范围较广，职工有多个不同部门的锻炼机会，有利于成长。

6. 硬件设施

从办公楼(厂房)、设备、办公条件等方面可以粗略地认识该机构是否有一定实力。

7. 工作性质

是否具有挑战性、多样性、成就感。这对于以自身发展(而非报酬)为主要目标的年轻人来说，是值得特别考察的。

8. 岗位培训

是否提供岗位短期、长期甚至是出国培训？这可以判断出该机构是否注重员工素质的提高和在人力资源投资上的战略。

9. 晋升机会

了解晋升的可能性和条件是什么，这涉及该机构的人事管理制度，也可体现出是否公正、合理。如果埋头苦干，有才华也有成绩却很少有晋升机会，是不利于员工上进的，也表明这家机构不值得选择。

10. 福利待遇

包括工资、奖金、劳动保护、养老保险、失业保险、医疗保险情况等，这关系到免除后顾之忧全身心创业的问题。

(五)写好求职信

求职信是一个间接工具，又是一个材料，对能否顺利进入面试起着决定性的作用。求职信的信息量是极为有限的，因此必须精巧、有吸引力，要让用人单位通过求职信产生见一见你的愿望。

求职信要简明扼要，主要要说明有符合工作条件要求的基本资格，如学历、年龄、事业知识、工作技能等，同时说明自己的性格特点、气质及其他特长。重点要注意以下几个方面。

1. 有针对性表述自己的长处

比如在事业方面的理论知识和实际工作经验、获得的有影响的奖励等。需要注意的是，表述要尽量平实，不能让人产生夸耀的感觉，特别是不能把与应聘岗位无关的长处大书特书，否则会喧宾夺主。

2. 突出重点

不能像写个人自传般面面俱到，学习简历、工作简历简略一些，理论水平、相关工作经历也要择其要而述之，且要根据所应聘的岗位是主要注重在理论方面的修养还是实际工作经验来突出相关的重点内容。

3. 表示诚意

用人单位希望自己是一棵"良木"，百鸟投林。因此在求职信中应适当地表示自己对该岗位的兴趣、热情，但要注意别露出谄媚之态。

4. 文如其人

要通过一封求职信让人感觉到你的性格特点和气质是稳重型、活泼型，还是机智型、谦恭型。遣词造句、逻辑结构一定要精心安排，切忌语言平淡、华而不实。

5. 准备充分的个人材料

求职信只是一张"包装纸",其目的是"引人注目",但毕竟不能承担更多的信息传达的任务,因此,一般来说,用人单位要求求职者随信附寄其他更为详细的材料,如学位证书、获奖证书、职称证书、身份证复印件,甚至在校期间的成绩单(对刚毕业的大中专院校的学生而言),等等,这些材料属于必备之物,准备起来也较方便。但有些材料是要费点心思、花点功夫准备的,要有重点、有选择地撰写一些能证明你的理论水平、实际工作能力的材料,如以下所介绍的几种。

(1)文章剪辑。本人发表的文章、论文、译文、著作等,应择其有代表性的复印,并注明其反响、出版单位、时间,等。最好精心分类后装订,既美观方便,又利于用人单位仔细翻阅。

(2)科研成果。获得的奖励、在市场价值、科研领域中地位等,这种材料必须有正式的证明材料,而不能由自己信笔写来。

(3)工作评价。在原单位时工作的情况,最好由人事部门或党委部门以公函的形式写出。而不是出自自己的评价,要让招聘单位感到有说服力。

(六)选择恰当的推荐人

推荐人等于是"帮你说话的人",因此选择推荐人尤其重要。在求职者中,学历、能力、知识相当的,有无推荐人结果大不一样,如果二者择一时,有推荐人的就占优势。

推荐人是求职者的"一面镜子",推荐人不同,求职者在用人单位心目中的分量也不一样。因而,推荐人必须选好,如果找不到合适的推荐人,则不如不找,不然只会帮倒忙。

选择推荐人的原则有以下几点。

1. 有权威性

比如一些有名望的专家学者作推荐人,他所在领域里的用人单位一定认为"他的眼光错不了"。

2. 有地位者

地位比较高的人推荐,特别是向下推荐,用人单位一般都难以找到拒绝的借口。

3. 活动能力强的人

这些人往往具有较好的社会关系,不管他是以"讲感情"还是"讲酬劳"的方式,往往能协助公关,助你一臂之力。即使你要应聘的单位与他并无瓜葛,他也可以利用自己的关系帮你物色一个直接的推荐人。

当然,推荐人也可以是一个团体,如学校、协会、原单位等。但团体当推荐人的"约束力"较"软",用人单位很可能"公事公办",拒绝一个团体比拒绝一个具体的人容易许多,因为每个具体的人都带有一个情分的问题。

二、面试前的准备

不管你是通过投简历、写求职信还是经人推荐获得了面试机会,你都应该意识到,在全部求职过程中,面试是最具决定性的部分。如果以100分来计算重要性,前面开路的工作占到10分,面试恐怕要占到90分。如果你要在面试中发挥出10分,那你就要在面试前做出90分的努力。面试时的临场表现不过是浮出水面的冰山一角,只有做过扎实的努力,你才能自信、从容地走进面试现场。作为临阵磨枪的方法,你还需要在确定获得面试机会后做好下面一些准备。

1. 精心修饰自己

面试过程中，常常前几秒的印象就能让雇主决定要不要你，所以一定要会修饰自己，至少要做到干净整洁，最好还有点职业化。面试投资银行或者广告公司，职业化的要求可能大不相同，但是你应当尽量去了解这个行当的一般着装要求。建议去你要面试的大厦附近随便转转，看看人们（尤其是挂着你要去面试的公司胸牌的工作人员）一般是怎样的着装风格，照着差不多去做就好。

2. 了解面试的基本步骤

如果人力资源部或是什么人打电话给你，叫你去参加面试，顺便问问面试的步骤，面试官的身份、称呼是不会失礼的，还显得你很有心。很多公司的网站甚至会写明他们有怎样的应聘步骤，有几轮笔试、面试等。对于典型的行业及一些著名的企业，网上还存在着大量的"面经"，读一读也有好处，至少能对面试的框架步骤和基本问题有所了解。

3. 准备好可能用到的其他素材

在很多公司，可能会让你就新近发生的事件做一些专业上的评论，因此也应该准备一些素材、数据等。如果你的话题很老套，论述空泛而缺乏依据，于你都是非常不利。

4. 找到面试中可能的亮点

有些人真的可能是在面试中闪亮了一下，然后就被录取了。面试有时不是一个冗沓的过程，面试官也不完全靠严格的打分录取人，靠的是惊奇和感动。所以，假如你对这家公司的历史格外熟悉，假如你有过对其产品及服务的特别调查，假如你对这一行当有某些独特的见解，甚至你跟面试官有相同的业余爱好，这些也可能成为你面试成功的助推器。

5. 准备好你自己的问题

面试也是一个学习的过程，所以要精心准备你的问题。提问题比回答问题常常更考验一个人的水平。准备好你的问题，要简明、独特并且不是查查资料就可以自己找到答案的东西，这些问题要带有你也是在面试这家公司的态度，又带着向前辈讨教的谦卑。如果你只是提廉价的场面上的问题，会让人瞧不起你，好的公司不爱要那种不看重自身价值的人。

6. 面试前提前到达

面试最忌讳的就是不守时，因为等待会使人产生焦躁不安的情绪，从而使面谈的气氛不够融洽。据有关专家统计，面试迟到者被录用的概率相当于守时者的一半。面试最好能提前10分钟到达面试地点，以有充分的时间调整自己紧张的情绪，也可表示出求职的诚意。遵守时间还要遵守事先约定的面试时限，有时招聘者会主动提出你可以谈多长时间，有时候需要你主动问可以有多长时间。无论哪种情况，求职者都一定要把握好时间，以体现你的时间观念和办事效率。

三、面试前的心理调试

面试中最大的考验在于心态，你有什么好担忧的，不妨找朋友说出来。有时也不妨与同样求职的其他求职者相互做一些模拟面试，尤其是小组面试，这些过程有助于你应对面试现场可能出现的突发情况，提前做好预案。你可以去面试一下身边的朋友，体会一下考官角度的心情，只要你知道面试官也不那么轻松，自己也就多少能松一口气。

由于面试的成功与否关系到求职的前途，所以大学生面试的时候往往容易产生紧张情绪，有的大学生还可能因为紧张过度而导致面试失败。其实紧张感在面试中是相当常见的，初次面试的人都会有慌慌张张、粗心大意、词不达意等情况。如何在面试中克服紧张情绪呢？不妨试试以下几点方法。

1. 保持平常心

在竞争面前，人人都会紧张，这是一个普遍的规律。面试的时候，你紧张，别人也同样会紧张，这是客观存在的，这时，你不妨坦率地承认自己紧张，也许会求得理解。同时，要进行自我暗示，提醒自己镇静下来，最常用的方法就是把考官当做熟人来看待，或者大声讲话；或者掌握讲话的节奏，慢慢道来；或者调侃两句，以帮助消除紧张。

2. 不要把成败看得过重

要记住胜败乃兵家常事，如果这次不成功，还有下次机会；如果这个单位不聘用你，还有下一个面试机会在等你。即使求职不成，你也并非一无所获。例如，你可以分析面试过程中的不足，总结教训，得出宝贵的面试经验，以新的姿态迎接下一次面试。面试时，不要一心想着面试的结果，要把注意力放在谈话和回答问题上，这样会大大消除你的紧张感。

3. 不要把考官看得过于神秘

并非所有的考官都是经验丰富的专业人士，他们可能在陌生人面前也会紧张，认识到这一点，你就不会对考官产生畏惧了，精神也就自然放松下来。面试者往往接受多方的提问和目光的注视，这也是造成面试者紧张的客观原因。在面试过程中，考官可能交头接耳，小声议论，这是很正常的，不要把它当成精神负担。你可以想像他们的议论是对你的关注。面试中考官可能提示你回答问题的不足和错误，这时你没必要紧张，是事实就承认，不合事实可以委婉争辩。其实关键还要看你对问题的理解程度和自信程度。

第三节　面试的技巧与应答策略

面试时，我们的言行举止都会影响成功与否，那么在面试时哪些错误是不能犯的呢？又有哪些应对技巧呢？下面将介绍面试时的语言技巧，希望各位面试者能够掌握，以便找到理想的工作！

一、面试的语言技巧

（一）口头语言

1. 称呼恰当

称呼恰当，能使对方产生相容心理，感情就较融洽；称呼不当，可能会招致对方的不满或反感。例如，对工厂、企业的同志，你可以称呼其"师傅"、"老师傅"；对事业单位的知识分子，可以称呼"老师"；对外企人员可以称呼"先生"、"小姐"、"女士"；对党政机关部门人员可以称呼"同志"或者其职务，如"××科长"、"××局长"等。千万不要大呼小叫别人的名字。

2. 语言文明

语言文明在一定意义上表现了一个人的文化教养。大学毕业生面试技巧，用语文明与礼节性语言尤为重要，对语言的操作要认真细致，不要将自己不文明的口头语带出来，那样会使场面很尴尬。

3. 语气得体

问话应朴实、简洁，不要过多提问，以免使面试人产生厌烦情绪；不要说一些不着边际的话，让用人单位产生厌恶的感觉，如"最……"、"非我不可"等，会显得应试者不成熟、幼稚。

4．语言表达要清晰，不要啰唆

话不在多而在精，回答问题应该简单明了，不要喋喋不休，让面试现场成为你自己的演讲论坛。语言上应有选择，不要兜售自己的学识，一张嘴就是专业术语，好像除了自己谁都不知道是什么意思，给人一种故弄玄虚的感觉。问答时，最好不要用方言、土语，以免使对方在理解上感到困难。

(二)肢体语言

1．面部表情

应聘者应积极地控制自己的面部表情，用得体的微笑向面试官传达自己的热情、积极、友善和尊重。事实证明，微笑是传达自信、友好的最好方式，并且这种微笑只需要维持4~5秒钟。通过微笑，应聘者的自信和友好也会感染面试官，且使对方不自觉地亲切起来。

2．身体动作

面试过程中用得最多的头部动作便是点头。不断地点头为的是表示自己在注意倾听，并听懂了对方的意思。不过要注意的是，应聘者对面试官的话不住地点头，会让面试官认为对方不耐烦，或有话要说，所以也要注意点头的场合及次数。面试中，不可仰头靠在座位背上或低着头注视地面或是东张西望；身体不可前仰后仰，或歪向一侧；双手不应有多余的动作；更不要把两腿直伸开去，或反复不断地抖动；面试时不要嚼口香糖或抽烟。这些都是缺乏教养和傲慢的表现。

手势语是最重要的肢体动作。和面试官握手时要等面试官的手伸过来之后才能握住它。握手时态度要坚定，要保证整个手臂呈90度，双眼要直视对方，有力但不用太使劲地摇两下，然后把手自然地放下。手势不要太多，太多会分散面试官的注意力。

在应聘的过程中，总会遇到一些难缠的问题，令人一时不知如何招架。当然这些问题并没有标准答案，胜出的关键是既"投其所好"，又诚信而本色地展示自己。面试过程中，面试官会向应聘者发问，而应聘者的回答将成为面试官考虑是否接受他的重要依据。对应聘者而言，了解这些问题背后的真实意图至关重要。

下面对面试中经常出现的一些典型问题进行了整理，并给出相应的回答思路和参考答案。我们可以从这些分析中"悟"出面试的规律及回答问题的思维方式，做到活学活用。

二、面试中常见问题的回答策略

1．请你做一下自我介绍

这道题90%以上的用人单位都会问，面试者事先最好以文字的形式写好背熟。其实面试者的基本情况用人单位已经掌握，考这道题的目的是考核面试者的语言表达能力、逻辑能力以及诚信度。所以面试者自我介绍的内容要与个人简历相一致，表述方式上尽量采用口语，注意内容简洁，切中要害，不谈无关、无用的内容，条理要清晰，层次要分明。自我介绍不能超过2分钟，最好把握在1分钟左右。

2．谈谈你的家庭情况

此类问题70%的用人单位都会涉及，面试者应简单地介绍家人，一般只需介绍父母，如果亲属和应聘的行业有关系也可介绍。回答时要注意强调温馨和睦的家庭氛围，父母对自己教育方面的重视，各位家庭成员的良好状况，以及家庭成员对自己工作的支持和自己对家庭的责任感。

3. 谈谈你的业余爱好或你参加过什么业余活动

合资企业、民企乐于问这道题，因为企业主要想通过此题了解面试者的性格是否开朗，是否具有团队精神，所以面试者千万不要说自己没有业余爱好，也不要说自己有哪些庸俗的、令人感觉不好的爱好。谈爱好时最好不要说自己仅限于读书、听音乐、上网等一个人做的事，这样可能会令面试官怀疑应聘者性格孤僻，最好能有一些如篮球、羽毛球等在户外和大家一起做的"乐群性"业余爱好来"点缀"自己的形象，突出面试者的乐群性和协作能力。

4. 你对薪水的期望是多少

小心有关薪酬的问题，不要过早地提出自己的薪酬要求，以免落入陷阱。过高或过低的薪酬要求都可能使你得不到那份工作。你可以询问这个工作的薪酬范围，尽量推迟讨论有关薪酬的问题，直到你对这份工作的职责范围有了充分的了解。

5. 你最崇拜谁

这是近两年用人单位爱考的一道题。面试者回答时，不宜说自己谁都不崇拜，或者说崇拜自己，也最好不要说崇拜一个虚幻的、或者不知名的人，更不能崇拜一个明显具有负面形象的人。面试者所崇拜的人最好与自己所应聘的工作能搭上关系，说明自己所崇拜的人的哪些品质、哪些思想感染着自己、鼓舞着自己。你心目中的英雄是谁？最好的答案是你的朋友或者家人，尽量避免说及名人。

6. 你是应届毕业生，缺乏经验，如何能胜任这项工作

此题的回答应体现出面试者的诚恳、机智、果敢及敬业。国家工信部网络营销学院就业专家陈老师指出，对此可回答"作为应届毕业生，在工作经验方面的确会有所欠缺，因此在读书期间我一直利用各种机会在这个行业里做兼职。我也发现，实际工作远比书本知识丰富、复杂。但我有较强的责任心、适应能力和学习能力，而且比较勤奋，所以在兼职中均能圆满完成各项工作，从中获取的经验也令我受益匪浅。请贵公司放心，学校所学及兼职的工作经验使我一定能胜任这个职位。"

7. 什么是你最大的弱点，或谈谈你的缺点

当考官问到你的缺点时，面试者不能说自己没缺点，也不能把那些明显的优点说成缺点，更不能挑严重影响所应聘工作的缺点，或者说令人不放心、不舒服的缺点。可以说出一些对于所应聘工作"无关紧要"的缺点，甚至是一些表面上看是缺点，从工作的角度看却是优点的缺点。绝对不要自作聪明地回答"我最大的缺点是过于追求完美"，有的人以为这样回答会显得自己比较出色，但事实上，他已经岌岌可危了。

8. 为什么愿意为我单位工作或你为什么选择我们公司

考官问到这个问题时，就试图从此题中了解面试者求职的动机、愿望以及对此项工作的态度，面试者最好不要说太多待遇好等问题，建议从行业、企业和岗位三个角度来回答。可以说"我十分看好贵公司所在的行业，我认为贵公司十分重视人才，而且这项工作很适合我，我相信自己一定能做好。"

9. 谈一谈你的一次失败经历

不宜说自己没有失败的经历，不宜把那些明显的成功说成是失败，不宜说出严重影响所应聘工作的失败经历，宜说明失败之前自己曾信心百倍、尽心尽力，仅仅是由于外在客观原

第八章 面试口才

因导致失败,但失败后自己很快振作起来,以更加饱满的热情面对以后的工作。

10. 如果我录用你,你将怎样开展工作

这是一道陷阱题,如果应聘者对于应聘的职位缺乏足够的了解,最好不要直接说出自己开展工作的具体办法,以免引起不良的效果。面试者可以尝试采用迂回战术来回答,如"首先听取领导的指示和要求,然后就有关情况进行了解和熟悉,接下来制订一份近期的工作计划并报领导批准,最后根据计划开展工作。"

11. 对这项工作,你有哪些可预见的困难

不宜直接说出具体的困难,否则可能令对方怀疑应聘者不行,可以尝试迂回战术,说出应聘者对困难所持有的态度——工作中出现一些困难是正常的,也是难免的,但是只要有坚韧不拔的毅力、良好的合作精神以及事前周密而充分的准备,任何困难都是可以克服的。

12. 你希望与什么样的上级共事

"你希望与什么样的上级共事?"通过面试者对上级的"希望"可以判断出面试者对自我要求的意识,这既是一个陷阱,又是一次机会。面试者要好好把握这个机会,最好回避对上级具体的希望,多谈对自己的要求,如"作为刚步入社会的新人,我应该多要求自己尽快熟悉环境、适应环境,而不应该对环境提出什么要求,只要能发挥我的专长就可以了。"

13. 你的座右铭是什么

通过提问座右铭用人单位可以判断面试者是否具有发展前途。面试者不要说那些易引起不好联想的座右铭,也不应说那些太抽象的座右铭,更不宜说太长的座右铭。座右铭最好能反映出自己某种优秀品质,或者和本专业、本行业相关的一句话,如"只为成功找方法,不为失败找借口"。

14. 你在前一家公司的离职原因是什么

最重要的是应聘者要使招聘单位相信,自己在过往的单位的离职原因在此家招聘单位是不存在的。避免把离职原因说得太详细、太具体,不能掺杂主观的负面感受,如"太辛苦"、"人际关系复杂"、"管理太混乱"、"公司不重视人才"等,但也不能躲闪、回避,如"想换换环境"、"个人原因"等。不能涉及自己负面的人格特征,如不诚实、懒惰、缺乏责任感、不随和等。应尽量使解释的理由为应聘者个人形象添彩。

15. 与上级意见不一致,你将怎么办

一般可以这样回答:"我会给上级以必要的解释和提醒,在这种情况下,我会服从上级的意见。"如果面试你的是总经理,而你所应聘的职位另有一位经理,且这位经理当时不在场,可以这样回答:"对于非原则性问题,我会服从上级的意见,对于涉及公司利益的重大问题,我希望能向更高层领导反映。"

16. 我们为什么要录用你

应聘者最好站在招聘单位的角度来回答。招聘单位一般会录用这样的应聘者:基本符合条件、对这份工作感兴趣、有足够的信心,所以不妨回答"我符合贵公司的招聘条件,凭我目前掌握的技能、高度的责任感和良好的适应能力及学习能力,完全能胜任这份工作。我十分希望能为贵公司服务,如果贵公司给我这个机会,我一定能成为贵公司的一员干将!"

17. 你对我们公司有什么想法和问题

这可体现出你对公司前景的关注,切忌回答"都很好,没什么想法。"一定要提问。例如,"有,我想知道我接受何种培训?"许多招聘者在面试快要结束的时候,常常会提这样的问题,

如果你用"没有什么问题"来回答,是很不明智的表现。记住,首先,你所提出的问题都应该与你即将获得的这份工作有关,表现出你对它的兴趣,千万不要询问薪金、福利等。其次,言多必失,为慎重起见,不要问太多的问题,一般控制在两个以内。

18. 你怎么评价前一位老板

正确的回答只有一种:说好话。即使你很想借此机会好好痛骂一顿那个让你无法忍受的前老板,但也千万不要这么做。不要攻击以前的老板,即使他是一个笨蛋或一无是处,你也不应该过分批评他,否则可能会使你前功尽弃。如果实在说不出好话,就给一些中肯的评价,提一下他的长处和不足。

19. 你以前的老板怎么评价你

最好的答案是突出你和以前老板的关系很融洽。你可以说自己能够遵从指挥、具备团队精神、获得可测的成果,同时主动开发特殊的项目,令以前的老板对你赞许有加。记住,要强调自己与前老板关系融洽,即使你们关系不好,也不必提及任何不愉快的经历。

20. 你认为自己在未来 5 年中会做些什么

多数人连下周都没计划好,更何况几年以后的事了。但这是招聘者最喜欢提的问题之一,所以最好做足准备。利用这个机会向对方承诺,自己愿意与公司共同成长,将自己的职业发展和对老板的忠诚结合起来效果最好,如"我认为人人都不大可能很肯定自己在 5 年后会成就什么,但我会告诉你自己的愿望。近期我希望完全投身这一行,从最基础的学起,除此以外我的目标是伴随公司一起成长,为公司的成功贡献力量。"

21. 有想过创业吗

这个问题可以显示你的冲劲,但如果你的回答是"有"的话,千万小心,下一个问题可能就是"那么为什么你不这样做呢?"一般的公司或企业不喜欢创业型的人,面试官会担心你将来可能跳槽,没有一个单位愿意把你培养成才,最后你却另立门户,成为他的竞争对手;或者带走他的一些客户,被挖了墙脚。任何单位都喜欢忠心效命的员工。

22. 一旦你被录取,何时能来上班

大多数单位对这一点很关心,你应该回答"马上就能上班",这种回答是最理想的。如果实在出于某种原因,毕业论文还未完成或者还未辞去上一份工作,不能马上就职,一定要做进一步说明。总之,他们所需要的,是你坚决的态度和肯定的回答。

23. 你为什么过去频频变换工作

要预先做好准备,诚恳自信地解释这个问题,要让主考官意识到你过去每换一次工作都是经过认真考虑的,都是明明白白的,都是着眼于自身的事业生涯发展的,而非随波逐流,或是因为自身的工作态度或工作能力原因被人"炒鱿鱼"。最重要的是令主考官相信你这次变换工作是经过慎重考虑的,是真有意想在本单位长期干下去。

回答思路:①诚实地承认过去的经历,即使你在简历上跳过了一些公司,背景调查也会让你无所遁形;②表决心。表示你已经了解频繁跳槽的害处,并为此付出了代价,所以你不会再继续下去;③说明频繁跳槽的经历给自己带来的其他收获,如获得了多种工作经验;确定了职业目标,应聘的职位正与职业目标相符合。

24. 你为什么会有几年职业空白期

面试官的考虑是这段空白期对你的业务技能造成多少影响?你是否可以很快进入工作状态?当前职位对于空白时间长短的最大容度是多少?你是否适合这个职位?这段空白是否会

影响你对职业目标的确认？你是否能够在这个岗位上保持稳定性？

问题分析：如果简历上有空白期，那一定逃不过面试官的询问，不过面试官关心的并不是你在这几年里干了什么，而是经过这段空白期，你是否还能适应当前的工作。这个问题较多出现在生育后花费相当长时间照顾孩子的女性身上，面试官担心的是你是否能解决孩子与工作的矛盾，你所要做的就是解除面试官的疑惑，让他对你产生信心。不需要过多解释为什么会有空白期，也不必过多陈述空白期时自己干了些什么，除非这对你当前应聘的职位有益。

回答思路：①确认自己的优势。这些优势正好可以满足当前应聘的岗位，如在空白期里你参加了一次与应聘职位有关的培训；②明确自己已经有了思想准备和具体方法措施。比如这几年时间你在照顾孩子，那么你应该有孩子和工作的平衡方案；③从另一方面说明这段职业空白对你相当宝贵，你利用这段时间对自己的职业和人生进行思考，能够对自己更负责，也能够作出更为成熟的决定。

25. 你认为家庭和事业之间存在不可调和的矛盾吗

这是女性面试中的尴尬问题。虽然劳动法有专项条例保护女性，但在求职过程中的性别歧视却是个长期存在的遗留问题，面试中经常会有女性求职者被问及一些尴尬问题，公司这种做法当然有欠妥当，面试官当然也不够专业，但既然问题已无法回避，那不如坦然面对。

隐含问题：当工作和生活出现矛盾时，你如何解决？

问题分析：其实不论男性还是女性，家庭与工作的矛盾都是同时存在的，只是受传统意识影响，认为女性应该更倾向于偏重家庭一方，导致在面试时女性不得不经常面对这样的提问。但是，必须注意的是，企业并不愿意听到你"工作至上，完全不顾家庭"的回答，对于企业来说，既希望你以事业为重，也希望你拥有一个幸福美满的家庭。"后院不失火"，才会使人无后顾之忧，集中精力干工作。

回答思路：经过上面的分析，你可以明白这样的问题并不难回答。在答案中应该体现出三个关键点：①工作和生活之间确实存在矛盾，但并不是不能解决的；②无论是工作还是家庭，都可以体现出你的价值；③当工作和生活出现矛盾时，你有具体的处理方案，当然，大部分情况下，你会以工作为重。

26. 你结婚了吗，最近打算要孩子吗

隐含问题：你是否马上要休婚假或产假？你是否婚后无法将精力集中在工作上？

问题分析：除了工作和生活无法平衡外，提这样的问题企业更多的是出于成本的考虑。因为婚假和产假相对时间较长，在这段时间里企业等于是白白养着你，所以自然要考虑招收你进公司是否合算。然而这种做法其实是很不规范的，如果面试官当真在面试中流露出这样的态度，希望应聘者对于是否选择这家公司多加衡量。

回答思路：①尽量避免直接回答；②提及无论是婚姻还是孩子其实都有助于工作的稳定性；③如果你觉得面试官真正想知道的是后一个隐含问题，那可以告诉他当生活与工作出现矛盾时，你会有具体的处理方案，当然，多数情况下你会以工作为重。

27. 这个职位会遇到一些特殊情况，你能胜任吗

隐含问题：女销售员有时候会遇到客户提出非分要求，你能处理吗？

问题分析：这也是一个大家口头不说，但对于某些行业、某些岗位普遍存在共识的问题。有时候，这可能是压力面试的一种，面试官想要考查当你面临不利情况时的承受和应变能力。以销售为例，销售看业绩吃饭，事实上企业关心的是你是否能完成业绩，而不是你用什

么样的方式促成交易。

回答思路：①避免直接说"能"或者"不能"；②模糊回答，表示自己的专业性和能力足够完成任务；③表示自己能够处理特殊情况——这并不意味着你会答应客户的无理要求。

当然，不同的求职面试碰到的具体情况不同，言谈应对也就没有一套固定的格式。关键是面试中求职者的答问在尊重事实的前提下，必须讲求策略性。

三、求职面试时话题禁忌

求职面试时，有些话题是不应该谈的，谈了可能会影响求职的成功几率，下面罗列了一些忌谈的话题，希望可以给面试者以参考、借鉴。

1. 机密性或私密性话题

例如，以前雇主产权性机密资料，不仅不该露，甚至都不能提及一字，否则会让面试官认为你这个人不值得信任；再比如最近离婚的"惊悚"细节，即使这一切属实，提到这个话题也会显得你这个人不够谨慎。

2. 带有偏见和歧视性话题

政治话题和宗教话题不要谈；内心的性别或种族偏见不要谈。你或许以为面试官与你志同道合而大说特说，其实这样不啻是自掘坟墓，职场里不容许性别和种族歧视存在。谈到你刚搬离某地区的天气或交通，或任何风土人情，你把它们批评得体无完肤，你也许碰巧批评的是面试官的家乡，而面试官又正巧深感怀乡之情，结果会得不偿失。

3. 个人偏好类的话题

例如，你如何地厌恶数学、科学或其他特别学科，虽然表面上看来似乎与此职位无关，但公司主管阶层也许正巧期望员工擅长数理。即使只凭这一点就反对你很不合理性，但是也无可厚非。当然，守时就是很安全的话题，譬如说你这个人十分准时，对老爱迟到的人感到很头痛。

4. 涉嫌吹捧和贿赂面试官的话题

面试者不要将面试官赞美得天花乱坠，即使你诚心佩服其人，在这种情况下，你的赞美也可能遭到误解。当然，你可以这样说："与您面晤是愉快的，谢谢您。"不要有为面试官取得某物或某种特殊商品的提议。例如，"我能为你买到某种商品的批发价"，这或许是事实，或换个场景会表现出你待人的热忱，但是在面试时则显得格格不入，而且会有你在贿赂面试官之嫌。

5. 透露力有未逮之处

例如，由于家里的原因，你无法同意下午5点以后留下来加班，这时你就没有必要主动自暴其短。这条策略当然也有例外，如果雇主明言员工必须同意偶尔留下来加班，而且这是该职位的先决条件，你就一定得实话实说。请记住：某些状况临场会有变化，要自行斟酌；如果到时候公司对你提出某种特殊要求，说不定你的状况已有改变。

6. 故意抬高身价的话题

不要吹嘘自己，自吹自擂，尤其不要借别人来抬高自己，如老提大人物名号以自抬身价。例如，你前任老板是个室内设计师，你曾协助她装潢某位名人的宅邸，名人的排场和派头其实并不值得你大肆炫耀。假使你真的与某些社交名流为友，留心别造成你在吹嘘自己的印象。

7. 陷入漫天闲谈或无话题可谈

回答完问题或作完一段评论,要就此中止,等待下文。话点到为止,喋喋不休徒然无益,不要漫无焦点地闲扯。谈话偶尔会陷于沉默,为了化解冷场的情况,你脑中浮现的念头不可随意脱口而出,务必三思而后言。

【复习思考】
1. 简述面试的作用和特点。
2. 简述面试前的准备内容。
3. 假设你要去某企业应聘行政秘书,你将如何准备一段简短的自我介绍?全班同学分组进行自我介绍,时间2分钟,同学互评。
4. 讨论一下,下面面试情景中的应答是否合理,如果你是应聘者会如何应对?

情景1:
主考官:我觉得你太乖、太听话了,恐怕不适合这个职位。要知道,我们经常会遇到一些很难缠的客户。
回答:再难缠的客户也要讲道理,我觉得这跟个性无关。再说,乖巧也是优点吧。

情景2:
主考官:你的学历很高,为什么愿意屈就这个工作呢?
回答:目前我没有更好的学习机会,而贵公司在业界声誉不错,学习机会也多。

情景3:
主考官:你今天为什么不穿西装?
回答:我昨天本想买一套西装,但路上发现两套很好的书,于是花掉了准备买西装的钱。

情景4:
主考官:你对最近流行的事物好像知道得不多?
回答:我只知道流行歌手和演员。

第九章 竞聘口才

第一节 竞聘的基本知识

所谓竞聘演讲,就是指参加面试的竞聘者为了竞争某一职位,在某一特定场合,面对特定观众,分别就自我的竞争条件、施政目标以及对未来工作的构想进行阐述,由此而展开的演讲。

一、竞聘演讲的意义

竞聘演讲这种选拔人才的方法,适应了社会发展的需求,尤其适应了用人制度、干部制度的改革。各单位实行竞聘,不拘一格地选拔人才,根据工作单位发展的具体情况,做出能够满足进一步开展工作需求的选择。

另外,公平、公开竞争,既是民主的体现,又激励了竞聘者的主观积极性,使竞聘者在竞争中最大限度地展示自身良好的精神面貌、扎实的工作基础和灵活的应变能力。

从某种程度上来讲,参与竞聘的人员的整体水平,也是竞聘单位工作水平的体现。一个高效、务实、廉洁的工作团队,对其工作人员的选拔也必定是严格的。在竞聘时,经过层层把关、慎重决策,选择最适合本单位的工作人员、领导者和管理者,也是关系到本单位未来发展的重要工作之一。竞聘的成功与否,直接与本单位今后的发展甚至生存有着密切的联系。

二、竞聘演讲的特征

1. 演讲目标指向的明确性

竞聘演讲是一种目的性非常明确的演讲,竞聘者要向评审人员阐述自己的基本情况,突出自身竞争优势,并且阐释自己竞聘成功以后对该职位工作的基本计划、施政方针以及解决工作问题的具体措施方案。所有这些都是为了在竞争中脱颖而出,获得评审人员的认可,最终赢得竞聘岗位。

因此,竞聘演讲的总体内容都是围绕着竞聘者所要争取的岗位而展开的,所有材料和语言的组织都紧紧围绕着这一目标。从翔实的材料到充分的阐释,整个过程都是为最终竞聘成功而服务的。竞聘者通过调查研究,提出具有针对性的建议和解决工作问题的措施,要求具有一定程度的创新性和实效性。

2. 演讲内容的竞争性

竞聘演讲的最突出特点,就是激烈的竞争性。在竞聘演讲中,竞聘者最应该下功夫的地方就是阐述施政纲领的部分。所谓施政纲领,即竞聘者设想在竞聘成功以后即将实现的工作目标以及为了实现这一工作目标即将采取的一系列措施。

对施政纲领的阐释,要确保方案具有足够的竞争性,既要切合实际,又要对工作单位具有吸引力,能够让评审人员感受到竞聘者的措施具有新意和可行性,从而使竞聘者在激烈的竞争中,能凭借雄厚的实力、丰富的工作经验以及解决竞聘单位亟待解决之问题的能力,从众多的竞争者中脱颖而出,受到竞聘单位的认可和任用。

值得注意的是,在竞聘演讲中,竞聘者不必过度谦虚。在竞聘过程中,竞聘者就是要以自信的面貌摆出自己的竞聘条件,充分展现竞聘者的政治素质、业务能力、管理水平、才识、魄力以及实践能力,展示竞聘者所具备的竞争实力。

3．演讲模式的稳定性

竞聘演讲不像即兴演讲那么自由随意。在竞聘演讲中,演讲内容和顺序已经基本确定。竞聘演讲一般包括以下几方面的内容:

第一,介绍本人基本情况,其中包括:姓名、年龄、学历、资历、工作业绩、曾获奖项等;

第二,简要陈述本人参加竞聘的原因和目的。

第三,简要陈述自己参加竞聘所具有的资格以及适合该职位的各方面条件,其中包括政治素质、业务能力、管理水平以及才识魄力等。

第四,阐述竞聘成功以后,对今后工作的设想和施政纲领。其中包括对本单位现状的整体把握和清醒认识,对竞聘职位展开改进工作的具体措施,以及指出目前该工作岗位所存在的管理问题,并提出自己的解决方案等内容。

最后,表明自己的信心和决心。

4．演讲语言的准确性和真实性

竞聘演讲语言的准确性和真实性主要有两层含义:

一是要求竞聘者在演讲中陈述的工作经历、引用的事实材料要真实准确,在阐释工作措施、方案时引用的数据或者调查情况等内容要做到实事求是,确保材料的准确无误。

二是指竞聘者在竞聘演讲中,在表达主观看法时要把握分寸,切忌不切实际、夸大其词,给考官留下浮夸、开"空头支票"的不良印象。

因此,要想在竞聘演讲的过程中给考官留下良好的印象,就要注意语言的准确和材料的真实,给人留下态度认真、严谨稳重的好印象。

第二节　竞聘演讲的评价要素

一、演讲者的形象

(一)端庄的仪容

所谓仪容,是指人的容貌。参加竞聘演讲,竞聘者首先要注意的是自己的仪容,它包括竞聘者的面容、头发、手、皮肤等方面。

在参加竞聘演讲之前,竞聘者应该注意以下几个方面:

1．保持头发的清洁、整齐、无异味,并且务必保持合乎规定的发型

女士长发最好扎起或者盘起来,男士最好打理一下头发,确保前额的头发不会遮住眼睛,鬓角的头发不会盖住耳朵。竞聘领导岗位,不宜染发。另外,男士在竞聘之前要刮干净

胡须，否则容易给考官留下邋遢的印象。

2. 确保肤色自然，健康光泽

女士在参加竞聘前可以化淡妆，恰到好处地修饰一下面颊，这样使女士看上去健康和精神焕发。女士的妆容要以清新淡雅为宜，不要浓妆艳抹或者香气扑鼻，更不可以给人以妖艳轻浮之感。

3. 注意手部清洁

参加竞聘之前，应该将手指甲全部剪短，保持手部清洁，可适当涂抹护手霜，切忌指甲里残存污垢，最好不要涂指甲油。

(二)合适的着装

竞聘者的着装是彰显竞聘者形象的重中之重，应予以重视。服装必须要能够衬托出竞聘者的气质、体型、个性与品位，展现竞聘者良好的精神面貌。在着装方面，竞聘者应该注意以下几点：

1. 选择较高品质的服装

男士应穿质地优良、剪裁精细的西装，款式以稳重的西装套装为宜，外套的颜色以单色的黑色、灰色、藏青色为佳，里面搭配长袖衬衫，领带最好选择真丝质地的，体现出优雅简洁的气度。女士的着装要以美观大方、简洁素雅的裙装或者套装为宜，应选择品质优良的正装，颜色以深色、灰色为宜，给人沉着稳重的感觉。当然，也可根据竞聘职位的不同，对服装的颜色做出适当的调整。比如谋求公关、秘书职位的女士可以穿一些较为鲜艳的颜色，例如红色能够彰显友好外向的性格，具有较强的感染力。值得注意的是，衣着切忌过分花哨或者过分保守，要避免过分严肃的剪裁以及过于花哨的图案，也不要穿运动装、牛仔装、T恤衫，更不要穿透明的薄纱裙或者吊带服装。

2. 饰品的佩戴恰到好处

女士佩戴首饰要以简洁、大方为原则。男士则应避免佩戴任何毫无装饰作用的配饰，切忌一些女性化的配饰。在面试时，除了佩戴手表、领带、别针以外，一般无需再添加其他饰物。在参加竞聘时，过多的饰品会给听众留下拖沓、繁琐的不良印象。如果一身珠光宝气，会使竞聘者显得过于招摇，不能专心于自己的工作。因此，竞聘者应该慎重地选择。

3. 鞋子与着装整体协调

鞋子在颜色和款式上要注意保持与服装相配，不要穿鞋面过长的高跟鞋。女士选择中跟鞋最为适宜，男士则应选择质地优良的皮鞋。值得注意的细节是，男士的袜子颜色要与皮鞋一致或者相近。女士可选择肉色丝袜，穿前要仔细检查袜子有无破损，为保险起见应另外准备一双备用，以免脱丝影响整体形象。

4. 对镜整理自己的服饰

面对镜子，检查领带是否端正，扣子、鞋带是否系好，检查拉链，看看服装是否干净整洁。检查妥当之后，再以饱满的精神面貌去参加竞聘演讲。

(三)恰当的姿态

所谓竞聘者的姿态，主要是指竞聘者的步姿、站姿、坐姿和演讲时的表情。姿态可以表现出一个人的修养和风度，考官通常通过观察竞聘者的姿态来对竞聘者做出评价。因此，竞聘者应注意以下几点：

第一,在竞聘演讲的过程中,竞聘者的步姿能够反映出其精神状态。为了赢得考官对竞聘者的最佳印象,竞聘者在行走时要保持上身挺直,抬头挺胸,步幅适中,双臂自然摆动,眼睛正视前方。这种姿态,给人以庄重、礼貌的印象。

第二,在竞聘演讲的过程中,竞聘者演讲时的站姿应是双腿站直,挺胸,保持背部直挺,双手自然下垂,双目平视前方。这样的站姿,给人以自信的印象。不过,在演讲过程中不必一直保持这种站立的姿势,可以适当走动,并且配合肢体动作,这样将更显自然。

第三,在竞聘演讲的过程中,竞聘者如需入座,则可保持如下坐姿:身子坐直,双肩自然打开,上身略微前倾,仔细聆听考官的问题并与其进行眼神交流,切忌摇头晃脑、跷二郎腿、抖腿和双臂交叉抱合。

(四)其他注意事项

在参加竞聘时,竞聘者还应提前10~15分钟到达面试地点,要有时间观念,切忌迟到。进入房间之前,要先敲门,在经过允许之后,再轻轻推门进入室内,并且随手轻轻关上门。进入会场之后,要主动向考官以及在座人员问好。听到邀请入座以后才入座,入座要轻缓。在面试或者交谈的过程中,不要打断考官的话,要耐心听完对方的话之后再做回答或者提出疑问。

在面试结束后,要向考官致以谢意;在主考人员示意可以离开后,方可告辞离开。

二、演讲者的能力

(一)稳重的处世风格

竞聘领导岗位的竞聘者,要展现出自己的竞聘优势,首先就要让评委认可竞聘者具有成熟稳重的气质,令台下的每一位听众都感受到他参加竞聘是经过深思熟虑的,而非一时兴起。因此,竞聘者应该表现出成熟稳重的处世风格。

在整个竞聘的过程中,竞聘者应该尽量通过自己的语言、行为举止彰显自己在业务水平、组织管理能力、处理人际关系等方面的优势,既要充分展示自己的竞争实力,又要给评委以踏实稳重的印象,让评委从竞聘者的演讲中了解到竞聘者是以事实说话,其每一项措施都是经过严谨的论证和充分的思考的,而不是在台上夸夸其谈。竞聘者要做到既才华横溢,又谦和诚恳。

(二)丰富的实践经验

对竞聘成功最强有力的支撑,就是竞聘者所具有的丰富的工作经验。工作经验的丰富与否以及业绩的取得,直接关系着评委判断竞聘者能否胜任该项工作。因此,在竞聘过程中,竞聘者一定要条理清晰地将自己曾经有过的工作经验以及在工作期间曾经取得的重大成绩一一列举。

竞聘者在发表演说的过程中,应该注意结合竞聘职位的需求,适当突出那些与自己所竞聘职位相关的工作经验,也可以结合一些具体事例来阐述自己妥善处理和解决问题的能力。值得注意的是,关于工作经验的陈述一定要遵循真实的原则,绝对不可以捏造工作经验。在竞聘的过程中,考官在必要的时候会提出某个专业方面的问题,试探竞聘者是否真的有相关的经验,进而判断竞聘者的经验是否真实可信。因此,对于工作经验和工作成绩的阐述,一定要以诚信为本,不能捏造或者夸大。

（三）新颖的工作构想

竞聘演讲中最重要的部分，就是竞聘者对其竞聘成功以后将要实现的工作目标和解决目前应聘单位存在的问题所采取的一系列措施。需要指出的是，对竞聘岗位的调查工作应尽量充分详尽。在参加竞聘之前，要尽可能多地搜集所竞聘岗位的信息，最基本的材料是获得一份该单位的竞聘实施方案，然后可以就该单位的历史、定位、优势、竞争对手和发展前景等方面进行调查和分析。

竞聘者要在经过一系列的调查、研究之后，经过客观的分析和深入的思考，以评委们所关注的热点、难点作为切入点，提出自己具有建设性和可行性的应对措施，并且列举一系列科学的解决问题的工作方案。如果竞聘者的工作构想的确能够解除该单位的"燃眉之急"，并具有一定程度的可行性，就很容易被该单位采纳，并且赢得评委的认可，取得竞聘的成功。

（四）卓越的领导才干

竞聘领导岗位的竞聘者，在竞聘演讲中更要有意识地展示自己卓越的领导才能。通过对过去工作经历的陈述，突出竞聘者在过去的工作中所具备的领导才能和组织协调能力。主要包括：

1. 准确的决策判断能力

说明自己在面临较为复杂的问题时，如何从全局的角度考虑并且进行决策的。

2. 较强的组织协调能力

作为领导职位的竞聘者，要以典型事例说明竞聘者本人在工作中是如何解决问题以及如何妥善处理矛盾冲突的；在组织内部是怎样协调内部矛盾的以及如何促进组织团结协作的。通过列举这些工作过程中的实际事例，展现竞聘者的组织协调能力，表明竞聘者具有一定的人格魅力和号召力，对于评委更全面地了解竞聘者、提高自己的竞聘竞争力有很大帮助。

三、演讲的内容

（一）开篇新颖

开篇主要简要介绍竞聘者的基本信息，主要包括姓名、年龄、学历、政治面貌、工作单位、职务、资历、业绩、曾获奖项等。作为竞聘演讲的开头，竞聘者要尽量简洁地说明自己的基本情况。要想给评委留下深刻印象，新颖的开篇必不可少。如果能够在演讲的起始部分就能表现出强烈的吸引力和号召力，那么你的竞聘演讲就已经成功了一半。例如，某位竞聘者的开篇说道：

拿破仑曾说，不想当将军的士兵不是好士兵。我虽然算不上是好士兵，但是也愿意谨遵巨人的教诲，当个好将军。因此，我决定登台亮相，毛遂自荐。

这位竞聘者的开场白豪爽直率，富有很强的自信心和气魄，对台下听众具有吸引力，形式新颖而且富有感召力。

值得注意的是，在自我介绍的过程中，竞聘者要适当把握分寸，措辞委婉，不要给听众留下浮夸、炫耀和趾高气扬的印象。同时，也不能一味地谦虚，以致在竞聘演讲中给听众留下竞争力较弱、工作能力不足和缺乏领导才能的印象，最终错失竞聘良机。因此，在竞聘演讲中，自我介绍既要客观自信地向听众展示自己的工作能力、业务水平以及组织协调能力，又要注意措辞委婉和把握分寸，避免给听众留下狂妄自大的印象。

（二）目的明确

简要陈述参加竞聘的原因和目的，以便让竞聘单位了解竞聘者的竞争动力。通常在阐述竞聘理由时，竞聘者要表现自己的工作热情以及积极进取的精神面貌。

在阐述自己参加竞聘的理由时，要注意以下几个方面：

1. 竞聘的动机一定要正确

参与竞争某一工作岗位的竞聘者，都对自己即将从事的这份工作充满了热情和向往。因此，在阐述竞聘原因时可以适当表达自己的工作热情，但切忌在竞聘中谈及一些不利的竞聘理由，比如对目前的工作环境充满抱怨，和领导和同事发生过矛盾冲突，或者由个人原因造成某些无可挽回的损失等，这些负面原因会有损考官对竞聘者的印象，在竞聘时不应作为竞聘理由提起。

2. 竞聘的目的一定要对竞聘单位具有吸引力

对于组织竞聘的单位来说，组织竞聘就是为了选拔出更优秀的人才。通过选拔出的这些人才为进一步开展本单位的工作，进而解决本单位管理上存在的问题和解决日常工作中的难题做准备。因此，竞聘演讲最终的目的就是要赢得他所竞聘的工作岗位，就要切中该单位中所竞聘职位的需求。在竞聘目的的阐述中，如果能够引起竞聘单位的注意，通过竞聘者的调查研究，解决该单位的燃眉之急，一定会为竞聘加分。

（三）优势明显

陈述自己的竞聘资格和具备的条件，主要阐述竞聘者的政治素质、业务能力、学习能力、管理水平以及才识魄力等。竞聘者可以结合自己过去工作过程中遇到的具体工作情景进行说明，结合具体事例来凸显本人的竞争优势。

竞聘者在阐述自己的竞聘条件时，要有针对性。在准备演讲辞之前，最好先仔细研究一下自己所要竞聘的职位需要具备哪些条件，然后根据工作岗位需要，将自身所具备的条件以及工作经历与该竞聘单位的某一岗位的具体需求一一对应，通过具体事实来证明竞聘者本人具备竞聘这一职位的条件。

（四）措施得力

阐述工作的设想和施政纲领是竞聘演讲中最重要的内容，也是竞聘演讲中具有决定性作用的一部分，这部分主要包括竞聘者对本单位现状的整体把握和清醒认识。这部分的演讲材料，主要建立在竞聘者在竞聘前对竞聘单位情况的了解基础之上。围绕听众所关注的热点、难点或者主要问题，竞聘者要能够针对竞聘岗位提出工作目标、具体工作步骤和措施。所提出的改进工作的具体方案和措施，应力求客观性、可行性和科学性的统一，切忌不结合实际情况，盲目自信和信口开河。

例如某位参加竞聘政治处宣教科科长的演讲者，就是这样阐述他的工作设想和施政纲领的：

力争在两年内使全院宣教工作在全市名列前茅；利用自己曾经当过理论教员和秘书的优势，报道先进事迹，提高全院的知名度；总结业务经验，提高干部的理论水平。

从这位竞聘者的演讲中可以了解他的竞争优势，即他所具有的扎实的文字功底和理论水平，丰富的工作经验和切实可行的工作方案，这能够使这名竞聘者赢得主考官和听众的一致认可。

(五)结尾精彩

一份优秀的演讲辞,应该"善始善终",要有新颖的开篇、充实的内容以及精彩的结尾。一般来说,竞聘演讲的结尾部分主要说明竞聘者对竞聘的信心和决心,表明自己的愿望和请求,并发出号召,希望赢得评委和听众的支持,最后致以诚挚的谢意。

精彩的收尾能够为竞聘者加分,既能够打动人心,也可以给听众留下回味的余地,由此加深听众对竞聘者的印象。

例如,某位竞聘村委会主任、刚从管理学院毕业的小伙子在演讲结束时这样说:

我虽然没有当干部的经验,但我有为官一任、造福一村的热情。如果选我当村委会主任,我保证两年之内实现以上规划,让咱村改变面貌。说到做到,如不兑现,我甘愿下台受罚!不仅我这一百多斤要交给大家,我还要把我家的楼房和几万元存折都押上!

这位竞聘者有力度的竞聘演讲结束语,以其真挚诚恳深深感动了乡亲们,为自己的竞聘演讲增添了强有力的尾声,最终取得了竞聘的成功。

另外,在竞聘结束时,一般要礼貌地向听众致以谢意。表达谢意的语言要诚挚、发自肺腑,如果仅仅停留在"客套"的层面上,感谢的效果就比较淡薄。因此,竞聘演讲结束之前,表达谢意也是有一定的技巧的。在此,我们列举一名竞聘者的致谢辞以供参考:

今天天气这么冷,大家还来捧场,在此我非常感谢各位的支持。无论我竞聘是否成功,我都要向各位领导、评委和在座的各位朋友们表示深深的谢意!(说完向各位观众深深鞠一躬)

不难看出,这位竞聘者的致谢辞,句句真诚恳切。因此,在他的演讲结束时,赢得了台下观众的热烈掌声。

第三节 竞聘答问的语言技巧

在竞聘者发表过竞聘演讲之后,考官一般会根据竞聘者的演讲内容进行提问,要求竞聘者作答。在此阶段,竞聘者的语言表达能力是至关重要的。

因此,对于参加竞聘演讲的人来说,善于把握和运用语言的技巧,借此良机,充分发挥口才优势,实现竞聘者与考官之间的有效沟通,对于竞聘的成败至关重要。在提问阶段,主考官提出的问题具有灵活性和随机性。

一般而言,竞聘者在竞聘答问时需要掌握的语言技巧有以下几点:

一、正反比较法

所谓正反比较法,即通过将同一事物从正反两方面进行比较、对照,或者将两件不同的事物进行对比,从中找出差异或者相似之处,经过比较分析,力图突出主旨或者事物的本质。在竞聘演讲中,竞聘者可以通过正反比较的方法,彰显自己对待工作的态度以及价值观。

例如,在竞聘面试中,当考官问起你对于单位内部竞争甚至攀比问题有何看法时,其中一名面试者就采取正反比较法做出了精彩的回答:

我认为竞争能更好地激发人的潜力。凡事有比较有参照,才能察觉自己与别人相比存在哪些差距。意识到差距,才能够更清楚地认识自己,明确努力的方向。然而,我对于"攀比"这件事也是有所选择的。坚持正确得当的攀比,不盲目攀比,也是需要智慧的。自从我参加工作以来，我一直坚持了"四比四不比"的原则，即不比先天条件比后天努力，不比运气好坏比扎实进取，不比胜负输赢比耐力意志，不比名利高下比成就实绩。而且，我认为，工作中有压力才有动力。

这位竞聘者在回答考官提出的问题时，就运用了正反对比法。通过一系列对比，突出了他对于竞争和攀比这两种现象的看法。通过对比两种截然相反的心态，该竞聘者巧妙地传达出了自己的看法，既没有咄咄逼人的说教，又婉转地展现了竞聘者本人的人格魅力。

正反对比法的优点，在于它能够通过一系列的分析和比较，揭示事物之间的差异，突出事物的本质特征。通过对比，能够更有力地彰显个人的价值取向。但在运用正反对比法的时候，对事例的选取以及表达观点时的措辞要慎重，以免给考官留下损人利己、落井下石和目中无人的不良印象。

二、留有余地法

留有余地法是指在答问过程中，说话要注意分寸，当提及比较敏感的话题时，要适当保留说话的余地，避免尴尬。这种方法，在阐述自我优缺点的部分使用频率较高。

在谈及自身优点的时候，既要注意将自己的优点与所竞聘的职位相结合，又要防止过多地罗列自己的优点，给考官留下自我炫耀的印象。另外，在谈及自身缺点的时候，也要留有余地。

在阐述自己优点的时候，最好能够举出一两个事例。在谈及缺点的时候，也要注意把握分寸，对于不利于竞聘的话题要尽量回避，巧妙地转移话题，或者避重就轻，谈一些在生活中可能是缺点但在工作中又可能成为优点的话题。如一名竞聘者在谈及自己缺点时这样回答：

我一旦工作起来就什么都不顾。

这表明该竞聘者的工作热情极高，对待工作认真负责，而且能够专注于工作。另一名竞聘者回答说：

在单位里，大家公认我能够很好地和同事合作，这无疑是个优点，但是反过来看，这也意味着我特别需要别人的帮助，这说明我不太善于独立展开工作，现在我意识到了这个缺点，正在努力地提高自己独立工作的能力。

从以上两个例子我们可以看出，在竞聘演讲中要注意给自己保留一定的余地，对缺点的阐述要点到为止，当然，在竞聘过程中还是要尽可能多地展现竞聘者优秀的一面，谨防过度批评或者过度夸耀。

值得注意的是，在竞聘者发表演讲的过程中适当转移话题，也是给自己保留余地的一个重要的技巧。当竞聘者察觉到考官表现出疲倦或者对演讲内容不感兴趣的时候，就应该在恰当的时刻停止这一话题，转到下一个能够引起主考官注意力的话题。当谈话内容基本结束、出现冷场的现象时，竞聘者应当主动提出自己的意见发表完毕，并礼貌地提示考官下一问题是什么，或者询问考官的意见。

在竞聘过程中，当谈及需要避讳的话题时，也可以适当地转移话题，给自己保留余地。例如，考官要求竞聘者回答为什么要离开目前的工作岗位？如果曾经与当前的同事或者领导发生冲突，应该如何处理？这一类问题的时候，竞聘者可以首先说明自己仍然很喜欢目前的工作和同事，然后说明自己参加竞聘的理由，即希望在新的工作岗位上更好地发挥自己的职能，获取更多的锻炼机会。在论及工作中出现的矛盾、冲突时，一定要避免把自己说成一个受害者或者替罪羊，在竞聘的时候向考官抱怨是最不明智的行为。对待这样比较尴尬的话题，竞聘者可以表现出宽容的态度。在谈论这一类问题时，也可以说明矛盾是如何被化解的。

三、委婉迂回法

所谓委婉迂回法，即在竞聘演讲中使用的语声要委婉、谦和。

在竞聘演讲这种充满竞争性、火药味的演讲中，演讲者要适度地展示自己的竞争实力，但过分渲染自己的工作实力也不妥当。一旦令听众产生某种反感情绪，就会对竞聘者十分不利。因此，在竞聘演讲中，当竞聘者在阐述自己曾经取得的工作成绩时，一定要注意措辞委婉。例如，一位反贪局侦查科的干警在谈及自己的工作成绩时说：

在这里，我不想把在检察院17年来所获得的地区优秀侦察员等一大堆荣誉一一罗列，也不想大谈在反贪局工作8年来查办大案30余起、追缴赃款400多万元的骄人业绩，因为成绩属于大家，荣誉代表过去。

这位竞聘者在陈述他的工作业绩的时候，很自然地引出了自己的优势，又表现出了谦虚的态度，能够给听众留下良好的印象。

另外，在竞聘的过程中，考官也会提出一些较有难度的问题来考察竞聘者的应变能力以及综合素质。在回答一些富有挑战性的突发问题时，要想急中生智，首先要做到能够以沉稳平和的心态应答，同时要表现出竞聘者的直率和坦诚。对于较难应付的问题，要使用委婉的话语，避开可能引发争议的关节点，恰到好处地回答考官的问题。例如，当被主考官问及"你能胜任这个职位吗？"这样具有挑战性和质疑性的问题时，竞聘者应该意识到主考官提出这样具有挑战性的问题，其目的主要是想考察其心理承受能力和应变能力。因此，竞聘者在回答问题时要表现出自信，要保持语调平稳冷静，回答问题条理清晰，切忌因一时紧张而语无伦次。

当然，参加竞聘演讲的语言艺术，除了运用正反比较法、留有余地法和委婉迂回法以外，竞聘者还可以根据自身的实际工作情况以及竞选要求，发挥自己的创新能力，创造出更为精彩的演讲词。总之，参加竞聘就要对自己充满自信。

第四节 领导干部竞聘面试的方法

所谓竞聘，是一种选拔人才的方式，是竞聘者根据自身情况参加某一职位的竞争，在特定的场合，面对特定的听众，阐述自己的竞争优势，以及被聘用以后对工作的设想和打算，经过公开竞选，以最终赢得该职位或岗位为目的的竞争应聘过程。这一选拔人才的方法，目前正普遍应用于我国各领域的干部选拔中。

领导干部竞聘面试的方法，目前主要有面谈法、问答法、演讲法、角色扮演法、无领导小组讨论法和公文筐等方法。

一、面谈法

1. 面谈法的概念

面谈法就是由考官与竞聘者进行当面交谈和对话。双方经过一段时间的交流，由考官对竞聘者的各方面素质做出综合评价的面试方法。

2. 面谈法的过程

面谈法一般都是由该单位的主管人员,或者从事某行业研究的专家,单独与竞聘者进行对话。在面试过程中,气氛比较轻松、自然,形式上较为自由,面谈时间没有严格限制,问题也没有制定出严格量化的标准答案和计分标准。在面谈的整个过程中,考官可以根据不同应试者的具体情况,充分发挥主观能动性,即时提出具有针对性的问题。同样,在面谈的过程中,竞聘者也可以在适当的时机引出相关的话题,双方进行对话。

3. 面谈法的优劣

面谈法的优点在于具有灵活性、简便性和互动性,它能够贴近单位的需求,充分了解应试者各方面的具体情况,在充分了解之后选拔出能够满足本单位需求的领导和管理人才。这种面试方法,比较适用于高层领导人员的选拔。但是,面谈法只适用于面试者数量较少的情况。此外,面谈时考官对各位面试者提出的问题,大多根据不同人员的具体情况而定,提出的问题的难易程度不尽一致,随意性较大,较易出现不公平的现象。

二、问答法

1. 问答法的概念

问答法是目前领导干部竞聘面试最常用的面试方法。采取这种面试方法的单位,要在面试之前准备好难易程度相当的面试题目,并且制定出标准答案作为评分参考。

2. 问答法的过程

在问答面试过程中,首先由考官向竞聘者提出问题,然后由面试者对考官提出的问题进行回答。在每个问题回答完毕以后,各位考官就面试者的作答内容以及临场发挥和表现情况,按照面试题目给出的标准答案进行评分,去掉给出分数中的最高分和最低分,再计算平均分,最后汇总,形成这一环节的面试成绩。

3. 问答法的优劣

问答法的优点在于能够在较短的时间内,对面试者的独立思考能力和应变能力有效地进行测试;面试内容明确、形式规范;便于考官对竞聘面试进行量化、标准化操作;面试成绩也具有较高的客观性和准确性;比较适用于同一来源、同一层次的竞聘者。

问答法的局限性在于,这种面试方法只能考察面试者的思维能力和语言表达能力,而对于竞聘者实践能力的考察略显不足。另外,面试者在面试中所说的与其实际工作中的表现不一定相互吻合,容易出现"说一套,做一套"和"纸上谈兵"的状况。

三、演讲法

1. 演讲法的概念

演讲法即面试者为谋取工作职位,在面试过程中通过有声语言、肢体语言向听众发表演讲,通过演讲介绍自己,表达演讲者的意愿、观点,从而达到信息交流和赢得听众支持的面试方法。

2. 演讲法的过程

竞聘演讲与一般的演讲区别在于,其演讲的内容已经形成了基本模式和规则。即在竞聘演讲中,首先,介绍竞聘者的基本情况,其中包括姓名、学历、资历、业绩、曾获奖励和业务能力等方面的基本情况;其次,简单陈述参与竞聘的原因;再次,阐述自己能够胜任该职务的条件（包括政治素质、政策水平、管理能力、业务水平等）；第四，提出今后工作的设想，指出竞聘职位目前所存在的问题并提出解决问题的方案；最后可表明自己的信心和决心，并向台下的观众致以诚挚的谢意。

3. 演讲法的优劣

演讲法的优点在于它能够给面试者充分展示自我的空间，在短时间内有效地进行信息交流和沟通。考官可以根据面试者的演讲内容，随机提出问题并要求面试者回答。能够使双方交流信息量扩大，在演讲的过程中招聘者能够通过全面观察演讲者的言行举止，考察其应变能力。通过竞聘演讲，可以实现公平公开地竞争。竞聘者所提出的解决问题的措施和方案，有助于本单位工作的改进和管理水平的提升。

但是，这种面试方法片面强调了竞聘者的语言表达能力，对于面试者的实际工作能力的考察略有欠缺。在竞聘面试中，演讲法如果能与角色扮演法、笔试和面谈等方法相互结合来对竞聘者进行测试，效果更佳。

四、角色扮演法

1. 角色扮演法的概念

角色扮演法是通过特定场景、特定角色、特定工作内容以及观察竞聘者在实际工作情境中如何处理各项事务，通过模拟真实的工作情境来综合考察竞聘者在实际工作中的业务水平、应变能力和组织协调能力。

2. 角色扮演法的过程

在面试之前向竞聘者交代清楚各位竞聘者所处的模拟情境及其应该扮演的某一特定角色，要求面试者在这种特定条件下去处理某些工作事务。竞聘者要在规定的时间内按时完成工作任务，或者解决问题和矛盾。例如，要求竞聘者接待来访、主持会议、汇报工作或者处理公文等。

角色扮演法的整个面试过程包括仔细观察并记录竞聘者的行为，整理观察结果并根据评分标准进行打分；由各考官在信息汇总之后整理出测评报告；在此之后，经过考官的初步讨论，结合面试的内容、评分标准以及考官对竞聘者行为的观察和评价，重新打分；在各考官重新打分之后，确定竞聘者的要素得分，最后填写评分表。

3. 角色扮演法的优劣

角色扮演法的优点在于它能够较为真实地反映竞聘者的工作能力。角色扮演法具有以上几种面试方法所不具备的灵活性和真实性。在模拟的工作情境当中，竞聘者的工作能力和素质潜能能较为充分地体现出来。通过角色扮演的面试方法，能够选拔出实际工作能力较强、具有扎实的业务基础和良好的沟通应变能力的人才。这种面试方法，比较适用于一些实际操作性较强的职位。但是，角色扮演法的局限性在于它不能对面试者的理论水平和文化素养做出全面的考察和评价。

五、无领导小组讨论

（一）无领导小组讨论的概念

无领导小组讨论就是将若干名竞聘者分为一组，形成一个临时的工作小组，令其就某一问题，或者就某项工作，发表见解并作出决策的面试方法。

(二)无领导小组讨论的过程

无领导小组讨论面试的过程主要包括:

1. 审题

首先让面试者了解讨论题目,经过初步思考和分析,列出发言提纲。

2. 分别阐述

小组成员分别发表自己对问题的看法,分别阐明自己的观点,分别提出自己解决问题的措施、方案。

3. 统一意见

在小组成员发表了各自的想法之后,小组成员共同进行讨论,综合小组成员的观点,最终达成一致意见。

在小组讨论中,应该注意发言观点鲜明,层次分明,条理清晰。在表达过程中,发言者要能够突出重点,论据充分,逻辑结构严密,注意将理论与实践相结合,所提出的措施方案要切实可行。

(三)无领导小组讨论的优劣

无领导小组讨论的优点在于它能够在小组讨论的过程中,使竞聘者拥有平等的机会展示自我个性;可以考察竞聘者的团队精神,发掘竞聘者所具有的领导才能、凝聚力和组织协调能力。无领导小组讨论的局限性在于对测试题目的要求比较高,对测试题目的切入角度以及难度的把握需要投入较多的精力;测评时,对考官的要求也比较高,考官应该具有较高的评分技术,能够敏锐地观察到各位竞聘者的表现并作出准确客观的判断和评价。

六、公文筐

1. 公文筐的概念

公文筐测试又称文件筐测试或文件处理测试,它是对竞聘者进行的一种情景模拟测试。

2. 公文筐的过程

竞聘者被置于某种模拟环境或者某一职位上,首先由主考方向竞聘者提供一些需要处理的文件,要求竞聘者从中抽取一份文件,在规定的时间和有限的条件下,妥善地处理这些文件;最后竞聘者要以口头或者书面形式说明他对文件采取的处理方式,并说明采取这种行动的依据和理由。

3. 公文筐的优劣

公文筐测试的优点在于它能够考查竞聘者对于文件的处理能力,考察竞聘者能否准确分析和把握文件的主要精神,能否妥善贯彻落实工作和解决问题。这种面试方式具有高度的真实性和综合性,其处理的文件涉及范围广泛,可以涉及人事、财务、日常管理、公共关系等工作内容。因此,公文筐测试能够对竞聘者的综合管理能力进行全面的测评。

公文筐测试的局限性在于这种测试方法对于测试时所选用的文件要经过一段时间的斟酌和筛选。另外,这种测试方式对考官的评分水平也有相当高的要求,它要求考官熟悉、了解每份文件的主要内容,考官要对每份文件的基本处理方法有一定的看法,并且能够公正客观地对竞聘者的处理方式进行评价。

【复习思考】

1. 名词解释:(1)面谈法;(2)无领导小组讨论;(3)公文筐。
2. 简述竞聘演讲的意义。
3. 简述竞聘演讲的特征。
4. 竞聘演讲者应该具备哪些能力?
5. 竞聘演讲包括哪些主要内容?
6. 竞聘答问的语言技巧有哪些?

第十章 职场口才

第一节 职场的基本知识

在工作中,同事之间产生矛盾是很正常的事情,关键就在于如何进行沟通。俗话说:"一句话能说得让人跳,一句话也能说得让人笑。"同样的话语,表达方式不同,造成的后果也大不一样。

一、职场交流的原则

(一)找准立场

在与同事交谈时,要注意倾听对方的谈话,并给予适当的反馈。在表达自己的想法时,应该尽量采用低调、迂回的方式,这样会起到减少分歧、说明观点、不伤关系的作用。特别是当自己的观点与其他同事有冲突时,要充分考虑到对方的权威性,充分尊重他人的意见。同时,表达自己的观点时也不要过于强调自我,应该更多地站在对方的立场考虑问题。

(二)顺应风格

不同的企业文化、不同的管理制度、不同的业务部门,沟通风格也会有所不同。要注意观察团队中同事之间的沟通风格,留心大家表达观点的方式。假如大家都是开诚布公,你也可以有话直说;倘若大家都喜欢含蓄委婉,你也要注意一下说话的方式。总之,要尽量采取大家习惯和认可的方式,避免特立独行,招来非议。

(三)注意分寸

办公室里有的话该说,有的话不该说,而在可以说的范围内,还要继续把握说多少的分寸。

1. 乱开玩笑

幽默是好口才的表现之一,说话风趣的人在哪里都受欢迎。但因此就毫无节制,有可能会招致他人反感。热衷于开玩笑的人在办公室内一定要把握开玩笑的度,否则这个优点可能会给自己带来麻烦。要避免说低级、庸俗的荤段子,避免开异性的玩笑。

2. 批评责备

在进入新单位的初期,不可对公司的任何一个人指手画脚,更不可当面批评和责备他人。若万一遇上不可理喻的同事伤害到你的利益,可以婉言相劝,请他注意自己的言行,不要触及到你的底线。

3. 自我炫耀

再有能耐的人,在职场生涯中也应该小心谨慎,因为强中自有强中手,说不定别人比你更有炫耀的资本。如果总是喜欢在办公室里炫耀，肯定会招致同事的嫉妒。长此以往，对自己的发展只能产生负面影响。说话最关键的是要得体，不卑不亢的说话态度，优雅的肢体语言，活泼俏皮的幽默，这些都属于语言的艺术。当然，拥有一分自信更重要，而懂得语言的艺术，恰恰能够帮助你更加自信。娴熟地使用语言艺术，能让你的职场生涯更成功！

二、办公室四大禁忌话题

职场中说话要谨慎，不能随便乱说话，但不等于不说话，一定要分场合说应该说的话。谈公司里的事情最好在比较适合、公开的场所，比如部门主管征询意见时，如果不说就不妥；或者开讨论会时，该发言就不能保持沉默，经常不说话上司会以为你没主意。但是在私底下要避免过多闲话，这样可以省去很多不必要的麻烦。办公室里容易滋生闲话。工作间歇，大家很愿意找些话题来放松一会儿，为了不让闲聊入侵私人领域，最好有意围绕新闻、热点、影视作品谈天，避开个人问题，这样不但放得开而且无害。办公室空间虽小，但流言蜚语却此起彼伏，对人的危害不可小觑。如何在办公室里保护好自己，实在是当务之急。办公室常见的禁忌话题主要涉及以下几方面。

1. **家庭财产类话题**

家庭财产之类的私人秘密不宜为别人知道。不分享这类话题并不是说你不坦率，坦率是要分人和分事的，没有不分原则的坦率，什么该说什么不该说，心里必须有谱。就算你刚刚新买了别墅或利用假期去欧洲玩了一趟，也没必要拿到办公室来炫耀。有些快乐，分享的圈子越小越好。被人妒忌的滋味并不好，因为容易招人算计。相应的对策是无论露富还是哭穷，在办公室里都显得做作，与其讨人嫌，不如知趣一点，不该说的话不说。做个"含蓄"的人，无论富贵有余，还是穷苦不足，都不要向别人显露。

2. **薪水奖金类话题**

避免敏感话题，不要去探究别人的年终奖金之类的问题，这类话题一般人都不喜欢告诉别人。很多公司不喜欢职员之间打听薪水，因为同事之间工资往往有不小的差别，所以发薪时老板有意单线联系，不公开数额，并叮嘱不让他人知道。且有的公司可能同工不同酬，这有时也是上司奖优罚劣的一种手段，但它具有两面性，使用不好，就容易促发员工之间的矛盾，而且最终会将矛头直接指向上司，这当然是他所不想见的，所以对"包打听"之类的人总是格外防备。如果你碰上这样的同事，最好早做打算，当他把话题往工资上引时，你要尽早打断他，说公司有纪律不谈薪水；如果不幸他语速很快，没等你拦住就把话说了，也不要紧，用外交辞令冷处理，如说"对不起，我不想谈这个问题。"有了初次的拒绝，类似事情就不会再发生了。

3. **私人生活类话题**

私人生活不太适宜在办公室谈。无论职员是失恋还是热恋，都不要把情绪带到工作中来，更不要将故事带入办公场所。办公室里同事之间经常闲谈，说起来畅快，不看对象，事后往往产生懊悔的情绪，但已是覆水难收。不能把所有的同事都当做知己，因为职场是竞技场，彼此间有密切的利害关系，每个人都可能成为你的竞争对手，即便是合作很好的搭档，也可能突然变脸。对于私生活，更应该保有隐私权，不要让老板认为你是一个控制不了自己情绪的人。

4. 个人职场雄心类话题

野心勃勃的话会对你有什么威胁？在办公室里大谈人生理想显然滑稽，打工就安心打工，雄心壮志回去和家人、朋友说。在公司里，要是你没事整天念叨"我要当老板，自己置办产业"，很容易被老板当成敌人，或被同事看做异己。如果你说"在公司我的水平至少够当副总"或者"35岁时我必须干到部门经理"，那你很容易把自己放在同事的对立面上。雄心大志要藏好，大张旗鼓地告诉所有人你要谋取某一职位，这无异于向同僚、乃至你的上司宣战，小心"壮志未酬身先死"。野心人人都有，但位子有限，你公开自己的进取心，就等于公开向公司里的同僚挑战。僧多粥少，树大招风，何苦被人处处提防，被同事或上司看成威胁呢！因此，做人要低姿态一点，这也是自我保护的好方法。你的价值体现在做多少事上，在该表现时表现，能人能在做大事上，而不在大话上。

第二节 与上下级沟通的艺术

一、与领导沟通的技巧

与上级领导沟通，在管理过程中是非常重要的，它会将上级的命令很好地传达到下级，也会将下级的一些建议和想法传递给上级，且也能使平级协作得非常好。凡是在管理过程中形成一个通畅、沟通的渠道，管理问题就不会产生。管理出现问题，很多时候是因为沟通不畅引起的。上司毕竟不像一般同事，所以与领导相处更应该注意，平时说话交谈、汇报情况时，都要多加小心，特别是一些让领导不快的话，就更要注意分寸。与领导实现良好沟通的技巧有以下几点。

1. 说话要注意分寸

说话有尺度，交往讲分寸，办事讲策略，行为有节制，别人就很容易接纳你，帮助你，尊重你，满足你的愿望。因此要想获得社会认同、上司赏识，就应该掌握最恰当的说话尺度和适宜的办事分寸。作为下属，要想得到领导的信赖，嘴上说话一定要有个把门的，一定不要嫌领导动作太慢。不经意地说"太晚了！"意思是嫌领导动作太慢，以至于快要误事了。在领导听来，肯定有"干吗不早点"的责备意味，这样的话在平时说来无所谓，但在下属与上司共事时说就有失分寸了。

2. 忌讳说让领导下不了台的话

让领导下不来台的话不要说。领导分配工作任务下来，而下级却说"不好办"，这会让领导很没面子，一方面说明你在推卸责任，另一方面也显得领导没远见，让领导下不了台。

3. 不说领导该说的话

对领导说"您真让我感动！"其实，"感动"一词是领导对下级的用法，例如，"你们工作认真负责，不怕吃苦，我很感动！"而晚辈对长辈或下级对上级用"感动"一词就不太恰当了。尊重领导，应该说"佩服"，如"经理，我们都很佩服您的果断！"这样才算恰当。

4. 不说类似"无所谓"的话

该说则说，不该说的千万别说。对领导说"我不清楚。"、"不行拉倒，没关系！"这类话是对领导的不尊重，缺少敬意。退一步来讲，也是说话不讲究方式、方法的表现。

无所谓的话尽量要少说。对上级的问题回答"无所谓"、"都行"说明对领导提出的问题根本没怎么在意，同时既显得对领导不够尊重，也有推卸自己责任的嫌疑。

赵刚是一个十分谨慎的人，平时不爱说话，只知道踏踏实实埋头工作，一年内为研究所搞出两项科研成果。为此，研究所所长非常欣赏他，就有意提拔他为副所长。可是，每一次所长把自己的意思告诉赵刚时，赵刚总是客气地说："我不行，我真的不行，您别为难我了。"这样经过三次后，所长再也不找赵刚谈话了，把另一个在能力上不如赵刚的研究员提拔为副所长。其实，赵刚并不是不想当副所长，人都有渴望名利的欲望，可是，由于他过度的客气，机会就与他失之交臂了。

过度客气可能会招致误解。和领导说话应该小心谨慎，顾全大体，但顾虑过多则适得其反，容易遭受误解。因此应该善于察言观色，以平常心去应对，习惯成自然，对这类情况就可以应付自如了。如果想克服胆小怕事的心态，有时越是谨慎小心，反而越容易出错，会被上司误认为没有魄力，不值得重用。

说话要有技巧，沟通要有艺术；良好的表达方式可以助你事业成功，良性的沟通可以改变你的人生。在与上司交流时，要注意管好自己的嘴，用好自己的嘴，要知道什么话应该说，什么话不应该讲。不知道所忌，就会造成失败；不知道所宜，就会造成停滞。

二、与领导谈话常用句型

1. 句型1：我们似乎碰到一些状况

以最婉约的方式传递坏消息。如果立刻冲到上司的办公室里报告坏消息，就算不干你的事，也只会让上司质疑你处理危机的能力。此时，你应该以不带情绪起伏的声调，从容不迫地说出本句型，要让上司觉得事情并非无法解决，而听起来又像是你将与上司站在同一阵线，并肩作战。

2. 句型2：我马上处理

领导布置任务处理一些事情，作为下属要冷静、迅速地做出这样的回答，这会令上司直觉地认为你是名有效率的好部属；相反，犹豫不决的态度只会惹得责任本就繁重的上司不快。它的妙处在于在上司传唤时你表现得责无旁贷。

3. 句型3：某某的主意真不错

比如阿齐想出了一条连上司都赞赏的绝妙好计，而你恨不得你的脑筋动得比人家快。与其拉长脸孔，暗自不悦，不如偷沾他的光，给予真诚的赞美，这样会让上司觉得你富有团队精神，因而另眼看待。这样说的妙处是可表现出团队精神，且能够说服同事帮忙。有件棘手的工作，你无法独立完成，怎么开口才能让那个擅长此项工作的同事心甘情愿地助你一臂之力呢？送高帽。而那位好心人为了不负自己在这方面的名声，通常会答应你的请求。

4. 句型4：让我再认真地想一想，×时以前给你答复好吗

上司问了你某个与业务有关的问题，而你不知该如何作答，千万不可以说不知道。本句型不仅可暂时为你解困，也会让上司认为你在这件事情上很用心。不过，事后可得做足功课，按时交出你的答复。这样回答的妙处在于能够巧妙闪避你不知道的事。

5. 句型5：我很想知道你对某件事情的看法

当你与高层要人共处一室的时候，这是一个让你赢得青睐的绝佳时机。但说些什么好呢？此时，最恰当的莫过于一个跟公司前景有关，而又发人深省的话题。在他滔滔不绝地诉

说心得的时候,你不仅获益良多,也会让他对你的求知上进心刮目相看。这样说的妙处在于可恰如其分地讨好上司。

三、得罪上司后的几种应对策略

领导发现你的错误时,不要把责任推到别人身上,也不要同别的员工比较。一般来说,一位好的领导在批评你之前肯定已经做过详细的调查并清楚了责任原因,除非你是真有冤屈,否则不要把工作中的失误都推到别人身上,因为绝大多数工作是需要协作和互相支持才能够完成的,你在协作工作过程中可能也有错误。如果你是领导,那错误和责任就更大,因为领导就是协调团队工作的。不管谁是谁非,"得罪"上司无论从哪个角度来说都不是件好事,只要你没想调离或辞职,就不可陷入僵局,以下几种对策可为你留有回旋的余地。

1. 不要寄希望于别人的理解

无论何种原因"得罪"上司,我们往往会向同事诉说苦衷。如果失误在上司,同事对此不好表态,也不愿介入你与上司的争执,又怎能安慰你?假如是你自己造成的,他们也不忍心再说你的不是,往你的伤口上撒盐,但居心不良的人会添枝加叶后反馈回上司那里,加深你与上司之间的裂痕。所以最好的办法是自己清醒地理清问题的症结,找出合适的解决方式,使自己与上司的关系重新有一个良好的开始。

2. 找个合适的机会沟通

消除你与上司之间的隔阂是很有必要的,最好自己主动伸出"橄榄枝"。如果是你错了,你就要有认错的勇气,找出造成自己与上司分歧的症结,向上司作解释,表明自己在以后会以此为鉴,希望继续得到上司的关心。假如是上司的原因,在较为宽松的时候,可以婉转的方式把自己的想法与对方沟通一下,也可以自己的一时冲动或是方式还欠周到等原因无伤大雅地请求上司的谅解,这样既可达到相互沟通的目的,又可以为其提供一个体面的台阶下,有益于恢复你与上司之间的良好关系。

3. 坦率承认自身的疏失

犯错在所难免,勇于承认自己的过失非常重要,不过这并不表示你就得因此对每个人道歉,诀窍在于别让所有的矛头都指到自己身上,坦诚却淡化你的过失,转移众人的焦点,但不引起上司不满。领导如果批评你,也不要说谁谁也犯了同样的错,你怎么不去批评他之类的话。在工作中人人都需要自律,要看周围同事的长处,并努力学习先进者,而不能拿别人的缺点或失误来和自己比较。因为每个同事所遇到的情况都不同,也许有些你看到的缺点是情有可原的并且领导知情的,即使他真的有错误,也该由领导来指出,而不是由你指手画脚。

4. 利用一些轻松的场合表示对他的尊重

即使是开明的上司也很注重自己的权威,都希望得到下属的尊重,所以当你与上司冲突后,最好让不愉快成为过去,你不妨在一些轻松的场合,如会餐、联谊活动时,向上司问个好,敬杯酒,表示你对对方的尊重,上司自会记在心里,排除或是淡化对你的敌意,这同时也向人们展示了你的修养与风度。

四、与下级沟通的技巧

作为一名部门主管,除了要为部门的经营策略、业务数量、客户关系等问题殚精竭虑,还需要关注怎样处理好与部下的关系。能否建立一个关系融洽、积极进取的团队,很大程度上取决于领导者是否善于与部下进行沟通,取决于领导者是否善于运用沟通技巧。松下幸之助的管理思想里倾听和沟通占有重要的地位,他经常问下属:"说说看,你对这件事是怎么考虑的?"他还经常到工厂里去走走,一方面便于发现问题,另一方面有利于听取工人的意见和建议。可见,掌握与下属员工沟通的技巧和艺术,对领导者有着举足轻重的意义。

(一)正确传达命令意图

命令是主管对部下特定行动的要求或禁止,其目的是要让部下照自己的意图完成特定的行为或工作。命令也是一种沟通,只是命令带有组织阶层上的职权关系,它隐含着强制性,会让部下有被压抑的感觉。若主管经常用直接命令的方式要求员工做好这个,完成那个,也许部门看起来非常有效率,但是工作品质一定无法提升。因为直接命令剥夺了部下自我支配的原则,压抑了部下的创造性思考和积极负责的心理,同时也让部下失去了参与决策的机会。命令虽然有缺点,但要确保部下能朝组织确定的方向与计划执行,命令是绝对必要的,那么领导者要如何使用自己的命令权呢?下达命令时应该考虑下列几点:下达命令时,要正确地传达命令,不要经常变更命令;不要下一些自己都不知道原由的命令;不要下一些过于抽象的命令,让部下无法掌握命令的目标;不要为了证明自己的权威而下命令。

(二)如何使部下积极接受命令

如何提升部下积极接受命令的意愿呢?领导者可用提升部下意愿的沟通方式替代大部分的命令。对"命令"的含义我们应该打破固有的窠臼,不要陷入"命令——服从"的固有认知。命令应该是主管让部下正确了解其意图,并让部下容易接受及愿意去执行。

或许你会说,主管有职位的权力,不管部下是否有意愿,他都必须要执行。的确,部下慑于主管的职权,因此必须要执行其命令,但有意愿下的执行和没意愿下的执行,其执行的结果会有很大差异。有意愿的部下,会尽全力把命令的工作做好;没意愿的部下,心里只想能应付过去就好。要提升部下执行命令的意愿,必须注意下列5个传达命令的技巧。

1. 态度和善,用词礼貌

作为一名主管,在与下属沟通的时候可能会忘记使用一些礼貌用语,如"小张,进来一下","小李,把文件送去复印一下"。这样的用语会让下属有一种被呼来唤去的感觉,觉得缺少对他们起码的尊重。因此,为了改善和下属的关系,使他们感觉自己更受尊重,不妨使用一些礼貌用语,例如,"小张,请你进来一下""小李,麻烦你把文件送去复印一下。"要记住,一位受人尊敬的主管,首先应该是一位懂得尊重别人的主管。

2. 让部下明白这件工作的重要性

下达命令之后,告诉部下这件工作的重要性,例如,"小王,这次项目投标是否能成功,将决定我们公司今年在总公司的业绩排名,对公司来说至关重要。希望你能竭尽全力争取成功。"通过告诉部下这份工作的重要性,以激发部下的成就感,让他觉得"我的领导很信任我,把这样重要的工作交给了我,我一定要努力才不负众望。"

3. 给部下更大的自主权

一旦决定让部下负责某一项工作,就应该尽可能地给他更大的自主权,让他可以根据工作的性质和要求,更好地发挥个人的创造力。例如,"这次展示会交由你负责,关于展示主题、地点、时间、预算等请你作出一个详细的策划,下个星期你选一天我们要听取你的汇报。"还应该让部下取得必要的信息,例如,"财务部门我已经协调好了,他们会提供一些必要的报表。"

4. 共同探讨状况、提出对策

即使命令已经下达，下属也已经明白了他的工作重点所在，你也已经相应地进行了授权，也切不可就此不再过问事情的进展，尤其当下属遇到问题和困难，希望你协助解决时，更不可以说"不是已经交给你去办了吗？"应该意识到，他之所以是你的下属，就是因为他的阅历、经验可能还不如你，那么这时候你应该和下属一起共同分析问题、探讨状况，尽快提出一个解决方案。例如，"我们都了解了目前的状况是这样的，我们来讨论一下该怎么做。"

5. 让部下提出疑问

可询问部下有什么问题及意见，例如，"小王，关于这个投标方案，你还有什么意见和建议吗？"你可采纳部下好的意见，并称赞他。例如，"关于这点，你的意见很好，就照你的意见去做。"

上述5个传达命令的沟通技巧能提升部下接受命令、执行命令的意愿，你的意图才能被部下积极地执行，你的部门才会被部下感觉到是一个开放、自由、受尊重的工作环境。

（三）以身示范，勇于担责

"站着指挥"不如"干着指挥"；凡是要求下属做到的，自己要先做到。做好主管，有时也要装不知，装不懂；要敢于承认错误、承担责任；要会激起争胜心；要正确引导竞争。当上司和下属同时在场时要记得及时表扬你的下属。批评人的时候一定要在只有你们两个人的情况下才能进行。

（四）尊重下属，不要只会责骂

作为领导，你的微笑要有魅力；赞赏要有一片真心；做下属的倾听者；要让人把话说完；积极鼓励下属把话说完；与下属说话时所许的诺，一定要兑现；记住下属的名字；不要以"尊卑"分亲疏；不能以关系分亲疏；不可以人情分亲疏；不凭观点分亲疏；要与下属保持适当的"距离"；求下属帮忙，给人一种自重感；时刻揣摩下属的不安心。花点学费，让属下去体会是值得的。很多领导不愿意犯任何错，也不愿意让下属做任何实验，这听起来很安全，但结果是下属也许会变成一个永远也没有前途的业务员。

（五）消除成见，人事分开

不能抱成见；对犯错误的下属给予帮助；对待下属，千万不可指责、咒骂；恨不止恨，爱能止恨；要见贤思齐；聪明的领导不会当面发怒；对事不对人；对事无情，对人要有情；做人第一，做事其次；不要以一时成败论英雄。

（六）多了解状况，做足功课

跟下属沟通时，如果你是"空降部队"，建议多学习、多了解、多询问、多做功课。多了解状况是一件非常重要的事情。真的不了解就回去做功课，把功课做好了，再把你的手下叫过来面对面地谈，这样你言之有物，人家才会心甘情愿听你的话，很多领导都说底下的人不听话，其实，他不想听是因为你说不出什么。

（七）提供方法，紧盯过程

与下属沟通，重要的是提供方法和紧盯过程，如果你做过业务，就告诉他合约是怎么签的；如果你管过仓库，就告诉他存货是怎么浪费的；如果你干过财务，就告诉他回款为什么常常有问题。

第三节　与同事沟通的技巧与禁忌

身为年轻白领，即使你不加班，一天也有8个小时和一班同事在一起。同事间人际关系紧张是人产生焦虑的主要因素之一。身为中层，你是否已经意识到，同事之间的平行关系通常比上下级之间的关系更为重要？横向沟通不良是人际关系不好的症状。有关研究表明，经理人有70%的时间用在沟通上，而管理中70%的错误却是由于不善于沟通造成的。

一个具有良好人品的人不一定拥有良好的人缘，但是，一个道德品质低下、人品低劣的人绝对不会拥有好人缘。物以类聚、人以群分，正常的人都不愿意与人品低下的人为伍。所以，人品好坏是人缘好坏的决定因素，当然，一个人除了有好的人品外，还必须掌握一些交际艺术，尤其是与同事相处的艺术。

一、与同事相处的基本原则

（一）"和为贵"原则

在中国的处世哲学中，中庸之道被奉为经典之道，中庸之道的精华之处就是以和为贵。同事作为你工作中的伙伴，难免有利益上的或其他方面的冲突，处理这些矛盾时，你第一个想到的解决方法应该是和解。毕竟，同处一个屋檐下，抬头不见低头见，如果让任何一个人破坏了你的心情，说不定将来吃亏的是你，而不是别人。与同事和睦相处，在上司眼中，你的分量将会又上一个台阶，因为人际关系的和谐处理不仅仅是一种生存的需要，更是工作上、生活上的需要。和谐的同事关系会让你和你周围同事的工作和生活都变得更简单、更有效率。要想拥有和谐的同事关系，还必须记住一句话："君子之交淡如水"。

大家在同一个公司里工作，个人的交情肯定是大不相同，远近亲疏自然是存在的。问题的关键就在于应该如何处理这远近亲疏的关系。处理不当可以说是一个团队瓦解分化的开端，最终就是导致整个团队瘫痪。为了避免这种事情发生，我们要做的就是控制好与同事之间的远近亲疏的关系。无论你与一个同事的关系是亲还是疏，这都是你们私人之间的关系，但这种关系是工作以外的关系，不应该对工作产生任何影响。

人与人之间的感情不容易控制。尽管你心里清楚"我一定不能把私人关系带到工作中来"，但是更多的时候，很多行为都是个人喜恶的自然流露，连你自己都感觉不到。控制好远近亲疏的程度，最好的办法莫过于"君子之交淡如水"。好朋友的形成和维持都是需要条件的，要成为好朋友除了情投意合外，还需要两个人之间不能存在明显的利益冲突。两个存在明显的利益冲突的人或存在显性的或是隐性的利益竞争的人，是很难成为好朋友的。即使是已经成为好朋友的两个人，在面临明显的利益冲突和竞争的时候，也常常会使感情陷入僵局。因为人本性是自私的，谁也逃脱不掉。

（二）尊重为本

在人际交往中，自己待人的态度往往决定了别人对自己的态度，因此，若想获取他人的好感和尊重，必须首先尊重他人。研究表明，每个人都有强烈的友爱和受尊敬的欲望。爱面子是人们的一大共性。在工作上，如果你不小心，很可能在不经意间说出令同事尴尬的话，表面上他也许只是脸面上有些过不去，但其心理可能已经受到严重的伤害。以后，对方也许就会因感到自尊受到了伤害而拒绝与你交往。一位哲人曾提出过这样的问题：将军和门卫谁摆架子？答案是门卫。因为将军有着雄厚的资本，他不需要架子作支撑。现实生活中也是如此，拥有优势的人常常胸襟大度，其自尊和面子充足，无须旁人再添加。而与你处于同一阶层甚至某方面不如你的人，很可能因为自卑而表现出极强的自尊，他仅有的一点儿颜面是需要你细心呵护的，如果你能以平等的姿态与人沟通，对方会觉得受到尊重，而对你产生好感。因此，要谨记，没有尊重就没有友谊。

1. 自觉保守同事的秘密

我们知道有关同事的秘密，无非有两个渠道，一个是这个人亲自告诉我们的，另一个是除他亲自告诉我们以外的一切途径。如果是别人亲自告诉我们的，我们无论如何都不能说出去，因为别人那么信赖我们，我们绝对不可以把别人的隐私随便地散布出去。虽然这些道理我们都很明白，但是有时候我们的嘴巴还是不经意的就走漏了风声。例如，和大家玩得高兴、玩得开心的时候，兴奋之下，就什么都忘记了，想起什么就说什么，反正大家都很高兴嘛！再比如，和谁闹了别扭，自己心里气不过，什么朋友交情、江湖道义，统统甩到一边去，我给你来一个大穿帮、大揭秘。这样的情况太有可能发生了。怎样才能避免呢？一个最好的办法是听过了别人的事情就干脆咽下去，烂到肚子里。一天烂不干净，就花两天的时间来烂掉它。总之，一句话，就是不能让嘴巴给自己惹祸。古人说"祸从口出"，在公司这种人际关系圈子里，这句话应该被每个人铭记。

2. 尽量避免与同事产生矛盾

同事与你在一个单位工作，几乎日日见面，彼此之间免不了会有各种各样鸡毛蒜皮的事情发生，各人的性格、脾气禀性、优点和缺点也暴露得比较明显，尤其每个人行为上的缺点和性格上的弱点暴露得多了，会引出各种各样的瓜葛、冲突。这种瓜葛和冲突有些是表面的，有些是内里的，有些是公开的，有些是隐蔽的。种种的不愉快交织在一起，便会引发各种矛盾。同事之间有了矛盾，虽然仍然可以来往，但最好避免和同事公开对立，包括公开提出反对意见，激烈的更不可取。

第一，任何同事之间的意见往往都是起源于一些具体的事件，而并不涉及个人的其他方面。事情过去之后，这种冲突和矛盾可能会由于人们思维的惯性而延续一段时间，但时间长了，就会逐渐淡忘。所以，不要因为过去的小意见而耿耿于怀，只要你大大方方，不把过去的事当一回事，对方也会以同样豁达的态度对待你。

第二，即使对方仍对你有一定的成见，也不妨碍你与他的交往。因为在同事之间的来往中，我们所追求的不是朋友之间的那种友谊和感情，而仅仅是工作。彼此之间有矛盾没关系，只求双方在工作中能合作就行了。由于工作本身涉及双方的共同利益，彼此间合作如何，事情成功与否，都与双方有关。如果对方是一个聪明人，他自然会想到这一点，这样，他也会努力与你合作；如果对方执迷不悟，你不妨在合作中或共事中向他点明这点，以利于相互之间的合作。

同事之间有了矛盾并不可怕，只要能够面对现实，积极采取措施去化解矛盾，关系仍会和好如初，甚至比以前更好。要化解同事之间的矛盾，应该采取主动态度，你不妨尝试着抛开过去的成见，更积极地对待这些人，至少要像对待其他人那样对待他们。一开始，他们会心存戒意，而且会认为这是个圈套而不予理会。耐心些，没有问题的，将过去的积怨平息的确是件费功夫的事儿,你要坚持善待他们,一点点地改进,过了一段时间后,你们之间的问题就如同阳光下的露水那样蒸发掉了。

如果同事的年龄、资格比你老,你不要在事情正发生的时候与他对质,除非你肯定你的理由十分充分。更好的办法是在你们双方都冷静下来后解决,即使在这种情况下,直接地挑明问题和解决问题也不太可能奏效。你可以谈一些相关的问题,当然,也可以用你的方式提出问题。如果你确实做了一些错事并受到指责,那么要重新审视那个问题并要真诚地道歉。类似于"这是我的错"等话语是可能创造奇迹的。

做出以上努力以后,基本可以化解同事之间的矛盾。如果遇上一些顽固不化的人,在你做出努力后,他仍然不愿意和你和解,你也不要难过,遇上这样的人,谁也没办法,问题并不在你,你只管放心地去工作,别理会这类人就是了。

(三)因人而异原则

每个人都有自己独特的生活方式与性格,在公司里,总有些人是不易打交道的,如傲慢的人、死板的人、自尊心过强的人等。所以,你必须因人而异,采取不同的交际策略。

1. 应对过于傲慢的同事

与性格高傲、举止无礼、出言不逊的同事打交道难免使人产生不快,但有些时候你必须要和他接触。这时,你不妨采取以下措施。

(1)尽量减少与他相处的时间。在和他相处的有限时间里,你应该尽量充分地表达自己的意见,不给他表现傲慢的机会。

(2)交谈言简意赅。尽量用短句子来清楚地说明你的来意和要求,给对方一个干脆利落的印象,也使他难以施展傲气,即使想摆架子也摆不了。

2. 应对过于死板的同事

与这类人打交道,你不必在意他的冷面孔,相反,应该热情洋溢,以你的热情来化解他的冷漠,并仔细观察他的言行举止,寻找出他感兴趣的问题和比较关心的事进行交流。与这样的人打交道你一定要有耐心,不要急于求成,只要你和他有了共同的话题,他的那种死板就会荡然无存,而且会表现出少有的热情。这样一来,你就可以与之建立比较和谐的关系了。

3. 应对好胜的同事

有些同事狂妄自大,喜欢炫耀,总是不失时机地表现自我,力求显示出高人一等的样子,在各个方面都好占上风。对于这种人,许多人虽然看不惯,但为了不伤和气,总是时时处处地谦让着他。可是在有些情况下,你的迁就忍让反会被他当做一种软弱,可能会更不尊重你,或者瞧不起你。对这种人,要在适当时机挫其锐气,使他知道,山外有山,人外有人,不要不知道天高地厚。

4. 应对城府较深的同事

这种人对事物不缺乏见解,但是不到万不得已,或者水到渠成的时候,他绝不轻易表达自己的意见。这种人在和别人交往时,一般都工于心计,总是把真面目隐藏起来,希望更多地了解对方,从而能在交往中处于主动地位,周旋在各种矛盾中而立于不败之地。和这种人打交道,一定要有所防范,不要让他完全掌握你的全部秘密和底细,更不要为他所利用,从而陷入他的圈套中不能自拔。

5. 应对口蜜腹剑的同事

口蜜腹剑的人"明是一盆火,暗是一把刀"。碰到这样的同事,最好的应对方式是敬而远之,能避就避,能躲就躲。如果在办公室里这种人打算亲近你,你应该找一个理由想办法避开,尽量不要和他一起做事,实在分不开,不妨每天记下工作日记,为日后应对做好准备。

6. 应对急性子的同事

遇上性情急躁的同事,头脑一定要保持冷静,对他的莽撞,你完全可以采取宽容的态度,一笑置之,尽量避免与之争吵。

7. 应对刻薄的同事

刻薄的人在与人发生争执时好揭人短,且不留余地和情面。他们惯常冷言冷语,挖人隐私,常以取笑别人为乐,行为离谱,不讲道德,无理搅三分,有理不让人。他们会让得罪自己的人在众人面前丢尽面子,在同事中抬不起头。碰到这样的同事,你要与他拉开距离,尽量不去招惹他。吃一点儿小亏,听到一两句闲话,也应装做没听见,不恼不怒,与他保持一定的距离。

(四)换位思考原则

无论发生什么事情,都要首先想到自己是不是做错了。如果自己没错,那么就站在对方的角度,体验一下对方的感觉。不要把别人的好视为理所当然,要知道感恩。嘴要甜,平常不要吝惜你的喝彩声。要会夸奖人,好的夸奖会让人产生愉悦感,但不要过头到令人反感。要有礼貌,打招呼时要看着对方的眼睛。要少说多做,言多必失,人多的场合少说话。要信守诺言,但不要轻易许诺,更不要把别人对你的承诺一直记在心上并信以为真。不要向同事借钱,如果借了,那么一定要准时还。不要推脱责任,即使是别人的责任偶尔也应承担一下。不要在一个同事面前说另一个同事的坏话,要坚持在背后说别人好话,别担心这好话传不到当事人耳朵里;如果有人在你面前说某人坏话时,微笑面对就好。要经常帮助别人,但是不能让被帮的人觉得理所应当。

与同事相处的第一步便是平等。和谐的同事关系对你的工作不无裨益,不妨将同事看做工作上的伴侣、生活中的朋友,千万别在办公室中板着一张脸,让人们觉得你自命清高,不屑与大家共处。当你苦于难以和上司及同事相处时,殊不知你的上司或同事可能也正在为此焦虑不堪。相处中要学会真诚待人,遇到问题时一定要先站在别人的立场上为对方想一想,这样一来,常常可以将争执湮灭在摇篮中。

二、与同事沟通要注意的禁区

在办公室里,同事每天见面的时间最长,谈话可能涉及工作以外的各种事情,"讲错话"就会给自己带来不必要的麻烦。在与同事的谈话中,哪些话当说,哪些话不当说,这就需要正确地把握说话的尺寸,不要闯进了彼此间沟通的"禁区"。掌握好说话的分寸,需要注意同事间沟通的"六不要"。

1. 不要乱传话

传话,就是在同事面前说你听到的关于不利于他的话。只要人多的地方,就会有闲言碎语,有时,你可能不小心成为"传话"的人;有时,你也可能是别人"攻击"的对象。传话都是是非,比如领导喜欢谁,谁最吃得开,谁又有绯闻等,就像噪声一样,影响人的工作情绪。聪明的你,要懂得,该说的就勇敢地说,不该说的话绝对不要乱说一通,以免祸从口出。

2. 不要讲隐私

许多爱说话、性子直的人,喜欢向同事倾诉苦水,尽管这样的交谈富有人情味,能使同事间关系变得友善，但研究调查指出，只有不到1%的人能够严守秘密。所以当你的个人危机和失恋等发生时，最好不要到处诉苦，不要把同事的"友善"和"友谊"混为一谈，以免成为问题之源。

  3. 不要去辩论

  有些人比较喜欢争论，必须胜过别人才肯罢休。假如你实在爱好并擅长辩论，那么建议你最好把此项才华留在办公室外去发挥。不然即使你口头上胜过对方，但因为你伤害了对方的尊严，对方也可能从此记恨在心，说不定有一天他就会用某种方式报复。

  4. 不要去炫耀

  有些人喜欢与人共享快乐，但涉及工作上的信息，譬如即将争取到一位重要的客户，老板暗地里给你发了奖金等，最好不要拿出来向别人炫耀。不应与别人讨论工资，若你的收入比其他人高，你会成为他们的头号敌人，若你发觉自己的收入比别人低，你会感到不满。

  5. 不要说坏话

  每个人都有问题，都有局限，千万不能在人前人后议论别人的是非，如身体、财富、婚姻、为人处世等。一旦这些话反馈回来后，你就失去了同事的尊重，也会失去友谊，严重的还会导致纠纷。

  6. 不要抢风头

  为什么同事之间关系搞不好，就是因为很多人喜欢抢风头，认为自己最重要。因此，同事之间，一定要以对方为核心，只有这样大家都是核心，才能形成共赢局面。

  另外，在和同事说话时，还要避免不经意的暗示语言，不该说的话千万不要说。以下话题最好不要涉及。

  （1）在所有大学同学中，我找的工作最好。

  （2）在这里工作真是悲哀！

  （3）这是我的个性，雷都打不动！

  （4）我们的"头儿"说应该这么做，才……

  （5）"如果我到了你们那个年龄……"或者"我在你们这么大的时候……"

  （6）这么多年，你们是怎么忍过来的。

  （7）真后悔，当初怎么会选了这里。

  （8）我的工作没有完成，其实有很多原因……

  （9）这些东西我在学校里全学过了。

  （10）大家素质高点就好了！

三、职场中面对不同类型人的谈话技巧

  "病从口入，祸从口出。"许多无意中说出来的话就可能成为同事关注的焦点。现代社会，人员流动性非常大，而你所接触的是一批又一批新同事，所谓铁打的营盘流水的兵。你要想在同一个集体中、某一个阶段内相对稳定地做事，相互了解、相互理解，从而相互尊重、相互信任是必不可少的。因此，通过各种方法与其他同事进行巧妙的交流、沟通，增进感情，消除彼此之间的生疏与隔阂，才能有助于你的事业发展，才能使你在众多同事面前脱颖而出。

  人与人之间，语言交流是少不了的，特别是职场交谈中，谈话技巧尤为重要，可是，有些谈客却令人厌烦，想躲避又躲避不了，不躲避又如坐在针毡之上。如果处在此情此景之

中，怎么办呢？

1."探人隐私"者

任何人都有隐私，每个人的内心深处都有着一块不希望被人侵犯的领地，但有些人或出于无知，或出于猎奇，或出于见不得人的目的，每次和人见面，都要问"年龄几何？"、"收入多少？"、"夫妻感情如何？"等让人厌恶回答的话题。这种人虽然伶牙俐齿，巧舌如簧，但却不知谈话的要领、忌讳。一般来说，一个尊重他人的人，如果知道某件事情是他人的隐私，便不会去问。反过来说，知道是他人隐私而偏偏去询问者，便是不懂得尊重他人的人，他们可能会传播是非，可能会飞短流长。

遇到探人隐私者，不能有一说一，有二说二。对待探人隐私者，最好的方法是答非所问，这样，既不会得罪对方，又不会让对方得逞。

2."道人是非"者

"来说是非者，便是是非人。"不要以为把他人是非告诉你的人便是你的朋友。道人是非者，既然在你面前说他人的坏处，自然也会在他人面前说你的坏处。他们乐于道人是非，是因为妒心过盛，他们心里往往巴不得他人越来越倒霉，越来越困窘。聪明人与这类人交谈，是不会推心置腹的。

远离这种人的办法，是对他说的任何是非话题都作出冷淡的反应，从而让他知"错"而退。对这种人，不能得罪，对他说的他人是非，又不能赞同，与其言语交流，哼哼哈哈不失为一种好办法。因为"哼"、"哈"是一种模糊语言，既会让道人是非者感受到你的成熟，又让他觉得这项话题无法再交流下去，从而中止谈话，或者使谈话朝着健康方向发展。某些情况下，可以说"哼哈"是一种不可缺的处世学问。

3.遭遇"喋喋不休"者

人与人交谈中，往往讨厌那种长篇大论说个没完没了的人。而遇到喋喋不休者，既不伤及对方感情，又让对方少说的法子是巧妙提问。一是根据他说的话题提问一些难题，如"导弹的燃料分子式是什么？"，"《水浒》这本书里一共提到多少男的，多少女的？"等等，让他不知怎么回答。这样一来，他就可以少说几句，你也可以多说几句。二是提问一些与当前话题无关的问题，如"打扰一下，现在几点了？"，"你的眼镜好看，请问你戴得舒服吗？"等，这样一来，对方会感到有点惊愕，从而停顿下来，使你腾出时间来干一些有益的事。

4."自我炫耀"者

有些人见到他人，一张嘴便是我人缘好，一出口便是我能耐大，明明自己是"一"，偏偏说成是"二"，听者为此觉得脸红，他却不知羞。自我炫耀者既是个自卑者，又是个自负者，这种人常常外强中干，其"吹牛"的目的只不过是为了引起大家对他的关注，以满足他的虚荣心。和他们进行交流，正确的方法是用幽默风趣的话语作答。他嘴上说成"二"，内心还是以为是"一"的，对他说的大话，你不能加以肯定，肯定了他会以为你是个不可信之人，但又不能加以驳斥，驳斥了他会以为你是个不可亲的人。正确的做法是幽默作答，似是而非，模模糊糊，嘻嘻哈哈，一笑而过。

第四节　职场上异性同事的沟通技巧

在办公室里，男女同事之间的相处，如果处理不当，不仅会给本人带来麻烦，而且还会对公司或单位造成不好的影响。所以，掌握一些办公室异性相处的礼仪及原则是十分必要的。

一、职场异性相处的基本原则

1. 距离原则

建立健康的两性相处心态。现代社会，两性的工作交流非常频繁，实在不能再以男女授受不亲的老观念来衡量。即使已婚，也不表示要和异性保持距离，以免犯忌。过分拒绝和异性相处，不仅不像个现代人，更可能妨碍职场角色的扮演。

我们必须承认，两性都有的工作空间通常比单一性别的环境要来得愉快和谐，也许现代组织的效率较高和女性大量投入职业有些关系。若想重新隔离两性，不仅不可能，也不合理，而刻意疏远更非上策。两性总是要交流的，而且两性共事应该有助于工作效率的提高，所以两性间绝不能采取隔离策略，而必须找出好办法使两性相处有利无害。

2. 语言原则

男性和女性在办公室均要注意交谈的分寸。男性私下常会冒出一些粗话，有人甚至会开黄色玩笑，但这不允许在办公室里发生，尤其是有女同事在场时，否则女性会认为这是对她们的侵犯。男性在恭维女性时，也要避免挑逗性，以免使对方产生误解。

3. 衣着原则

办公室不是约会场所，也不是家中居室，更不是显示你性魅力的地方。如男性把衬衫敞开，穿着短裤，是对在场女性的不尊重；女性更要注意自己的穿着，千万不能张扬自己的性感，如穿着超短裙和太露的衣服。

4. 动作原则

如果你是男性，当有女同事在场时，不能把松了的皮带再扣紧，或者把衬衣塞入裤子中，否则会引起误会，使女同事感到不愉快。女性也不能做一些挑逗性动作，尤其是体姿语，如在男性面前梳玩头发，触摸男性的衣服，用头发垂打男人的面颊等，你可能无意，但可能会导致对方误会。

5. 交际原则

办公室中，要注意把握自己和异性同事交往时的分寸。如果你们是要好的同事，当然可以多些交流，但最好不要把自己的私生活带入。特别是在婚姻上不如意时，对异性同事不宜过多倾诉，否则会被对方认为你有移情的想法。如果同事把你当成听众时，你不妨向对方多谈谈自己婚姻生活中美好的一面，使对方尽早避免对你情感上的投入。即使是极为默契的异性同事，也只应当在工作上更好地配合，互相帮助，而在办公室这样的公众场合，不要"亲密无间"。

二、异性同事间增进感情、融洽关系的基本技巧

1. 聊双方感兴趣的话题，建立异性友谊

如果你是女性，在职场让男同事注意你，甚至喜欢你，绝对好处多多。当他们和你成为朋友时，你在工作上的各种困难自然就会因为有人帮忙而顺利解决。不过，你不要有事没事就和男同事打情骂俏，而是要你保持幽默感，脸上时时带着笑容，让男同事了解你、欣赏你的魅力。

要获得男同事的友谊，方法之一是挑对方感兴趣而你又有所熟悉的话题进行交谈，如欧洲杯足球赛的赛况如何，车展的新型汽车有哪些，股市行情怎样，等等。

2. 利用性别优势，化解双方矛盾

女人娇媚和温柔的特质，在面对冲突时是最好的润滑剂。当你和办公室的男士意见不统一时，先别急着脸红脖子粗，应该保持风度，维持笑容，气定神闲，甚至可以摆出一副低姿态来促成僵局得到化解。记住，大部分男人都是吃软不吃硬，当你摆出愿意妥协的姿态时，他们往往会先被你软化，妥协得比你更彻底。同时，男人胸怀应该更加宽广，礼让女士三分。

3. 适时赞美鼓励，突破对方的心理防线

男人喜欢被女人赞美和崇拜。当你觉得某位男同事表现突出时，大方地说出你对他的肯定，"你真行"、"令人难以置信"之类的赞美语句能给对方极大的激励和勇气，也容易突破对方的防线，赢得对方的友谊。千万别吝于赞美，男人在女人的恭维之后，将变得更具自信心，更乐意奉献，更勇于付出。你对他们评价越高，他们表现得越好，还会乐于为你提供种种服务，如开车送你一程、帮你拿资料等，使你在工作上增加一分动力。

虚心向男同事讨教，也是提高男性尊严的好方法。期待每天可以向可能见面的人取经，即使是司机或下属。对周围的人保持高度兴趣，制造对双方互动有益的话题，男同事绝对乐于为你解决任何问题。男人好强，喜欢扮演照顾他人的角色，当你征询他们的意见时，他们会觉得自己受到关注、被他人需要、被他人敬重，于是也就非常乐于提供各种意见，而他们的建议往往很管用。这种感觉，是男性彼此之间最难相互产生的。女人柔弱的特质，在男人眼中绝对是优点，而且也是督促他们努力表现的最佳动力。

4. 嘘寒问暖，赢得异性信任

情感是联系同事关系的重要纽带。作为部门主管，要想获得不错的影响力，就必须把自己摆正位置，以诚待人、以情动人、以诚感人，加强与同事之间的交流和沟通；对待持不同意见者，不能采取高压政策，而要善于听取他人意见，广纳群言，以调动同事的主观能动性和工作积极性，同时还要关心下属的生活冷暖，做他们的贴心人。在公司里善解人意、豁达开朗，令异性充分感受到与你共事的幸运和兴奋，各种回报将随之而来，比如邀请你做女嘉宾，参加盛大的年会；在你遇到难题时给予鼎力支持；他们碰上棘手的问题时也乐意听取你的意见。

5. 凭工作业绩说话，赢得异性钦佩

工作实绩是衡量一个人素质高低的砝码。突出的工作成绩最有说服力，最能让人信赖和敬佩。要想做出一番令人羡慕的业绩，就要善于决断，勇于负责；善于创新，勇于开拓；善于研究市场，勇于把握市场。唯有如此，企业的航船才能在市场经济的大潮中顶住风浪，乘风破浪，避开商战的"险滩"和"旋涡"，中流击水，立于不败之地。当你力挽狂澜以骄人的业绩振兴企业时，你的影响力也就顺理成章地达到了"振臂一呼，应者云集"的地步。

三、异性同事良好沟通的注意事项

1. 男性在职场与女同事良好沟通的注意事项

女同事对你说话时要全神贯注地聆听;犯错误时要道歉;不要打断女同事说话或是替她们把话说完或是贬低她们的构想;举例时不要老是提运动和战争;等等。

2. 女性在职场与男同事良好沟通的注意事项

只在男同事要求时提出劝告,而且最好是私下为之;说话时肯定而有自信,同时提高音量;避免太长时间谈论问题,着重如何解决问题;避免漫无边际地闲聊,直接切入中心;不要太在意批评。

【复习思考】

1. 简述职场交流的原则。
2. 简述与上级沟通的技巧。
3. 简述与下级沟通的技巧。
4. 简述与同事相处的基本原则。
5. 简述与异性同事相处的基本原则。
6. 阅读以下案例,完成相应练习。

案例1

如果你是单位后勤负责人员,业务部的刘利和你关系不错,他向你借用公司的轿车作为婚车,并承诺给你200元好处费,按照单位规定,没有特殊情况,公车不能私用。

你将如何与他沟通,既不让对方丢面子,又不违反公司规定?

案例2

吴鹏是公司销售部的一名员工,人比较随和,不喜欢与人争执,和同事的关系处得都比较好,但是,前一段时间,不知道为什么,同一部门的张力老是处处和他过不去,有时候故意在别人面前指桑骂槐,对跟他合作的工作任务也都有意让吴鹏做得多,甚至还抢了吴鹏的好几个老客户。起初,吴鹏觉得都是同事,没什么大不了的,忍一忍就算了,但是,看到张力如此嚣张,于是,一赌气告到了经理那儿。经理把张力批评了一通,但结果是,从此,张力和吴鹏成了冤家。

想一想,吴鹏应该如何处理同事之间的矛盾?

第十一章 公关口才

第一节 公关口才的基本知识

一、公关口才的含义

"公关"的全称是公共关系,公共关系是一个社会组织运用信息传播手段,使自己与各种公众之间增进了解、相互适应的一种管理职能。公关工作者是从事组织或机构公关工作的专职人员。从职务上说,既可以是公关部经理,也可以是公关部职员;从性别上讲可以是公关小姐,也可是公关先生。公共关系的基本特征有三个:公众关系、传播活动和管理职能。

所谓公共关系,是指群体之间的社会关系,而不是个人与个人之间的直接关系。这种关系以群体利益为基础,而不能以个人的好恶为出发点。但是,社会关系与个人关系紧密相连。一定的社会关系必然表现为一定的个人关系。某个组织或机构与公众的群体关系,又必须借助于个人与个人关系的形式表现出来。这就是公关工作产生的基础。

所谓公关口才,简单而言,就是指通过"说"的细节来建立公共关系,并展示公共关系的学问或艺术。当人们希望建立并加深彼此间的合作关系以及和谐的人际关系时,最好的办法,就是通过"说"来传情达意,以良好的口才作为纽带来进行有效的沟通与连接。

但是公关口才不同于一般的"说",它的实质就是建立在公共关系基础之上,充分发挥口才的作用,运用口才艺术来展示公共关系的学问。

人人都有一定的表达能力,但说得好与坏,恰到好处与否,却有着高低之分。在公共关系中,口才的作用是非常重要的,得体的话语会给人的工作、事业的发展、交际网络的形成带来很好的影响,不得体的话语则成为公关活动道路上的障碍,两者的作用有着天壤之别。公关口才的实用意义以及在人际交往中所起的作用像桥梁的基础一样重要。公关口才绝非像一些外行人理解的那样,是卖弄自己的伶牙俐齿、枉逞口舌之能的雕虫小技,而是利用科学的方法,来阐释"说"的重要。一个口才好的公关工作者,可以流利地表达出己方的意图,并能够把道理说得一清二楚,而且语言像音乐一样动听,使别人很乐意接受他的观点和看法。这样的人能够很快从对方的谈话中得到启示,了解对方的思想意识,立刻从问答中猜测对方的意图,并很快与对方建立良好的友谊。但是,有时你会看到缺乏公关经验的人,说话不少,但不能完全表达出自己的意图,往往使对方听起来很费劲,而又不能令人信服地接受他的意图,这就人为地造成了公关工作上的困难。

随着现实社会的不断进步与发展,人们互相合作与交流机会的增加,公关口才在实际生活中的运用越来越广泛,并且显得愈来愈重要。

二、公关口才的作用

运用公关口才的主要目的是融洽社会与组织之间、人与人之间的关系，以形成合作、支持、共赢的发展关系。公关口才的作用是具体而明确的，主要表现在以下几个方面：

1. 广开信息渠道

传播、沟通是公关的构成要素，又是公关活动的主要任务。公关主体及其行为对公众的影响，就是依靠沟通、传播这个中介来实现的。广开信息沟通渠道，本身就是现代公关精神的要求。因此，广开信息渠道是公关口才所发挥的最基本也是最重要的作用。特别是在信息沟通出现障碍的时候，公关口才的这种作用就显得尤为明显。现在在政府服务、企业发展中都经常讲到"危机公关"这一职能，就是指在危急时刻能很好地向公众传达信息、协调组织与大众之间的关系。

2. 彰显人文关怀

"以人为本"的理念是任何一个组织在公关工作和公关活动中的核心议题。公关工作者的讲话要围绕尊重公众、关心公众、善待公众来展开。因为公关口才的实践活动就是与公众的面对面的信息交流，向公众传达组织对他们的关心和爱护，协调、融洽彼此之间的关系。公关工作者跟公众的这种面对面的接触，正是培养、造就、检验和施展公关口才，与服务对象进行真诚、有效的沟通，融洽、改进相互关系的最好时机。

3. 营造良好的人际关系

公关工作就是协调与各方面的关系，如上下级关系、与协作单位的关系、组织与社会大众的关系等。把这些关系处理得好了，可以使组织、团队、个人的各种关系更为融洽。关系融洽了，就进一步促进了公共关系的协调性。因此，作为公关工作人员，只有具备了较好的说话才能，才能使公关活动实现融洽人际关系的功能和作用。

4. 维护组织形象

对于任何一个组织或机构来说，塑造、维护、提升组织良好形象，是公共关系部门的重要任务之一。而公关口才，则是承担和完成这项任务中使用最频繁、效果最直接的工具和手段。尤其在事关组织形象的大是大非面前，或慷慨陈词，或从容应对，或义正词严，或据理力争，或辩驳申诉等，靠的往往就是出色的公关口才。

5. 促进各项工作

在市场经济的背景下，要想寻求快速发展的机遇，各行各业各个企事业单位都必须重视开展公关活动，对外可以为完成组织的任务铺平道路，对内可以最大限度地调动职员的积极性、主动精神和工作热情，以确保组织业务工作的顺利完成。在这个过程中，公关口才不但随时随地发挥作用，而且在某些重大时刻，还是其他方式无法替代的。

松下电器公司的创始人松下幸之助，也深谙公关口才之道。当松下电器公司还是一家小型工厂时，松下幸之助和工人因陋就简制造产品，并且亲自出马推销产品。他用坦诚的态度、朴实的话语，与每一位与他合作的客户坦诚相待。若遇到讨价还价的商人，他就坦白地相告自己产品成本如何，应依什么价购买才不至于使公司亏损。不卑不亢陈述事实，既不迷惑对方也不恳求对方，此情此景使对方不禁为之所动，于是答应互惠互利，公平交易。松下幸之助这种进忠言的艺术，句句有情有理，字字打动人心，堪称是公关活动成功的典范。

三、公关口才的构成要素

公关口才是一个公关工作者的综合素质和综合能力的体现。一个口才好的公关工作者，必须具备广博的知识，能够言之有物，旁征博引，有理有据；必须具备敏锐的观察能力，较强的逻辑推理能力；必须具有良好的应变能力和风趣幽默的语言能力。要培养上述这几种能力，首先必须培养自己的综合素质，它主要表现在道德、才干、学识、判断力这四个方面，这四个方面是公关口才的三大基本要素。

1. 道德是公关口才的灵魂

这里所谈的道德具有广泛的内涵，包括政治道德、伦理道德和个人心理品质。道德的这三个方面对公关口才的影响都很大，尤其是政治道德。良好的政治道德情操将使公关工作者面临任何的难题都临危不乱。

伦理道德是处理人际关系的重要准则。一个社会，一个集体乃至一个家庭，之所以能够存在，伦理道德观念起了决定性的作用。没有伦理道德，社会就失去了稳定的基础，就将形成贪欲纵横、人人互相勾心斗角的态势。正因为伦理道德有如此的重要性，在每个人的言谈举止中都会自然地表现出他们的伦理道德观念和思想意识。因此，公关工作者要有意识地培养自己正确的伦理道德观念，并在演讲或谈话时准确地传达给受众。由于高尚的伦理道德有强烈的感染力，因此，传扬高尚的伦理道德观念，将大大增强公关工作者演讲或谈话的感染力和说服力。

2. 学识是公关口才的基础

人的才能由知识转化而来，并建立在对知识运用的基础之上。一个公关工作者才能的大小，首先取决于他自身所掌握的知识层次的深浅和完善程度。同样，一个公关工作者的口才优劣，也与他的知识水平的高低、学识是否广博有着密切的联系。

人们常说"知识就是力量"，攻关口才的魅力深深扎根于知识的土壤中。作为合格公关工作者，必须拥有丰富的知识。只有这样，在面对公众的时候，才能做到镇静自若，侃侃而谈，引起对方心灵的共鸣。

3. 判断力会影响公关口才的发挥

一个公关工作者要想充分发挥自己的口才，必须具有一定的判断力。

一个公关工作者如仅有满腹学问，而对事物未来的发展方向毫无判断力，那么，他在公关活动中所讲的话就会毫无新意，不能提供有价值的即时信息，也不能给人们以较大的启发和触动，公关口才也就无从体现。

公关口才是一门综合性的艺术，从事公关工作的人，要不断地从各种艺术形式中吸取丰富的养料。公关口才高手，在讲话时具有相声的幽默、小说的形象、戏剧的冲突、诗歌的激情，能把听众带入一个心驰神往的境界。

四、公关语言的特点

公共关系职能活动的最终目的是为了达到社会组织与公众相互了解、相互协调，从而树立组织的良好形象，创造良好的社会环境，实现自己完成工作计划的目标。其基本方法是通过各种传播活动去交流、沟通。所以，注意掌握和运用公关语言，对于公关的效果是大有影响的。一名公关工作者如不能熟练地运用语言，那么，他就不能准确无误地把信息传递给公众以达到公关的目的。为此，必须研究和掌握公关语言的艺术性，才能使公关语言发挥应有的作用。一般来说，公关语言主要有以下三个方面的特点：

1. 快速接近

公关工作者在履行职责时一向以积极主动的姿态出现在公众的视野里。接近语言是指公关工作者为了实现组织的目标，在处理与公众的人际关系的过程中，主动接近对方赢得好感、建立融洽关系的语言。公关工作的主要方式是交谈。无论对方是什么人，首先要谈得来，说得拢，但在双方互不了解或出现矛盾的情况下，顺利交谈是很难把握的事情。关键是要寻找共同的话题。要做到这一点，大体需要经过以下三个步骤：

第一步，目标推测。公关工作者面对陌生人时，不要急于考虑向其问什么话，而要分析一下他是从事什么职业的，性格、文化层次有哪些特点，哪些方面可能具备双方共同感兴趣的话题。有了交谈前的十分必要的目标预测和心理准备，双方的谈话就有了比较明确的方向，可减少盲目性。

第二步，排除不同点。就是根据所进行的推测来与对方交谈，逐项排除不同点，最后锁定一个"共同点"，作为交谈的主要话题。

第三步，发挥共同点。通过初步的交谈找到一个"共同点"后，随着话题的展开，就可能找到更多的"共同点"，这就要求在交谈中注意捕捉对方言谈举止中流露出来的各种信号，并不断"借题发挥"，把谈话引入到"相见恨晚"的层面上来，达到"接近语言"运用的最高境界。

2. 坚决拒绝

拒绝是指他人提出请求时或赠送礼物时，因不能接受而说的话。在公关活动中拒绝时要讲究语言艺术，充分表现个人品德和修养。使别人遭到拒绝时，一样能感觉到你是真诚的、善意的、可信的，从而继续与对方维持着友善关系。不讲究拒绝的语言艺术，就很容易伤害对方，甚至于化友为敌。

公关时的拒绝涉及组织的行为原则，有"差之毫厘，谬之千里"之危，这与个人之间交际时的拒绝很不相同。因此，公关活动的拒绝更具有及时性、坚决性。要拒绝别人，就尽早、尽快，不给自己剩下要断后的尾巴，也不要耽误了对方的计划、伤害对方。要据实向对方表明你的态度，好让对方有所准备。在婉言拒绝的时候，一定要让对方觉察到你的坚决拒绝的态度，不要绕了半天连自己都不知道表达的是什么意思，更别说对方是否能理解了。一定要让对方明白：这一次拒绝，还有下次机会。从场合来看，在小的场合更容易拒绝对方，也更容易被对方接受。从心理学的角度来说，与对方正对着脸的时候，拒绝最不容易让人接受，最好能把目光从对方的脸上移开，尽量降低心理打击的力度。

但是拒绝时要给对方留条退路。当你拒绝那些总喜欢坚持自己的意见，自以为是的人时，要认真考虑这种人的自尊心，直截了当的拒绝的方式会使他们更加难堪。所以，你首先就要把对方的话，从始至终地再回想一遍。当你仔细回想完对方的话后，再决定怎样去拒绝和说服对方。要给对方留足面子，让他有一条退路。这类人都是聪明人，你的拒绝的态度不用十分肯定，他也能心领神会。

3. 高效说服

公关活动的目的是达成共识。公关交谈与一般性的谈话相比，说服的目的性更明确，说服的任务也不能打折扣，这就要求公关语言具有极高的说服效率。

（1）高效说服是建立在诚信基础上的说服。公关工作者首先要具有可信度，对方相信你会真正为了别人的利益而工作,能够慷慨地与他人分享自己的创意、理念所带来的利益等。

（2）高效说服要在共同的立场上进行。公关工作者要与被说服者拥有共同的立场后,明确说出被说服者的利益取向。如果被说服者认为共同利益太小或没有共同利益,那就要及时调整自己的立场。

（3）公关工作者要表明自己对所持立场投入的感情及所抱有的坚定信念,让被说服者感受到你的决心和态度是肯定的、不能动摇的。这样会在精神上给对方以震撼,使其产生认同感,从而达成共识。

说服是公关人员的艰巨任务,也是获得事业成功的重要手段。

五、公关语言的原则

公关语言的应用是非常广泛的,政府各层级之间的沟通,企业间的合作都需要公关语言。对企业而言,由公关活动所产生的经济效益和社会影响是非常巨大的。由于公关语言是以出色的口头表达为前提,凡在一切宣传、广告、应酬、联谊等社交场合,都离不开公关口头表达。即使在非正式的公关场合,如同事、上下级之间的联系,也要用口头语言来表达。在谈判、论辩这类严肃认真、针锋相对的谈话场合,更需要有高超的语言表达能力。双方协商、民主对话、接受记者采访,也必须运用公关语言。可以说,公关语言是最直接、最普遍的一种公关形式,被广泛地应用于各种形式的公关活动之中。

由于受公共关系目的、任务和交际的时间、条件、地点等限制,运用公关语言必须遵循如下原则：

1. 真实可信的原则

组织或机构的公关工作者,要如实地向社会公众传递真实又准确可靠的信息。做到讲真话、传真情、如实相告。

"讲真话"是公共关系职业的创始人艾维·李在《原则宣言》中提出的公共关系思想。公关语言表达只有以这一思想为指导方针,才能融洽与公众的感情,得到公众的认可,并建立相应的美誉度。

公关工作者的语言要富有激情、尊重公众、话语恳切；言行一致、真心实意地为公众着想。真实可信的内容加上热心诚恳的表达形式,公关活动就能达到理想的效果。

公关语言的真实可信,热诚可亲,归根到底,是公关工作者在忠于组织和公众双方利益的基础上形成的一种职业风范。

2. 契合环境原则

公关语言要与所处的特定环境相契合、相适应。只有在语言运用得当时才能获得好的沟通效果。否则,即使把话语讲得像歌唱一样好听,但与所处的人文环境相悖,也犹如对牛弹琴一样毫无用处。

特定的社会环境、历史背景、文化特征,往往会赋予语言一定的附加意义和功能,从而对语言交际产生影响。交际的时间、地点和场合上的不同,所采用的语言有很大的区别。公关语言与环境的契合关系,主要表现在依据一定的时空条件和场合特点去选择语言表达方式,确定话语所传递的信息量及可能达到的效果。此外,公关语言的运用必须重视交际对象,根据对象特点选择恰当的语言表达形式,才能更好地体现公共工作者的专业素养。

3. **语言得体原则**

笼统地来说，所谓公关语言运用得体，就是语言用的得当、恰当、恰如其分。具体地说，包括实用性很强的平实语言风格，互尊互益前提下的文明、庄重色彩。忌用冷僻、晦涩的词语。

中国古代有一则笑话：说一秀才去买柴，曰："荷薪者过来。"卖柴者因明白"过来"二字，即把柴担挑到他面前。秀才问曰："其价如何？"卖柴者因"价"字明白，说了价钱。秀才又曰："外实而内虚，烟多而焰少，请换之。"卖柴者不知其所云，便挑担而去。笑话中的买卖过程，也可看成是公共关系口语交往过程，因选用词语不易听懂，秀才未买到柴。这则故事从侧面说明公关语言，最忌故作深奥、故弄玄虚。

4. 词语色彩中性化原则

在公共关系交际中，一般应采用不强调褒贬的中性词语，以缩短与公众的心理距离，达到沟通的目的。比如宣传产品，既不应贬低其他厂家的同类产品，也不能"老王卖瓜"自卖自夸，否则，会引起公众的反感，削减了宣传的作用。

把握好遣词用语的分寸，不要过分，防止使语义走向极端。适度的赞美可使对方产生愉悦的情感，但过分了，只会适得其反。比如，一位小姐长得并不是太漂亮，如果连声夸奖："啊，你真美，是我见到的最美的女子！"这就易使该小姐以为是在讽刺她。

5. 使用新闻语言的原则

公共关系中的新闻语言是公共关系主体把本组织新近发生的，公众所普遍关心的事实及时报道给公众的一种语言表达方式。公共关系主体借助于广播、电视和自办传播媒介向公众报道公共关系信息，这样可以建立和发展与公众的良好关系，提高自身的知名度，以争取公众的理解、合作与支持，树立组织自身在公众中的良好形象，为生存与发展拓宽道路。由于新闻语言借助于覆盖面很广的传播媒介，可以使许多听众、观众了解、认同公关主体。因而从效用和传播范围方面来说，是其他语言所不易比拟的。公关主体运用新闻语言，如果能使公众注意、倾听并记住所报道的消息，就会影响公众的视听，引起他们的关注，从而达到公关的预期效果。

第二节　公关礼仪基础

中国是礼仪之邦，经过世世代代的演变，礼仪已经成为社会正常生活中共同遵守的最基本的道德规范，它是人们在长期共同生活和相互交往中逐渐形成的，并且以风俗、习惯和传统等方式固定下来。对公关工作者来说，礼仪是思想道德水平、文化修养、交际能力的外在表现，对工作的顺利开展起着锦上添花的作用。公关工作者在工作中的礼仪必须注意以下几点。

一、着装要自然得体，遵守某种约定俗成的规范或原则

服装不但要与自己的具体条件相适应，还必须时刻注意客观环境以及场合对人的着装要求，即着装打扮要优先考虑时间、地点和目的三大要素，并能与之相协调。要注意清洁卫生。不管长相多好，服饰多华贵，若满脸污垢，浑身异味，那必然会破坏一个人的整体形象。

二、动作要自然大方

谈话时可适当做些手势,但动作不要过大,更不要手舞足蹈。与人单独谈话时,要保持两个人之间的适度距离,切忌勾肩搭背、拉拉扯扯。

三、眼睛的运用有技巧

在公关活动中,用眼睛看着对方脸上的三角部分,这个三角以双眼为底线,上顶角到前额。洽谈业务时,如果你看着对方的这个部位,会显得很严肃认真,别人会感到你有诚意。在交谈过程中,如果目光一直保持落在这个三角部位,你就会把握谈话的主动权和控制权。

四、微笑是最好的武器

微笑可以表现出温馨、亲切的表情,能有效地缩短双方的距离,让对方产生美好的心理感受,从而形成融洽的交谈氛围,还可以反映你良好的文化修养和待人的友善。

微笑可以使强硬者变得温柔,使弱者增强信心。微笑是人际交往中的润滑剂,是广交朋友、化解矛盾的有效手段。公关场合的微笑要发自内心,千万不要假装。

五、要把握好说话的时机

别人在进行私人谈话时,不要凑前旁听。若有事需要插话,应待别人说完,并要主动打一声招呼。发现有人欲与自己谈话,可主动询问。谈话中遇有急事需要处理或要离开,应向对方说明原因,表示歉意。

在公关场合,要给对方发表意见的机会,对对方讲话的内容也应适时发表自己的看法。要善于聆听对方谈话,不轻易打断别人的发言,一般不提与谈话内容无关的问题。如对方谈到一些不便谈论的问题,若不想对此轻易表态,可转移话题。在相互交谈时,目光应注视对方,以示专心。对方在讲话时,不要左顾右盼,心不在焉,或者注视别处,显出不耐烦的样子,也不要老看手表,或做出打哈欠、伸懒腰、玩东西、吃口香糖等漫不经心的动作。

六、根据不同的对象选择不同的话题

尤其和外宾谈话,一般不要涉及疾病、死亡等事例,更不要谈一些荒诞离奇、耸人听闻或者淫秽的事情。一般不要询问妇女的年龄和婚姻状况,所谓"见了男士不问钱,见了女士不问龄"。不要径直询问对方履历、工资收入、家庭财产、衣饰价格等私人生活方面的问题。

七、接打电话的艺术

如果事务繁忙,不得不将手机带到公共场合,那么,你至少要做到以下几点:将铃声降低,以免惊动他人。铃响时,找安静、人少的地方接听,并控制自己说话的音量。如果在公交车里、餐桌上、会议室、电梯中等地方通话,尽量使你的谈话简短,以免干扰别人。如果下次你的手机再响起的时候,有人在你旁边,你必须道歉说:"对不起,请原谅"。然后走到一个不会影响他人的地方,把话讲完再入座。如果有些场合不方便通话,就告诉来电者说你会回电话的,不要勉强接听而影响别人。

八、男士要处处体现自己的绅士风度

公关场合中的男子，要遵守女士优先的礼仪原则，出行要用手示意女士先行，上下车要主动给女士打开车门。聚会时不要打扰或参与女士圈内的议论，也不要与女士无休止地攀谈而引起旁人的反感侧目。与女士谈话更要谦让、谨慎，不开有伤大雅的玩笑。与她们争论问题要有节制。即使话题不好接受也不要动气，要尽量表现出绅士风度。

第三节 各种常见场合的致辞

公关活动的致辞是根据一定的社会道德观念和风俗习惯所确定的，并成为大家共同遵循的一种仪式或程序。举办公众集会，开展集体活动，主持者为了达到设想的效果，必定要请人登台讲话。在设有公关机构的组织中，这类讲话稿一般由公关部门拟定，然后由出席公关活动的领导发表，也可以让公关工作者代为发表。所以，在礼仪场合致辞也是公关工作者需要的技能。

一、纪念集会上的致辞

纪念是用事物或行动对人或事表示怀念之情。中国的历史悠久，值得怀念的人或事多如繁星。中国人尊重历史，重视传统，纪念是继承优良传统、激励现代人的好办法。

在改革开放的现代社会，比较流行通过举行纪念活动探讨经济发展方向这种方法，以达到弘扬传统美德、振兴经济的目的。

公关工作者在纪念集会上的讲话，要弄清纪念的对象和意义，要先查资料，讲话要借助史实、典故、纪念日、重大事件。请看下面一篇讲话：

女士们、先生们：

下午好！

我既不是教授，也不是学者，更不是经济专家。蒙主人盛情邀请参加建党纪念日的活动，是向各位专家学者学习来了，主办方让我讲几句关于经济发展的话，也就当场献丑了。

讲革命历史，论光荣传统，前面几位已经作了很好的发言。我再讲，就叫画蛇添足了。所以，我只打算谈谈发展经济这个话题。要振兴本地经济，首先就要搞清我们省的优势在哪里？大家都知道，唐代有一位大才子，用现代话来说，应该叫做青年作家，而且是一位很有名的青年作家，叫王勃。他当时途经南昌，即兴写了一篇脍炙人口、传诵千古的文章，叫做《滕王阁序》。他在文章中用两句话概括了南昌的特点和优势。这就是"物华天宝，人杰地灵"八个字。这八个字说了三件事：物、人、地，翻译成现代语言就是南昌有三大优势：第一，物产丰富，地处江南鱼米之乡，并且还有不少土特产；第二，地理位置好，王勃说："地接衡庐，襟三江而带五湖，控蛮荆而引瓯越。"这里的水路四通八达，与三江五湖连在一起。今天的南昌还有非常发达的铁路运输，似动脉纵贯中部，东通上海，西接湘桂，南达厦门，真可谓四通八达；第三，人才辈出，古代唐宋八大家中有三位：王安石、欧阳修、曾巩，还有大诗人陶渊明、大哲学家朱熹都出自我们省。至于近代，各种人才更是数不胜数。总之，我们省是一个人才辈出、英杰如林的地方。

这里山好、水好人更好，应当引以为自豪！今天，我们要振兴经济，只要快速开发、利用好各种资源，搞好经营管理，美好的前景指日可待。

我不是专门研究经济的，但是在国家改革开放的大潮下，每个人都能感受到经济发展的脉搏，我在这里给大家鼓劲助威，如有不妥之处，恭请批评指正。

这篇讲话，灵活运用了历史典故，让人眼界大开，有很好的启发和激励作用。既表现了发言者渊博的学识，又表现出了他的谦虚有礼，因此受到了与会者的称赞。

二、庆典活动中的致辞

新厦落成、新店开业，是经营者的一件大事。此时集会庆祝，发布消息，既是为了事业兴旺，也是为了公关的需要。邀请各方宾客一聚，举行轰轰烈烈的庆典活动，都要安排有影响力的人士讲话，既能扬名声、树形象，又可交朋友，谈生意，真是一举多得。在这种场合的讲话，要致贺道喜，赞美助势，请看下面一篇讲话。

各位朋友：

上午好！

我今天很高兴参加新世纪大厦的落成典礼。首先向主人致贺，向大家道喜！

早就听说新世纪公司建新厦，今天得知大厦已竣工开业，心里非常高兴。眼见如此壮观的宏伟建筑，感到十分震撼，这是新世纪公司给本市的经济发展送上的一份厚礼！

这幢新大厦，设计新颖，形状独特，外墙色彩明快，内部装潢考究，光线、气流、声控、通道等都建造的非常有时尚感，在我这个外行看来可以用"十全十美"来形容了。各个营业厅内，展柜的布局、商品的陈列、助购的设施、服务的品质等，处处洋溢着亲切、明朗、祥和、舒畅的气氛，充分体现了新世纪公司坚持"以人为本、顾客至上"的服务宗旨。

新世纪公司是一家久负盛名的企业，它的强大实力，经营特色，商品质量，服务态度，历来受到公众的好评。现在新大厦建成开业，旧貌换新颜，经营管理跨上了新台阶，定会吸引更多的顾客，生意一定会更加红火。

祝新世纪公司的新厦永固，生意兴隆！

这篇讲话，内容翔实，赞颂得体，不仅局限在大厦本身，更引申到公司事业的发展，起到了特殊时期承上启下、助兴达愿的效果。

三、获奖时的致词

各行各业，每年都要在年终岁尾举办颁奖会，给业绩突出者颁奖。获奖者致辞是必不可少的一环，有的人因过于激动无语凝噎，有的人因为紧张断断续续，语无伦次。作为公关工作者，有必要对获奖致辞有一定的了解，以便于在公关活动中，能够自如发挥。

享誉国际影坛的、一年一度的奥斯卡金像奖颁奖仪式吸引着全球各地的影迷们，人们在目睹世界影星们的迷人风采的同时，也欣赏着获奖者精彩绝妙的口才。

"简洁是智慧的灵魂"，顶级艺术家们深谙这条艺术规律。享誉世界的喜剧电影大师卓别林，在1971年度被授予奥斯卡荣誉奖时，面对台下不断的掌声和欢呼声，眼中浸满感动的泪水，却只说了一句话："此刻，语言是那么多余，那么无力。"仅此一句话，却让观众永远铭记。谦虚是一种美德，是一种修养，也是一种脉脉的温情。许多电影节大奖的得主技艺超群，功绩斐然，但在荣誉面前却十分谦虚。著名影星马龙白兰度第一次登上奥斯卡颁奖台时说："没有许多人的帮助,哪有我的今天!"这一句话就道出了成功的真谛,让人久久回味。

四、告别时的致辞

无论是何种原因的告别,都是令人伤感的一件事。但是情真意切的告别,总会催人泪下,让人难以忘怀。最典型的道别致辞,应为美国总统阿伯拉罕·林肯在1861年2月当选总统赴华盛顿就职前,在他工作所在地伊利诺伊州发表的告别演说。

朋友们:

不是处在我这种地位上的人,很难体味到我此刻的惜别之情。这个地方和这里的人民的友情给了我一切。我在这里度过了四分之一世纪;从青春岁月到暮年。我的孩子在这里出生,其中一个埋葬在这里。我现在要离开你们,不知何年何月再回来,甚至不知是否能再回来。我面临的任务比当年华盛顿总统肩负的还要重大。没有上帝的扶持,我不会成功。有了上帝的扶持,我就不会失败。让我们满怀信心和希望,一切都将好起来。愿上帝赐福于你们!愿你们祈求上帝赐福于我!我向你们依依道别。

这篇告别演说感情真挚,语言朴实,语气哀婉,道出了一位平民总统即将远离家乡时,对人民的依依不舍的深情。有人说林肯是美国历史上最伟大的总统,从他的一篇告别词上就能看到他的真挚、激情以及博大的胸怀和气势。

第四节 常见公关场合的礼仪技巧

一、公关中的饮食礼仪

自古以来,中国就是礼仪之邦。懂礼、习礼、守礼、重礼的历史,源远流长。据《礼记礼运》记载:"夫礼之初,始诸饮食。"这是最早出现的有关"食礼"记载,"食礼"系指饮食礼仪、饮食礼制、饮食礼俗、饮食礼貌、饮食礼节等概念。现代把这些内容统称为饮食礼仪。

饮食礼仪成为相当完善的制度已经有几千年的历史。这些"食礼"在后来的社会实践中不断得到完善,到现代社会依然产生着重要影响,成为文明时代的重要行为规范。

"食礼"作为"礼"的一个重要组成部分,是饮膳宴筵餐饮活动中的文明规则,也是交际的准则。公关工作者,无论是以赴宴人还是东道主的身份出现在餐饮活动中,仪表、风度、神态、气质都代表了一个人文化素养和公关的职业水平。饮食礼仪要讲究以下一些步骤:

1. 入席的礼仪

到达宴会场所,不可随意乱坐。这个"排座次",是整个中国饮食礼仪中最重要的一部分。总的来讲,座次是"尚左尊东"、"面朝大门为尊"。首席为辈分最高或职位最高的长者,末席为最低者。先请主宾入座,然后是宴请方的主人入座,入座时要从椅子的左方入座。

《红楼梦》描述贾府一次中秋赏月的宴饮活动,"凡桌椅皆是圆的,特取团圆之意。上面居中,贾母坐下。左边是贾赦、贾珍、贾琏、贾蓉,右边是贾政、宝玉、贾环、贾兰,团团围住。"宴会是在圆桌上进行的,座次仍然是按照"尊卑有序"、"长幼有序"。贾母是这个大家族中的"老祖宗",居中坐下。贾赦是大房,所以居左,贾政是二房,所以居右。这是封建社会官宦之家的一套礼仪。现代宴会座次的安排较为灵活,但也总是以尊敬老人、优待宾客、爱护儿童为原则。

入座后，坐姿要端正，切不可用手托腮或将双臂同时放在桌上，也不要随意翻动菜单，摆弄餐具或餐巾，这些举动都会给人以迫不及待的印象。有些人在赴宴前有些饿了，为了保持很好的风度和标准的礼仪形象，可先吃些零食垫饥，然后再去赴宴。毕竟在现代人的生活，宴会已经不是为了充饥而举行的，而是为了公关的需要。

落座以后，如果觉得双手不知怎么放才好，最礼貌的做法是将其放在自己的大腿上。尽管别人看不见，但同样也应该守规矩。如果把脚搁在椅档上或猛的伸出去踢着别人都会使人尴尬。赴宴的宾客坐定以后，服务人员还会递上一方湿毛巾，此时应礼貌地接下并轻轻擦拭自己的双手，记住，这小毛巾绝不是供擦脸用的，更不能用它擦颈脖或手臂。当用餐可以开始，便可将桌上的餐巾抖开，平摊在自己的双腿上。但请注意，中式餐是将餐巾全部打开，西式午餐也是如此，而西式餐的晚餐则是将餐巾打开到对折为止。将餐巾塞在颈脖里或系在裤腰带上的做法早已过时，用餐巾来擦洗餐具或酒具的做法更是地地道道的失礼行为。假如中途有事需要离开时，可将餐巾稍微折一下放置到桌上，而绝不能将餐巾放在椅子上，因为这会给人不洁的感觉。

2．进餐的礼仪

正规的宴饮活动，台面碗盏布局，均衡匀称，主菜放当中，副菜围成一圈，菜肴造型正面朝向主宾。宴会前后主人对亲朋都要敬茶或敬酒，热情招待。

巡酒时自首席按顺序一路敬下。若是圆桌，则正对大门的为主客，左手边依次为二、四、六右手边依次为三、五、七直至汇合。若为八仙桌，如果有正对大门的座位，则正对大门一侧的右位为主客。如果不正对大门，则面东的一侧右席为首席。然后首席的左手边坐开去为二、四、六、八，右手边为三、五、七。

在用餐之时，应注重吃相。不可摇头晃脑，宽衣解带；说话尽可能降低声调；在取食菜肴时，要稳、准、快，不要挑三拣四；多人就餐还要注意避让他人等。

进餐时，举止要文雅，应把食物送入嘴中，而不是把嘴凑近食物。咀嚼食物不要发出声音，万一打喷嚏、咳嗽应马上掉头向后，用手帕掩口。菜或汤很烫时不可用嘴吹，等稍凉后再吃。口中有食物，不宜高谈阔论。嘴唇有油污不要沾染到酒杯上，应先用餐巾拭净。鱼刺、骨头不要丢在桌布上，要放在盛残渣的碟子里。宴会上，若感觉闷热，不可当众解扣宽衣、松裤带，这是极不雅观的，需要时可去盥洗室。用餐时遇有酒水打翻、筷子掉地，碰到了邻座，要道声"对不起"，再请服务员帮忙。对于餐桌上的公用物品，若离你较远，不可起身去取，可请求邻座帮忙，用后放回原处，并向邻座致谢。

席间，确实有事需提前退席，应向大家作以说明后悄悄离去，也可以事前打招呼，届时离席。宴会结束退席时，应向主人致谢，对宴会的组织及菜肴的丰盛精美表示称赞。如果自己为东道主应礼貌地送客，并道"欢迎再来"。

宴会中贯穿这样的礼仪、礼节，并非是对吃的情趣的束缚，而是表现人们的道德文化修养，在饮食生活中体现一种形式美、伦理美、人情美。

二、公关时的酒桌礼仪

中国的酒文化有相当悠长的历史。酒桌上的礼仪集中了从古至今的人文智慧，吸纳了幽默风趣的语言艺术，集儒雅温和的个人魅力与彬彬有礼的餐桌礼仪于一体，呈现出色彩斑斓的人间百态。也无可否认，以酒与语言为媒介，搭起了一道道情感桥梁。

酒桌气氛的调动需要宾主之中的每个人的积极参与。因此，入座后不要一个人沉默寡言，枯坐一隅，故作深沉或心不在焉都是不符合进餐礼仪的。与邻座礼貌地搭讪，适当地与主宾交谈是席间友好交流的开端。

但凡事都有一个限度。如果亲密到了忘乎所以的地步，以致忽而窃窃私语忽而哈哈大笑。这种毫无顾虑的感情流露往往会让旁人引起猜忌，是否对其他人有成见。因此，酒桌上不宜表现得过于亲密。

酒桌上的话题往往是由一人兴起，转而大家互相插话。所以，与邻座交谈时就尽量谈论一些能得到多数人认同并乐于参与的话题，这样的话题不要太离谱。避免唯我独尊，天南地北，神侃无边地唱独角戏。

公关工作者参加聚会时，无论是有求而来，还是别有目的，都要避免在席间过多地谈论工作、请求以及其他的合作事项。当然也不能绝口不提，最好是一带而过，彼此心知肚明。酒酣耳热、情投意合之时，事情也就顺理成章地办成了。频频露骨的提醒反倒会引起对方反感，甚至会把事情搞砸了。

但是，酒桌上有一个冠冕堂皇的目的，是可以任意拿来显摆的，那就是友谊。"酒逢知己"情真意切，这层意思需要用精准、生动的语言去渲染，全方位地做好了这点，其他的事也就水到渠成，达到了预期效果。

公关工作者在酒桌上说话，应抓住话题的核心，需要字斟句酌，突显自己的口才能力。表情要温和，语言要轻松，哪怕是一桩惊天动地的大事，前所未闻的奇事，也不可一惊一乍。轻松的话语，就像涓涓流水，无声细腻却包罗万象。要说的话，要表达的意思都可以在循序渐进的有条不紊中得以体现。温和是一种高雅的气质，不动声色却蕴含着非凡的魅力。它不至于锋芒毕露，也不会让别人小看自己，是一种保全了自己又迎合了众人的好方法。用词得当，不卑不亢，诙谐幽默，这一切都是那样自然地呈现给大家，没有一丝一毫做作的表现，令人产生好感。让公关工作者的才华、修养与交际风度给大家留下深刻的印象。

敬酒，是酒桌上有别于语言的一个重要程序。其中蕴涵的意义，是要在举杯那一刻逐步领会的。有求于人，须得敬酒。不求于人，但以示敬意，也须敬酒。礼貌地敬酒，不是一人呼朋引伴地起身大喊："来来来，今天高兴，大家一起来喝一杯！"这种粗俗的一锅搅不符敬酒的礼仪规范。

首先，把握好敬酒的姿态。端起酒杯，右手扼杯，左手垫杯，记着自己的杯子要永远低于别人，以表示谦和。但是，如果自己是领导，不能把酒杯放得太低，不然会叫下面的人无所适从。

多人敬一人是允许的，但一人敬多人就是以己居大了，是对别人的不敬。如果没有特殊人物在场，敬酒最好按顺时针顺序，不要厚此薄彼。敬酒不是纯粹地为了喝酒。这份敬意尊意还得体现在敬酒的说词上。雅致的说词，有时比敬酒本身更让人心旷神怡。敬别人，通常自己要先干为敬，但可劝对方量力而行。这一条尤其适合对待女宾，如果要求女宾干杯是很令其为难的。敬酒时要尽量表现出公关工作者良好的修养与风度。

敬酒时应该分清主次，把握大局。一般情况下敬酒应以年龄大小、职位高低、宾主身份为序。即使与不熟悉的人在一起喝酒，也要先打听一下身份或留意别人如何称呼，做到心中有数。公关工作者在敬酒时，应充分体谅对方，在对方实在不能喝酒，对酒精过敏或是胃不好时，请人代酒或是用饮料代替都是可以的，不要非让对方喝酒不可。要知道，喝酒，尽兴就好，但不能以伤害身体为代价。

有人提议干杯时，要手拿酒杯起身站立，将酒杯举到眼睛高度，说完"干杯"后，将酒一饮而尽或适量喝一些。然后还要手拿酒杯与提议者对视一下，这个过程就算结束。干杯前，可以和对方碰一下酒杯，表示你对对方的尊敬。当你离对方比较远时，用酒杯杯底轻碰桌面，也可以表示与对方碰杯。如果主人亲自敬酒干杯后，要回敬主人，和他再干一杯。

酒桌上作为主人一方要经常劝酒，劝酒时特别要注意的礼仪是切莫强求。"以酒论英雄"，对酒量大的人还可以，酒量小的可就犯难了，过分劝酒，会让人很难为情甚至生出事端，破坏气氛。

在酒桌上替上司代酒是经常的事情，但是要做得不动声色，不能显得上司不胜酒力而自己却胜之一筹。最好的方法是让别人以为你是因贪杯才要代上司的酒，或者是通过旁敲侧击把敬酒的人拦下，当然这需要相当高明的技巧和临场经验。

酒如果喝得过于尽兴，也就是超量了，总会感觉到不舒服。此时的嘘寒问暖就显得你对人关怀备至，上司也好，宾客也好，都是如此。递上一杯热水，一条热手巾，就是一种体贴和照顾。

如果你是个近乎滴酒不沾的人，就不能冒冒失失地主动敬酒，否则就是引火烧身。韬光养晦、不动声色是得以全身而退的自保之策。

常言说，"人在江湖，身不由己"。酒桌上也通常存在这种无奈。自己不会喝，但敬的人是个大人物，或者是刚见面的需要结识的客户，实在不好推却，也只能舍命陪君子，否则会引起对方的猜忌："你不会喝酒，何必要来？"出现这种局面，双方便会觉得窘迫。所以，不管怎样，不会喝酒的人都得学些诀窍。

礼仪是一种尊重，是文明的象征，酒桌上的礼仪展现出来的是"有朋自远方来不亦乐乎"的待客之道，令远方来客找到宾至如归的亲切与温情。与其说这是一场美味佳肴的盛宴，倒不如说是一片人文关怀之心的聚会。天下宴席，聚聚散散。礼，却横贯东西南北，尽展盛情之中的和谐与美好。

三、公关时的饮茶礼仪

中国是茶叶的故乡，有着悠久的种茶历史。中国的茶文化兴起于四千多年以前，凝结着华夏悠久的文明，伴随着严格的传统礼节。

"客来敬茶"是中国人重情好客的传统美德。直到现在，宾客到来，总要沏上一杯香茶。喜庆活动，也喜用茶点招待。逢年过节开个茶话会，既简便经济，又典雅庄重。所谓"君子之交淡如水"，也是指清香宜人的茶水。中国饮茶礼仪因各地的风俗习惯不同、人文背景不同有很大差异，但是按饮茶的过程来归纳总结，就会发现有共同、共通的内容，一般分为以下几种。

1. 沏茶的礼仪

公关工作者作为主人一方为客人沏茶之前，要首先洗手，再洗净茶杯或茶碗，要特别注意茶杯或茶碗有无破损或裂纹，残破的茶杯、茶碗是不能用来待客的。还要注意茶杯、茶碗里有无茶垢，有的话，一定要清洗掉。所使用的茶具以陶瓷制品为最佳，当然细瓷茶具、玻璃杯也是很常用的。

沏茶前，可事先征求客人意见，是喜欢红茶、绿茶还是花茶，要按客人的口味来泡茶。就外国人的饮茶习惯来讲，一般美国人爱喝袋泡茶，欧洲人爱喝红茶，日本人则偏爱喝乌龙茶等。冲泡开始前，应简要地介绍一下所冲泡茶叶的名称以及这种茶的文化背景、产地、品质特征、冲泡要点等。但介绍内容不能过多，要语言精练，语调亲切，用词文雅温和，使饮者感到茶道是一种高雅的享受。

从茶叶筒取茶叶时，要用清洁的茶匙舀取茶叶，忌用手抓，以免手不洁净形成污染，或混入杂味。如果手边一时没有合适的茶匙，可将茶筒倾斜对准壶口、杯口轻轻抖动，使适量的茶叶慢慢落下，接着将开水倒入，盖好盖儿，五分钟后即可饮用。茶水不要沏得太浓或太淡，每一杯茶斟得八成满就可以了。中国人的习俗中有"满杯酒，半杯茶"一说，如果只沏半杯茶也不为失礼，有宜于添水保持茶水的温度。

由于茶叶中的氨基酸有利于人的健康，它在水温60℃时就能溶解，茶叶中的维生素C如果水温超过70℃，就要受损，茶单宁和咖啡碱在水温70℃时就能够溶出。因此，沏茶的水温一般保持在70℃~80℃之间比较好，但是由于茶叶采摘的嫩、熟程度不同，水温要求也不相同。

70℃~80℃的水用以冲泡龙井、碧螺春等带嫩芽的绿茶类与黄茶类较适宜；80℃~90℃的水，可用以冲泡白毫、嫩采的乌龙茶等；90℃~100℃的水用以冲泡成熟叶采摘的乌龙茶，以及后发酵的普洱茶。

泡茶用水可以先烧到100℃再降到所需温度，也可以需要多高的水温就烧到所需温度即可。怎么样烧水要看水质是否需要杀菌或利用高温降低某些矿物质的成分等。如果需要，先将水烧到100℃再降到所需温度，如果不需要，直接加温到所需温度即可。烧水不可开滚太久，因为，烧得太久水中气体含量会降低，不利茶叶中的香气挥发。

2. 敬茶的礼仪

作为公关工作者，懂得敬茶的礼仪非常重要，因为这可以表明自己有着很好的文化素质和懂礼貌、善应酬。客人进入客厅前一两分钟，就应把茶沏好，待客人落座后，即把茶端送到客人面前。以右手持茶杯托，左手护杯，从客人的左后侧，双手将茶杯递上。茶杯放在客人面前右手附近，杯耳应朝向客人右手位置。使用无茶托杯子时，则以右手持杯耳，以双手捧杯姿态奉上。避免在客人正前方上茶，不可单独使用左手上茶。注意不要用手指接触杯沿。放茶杯时应该略微躬身，说"请您用茶"。也可伸手示意，同时点头说一个"请"字。

如果在公关活动中客、主双方人多，亦可预先将茶杯放在茶几上，先沏小半杯，待客人落座后续水，即可保证茶可充分沏开，又可让客人喝上热茶。

如果是公共场合招待宾客，需要安排服务人员用茶盘送上。上茶顺序是先客后主，先上司、长者、女士，后上陪同、晚辈、男士。人员众多，则应从主宾、主人上起，由近而远，渐次而行。因此，公关工作者要将客人、主人的职务和年龄情况先向服务人员交代清楚。

3. 受茶的礼仪

公关工作者若是以客人角度接收对方的敬茶，一定要礼貌地答谢。特别是年长者为自己上茶、斟茶时，作为客人和晚辈，应当起身用双手捧接茶杯，并礼貌地表示感谢。即使是服务人员为自己斟茶，也应表示适当谢意，如说声"谢谢"或点头示意。

在公关谈话开始时，未进入正题前，可少许喝一两口，但交谈关键时刻，精力要集中，最好不喝茶，这可以集中自己的注意力，同时也是对对方的尊重。在谈完主要问题之后，或一段重要的谈话告一段落，才好品茶，润嗓子。

如对所饮之茶特别喜欢，可适当地加以赞美，这是对主人热情招待的感谢，也是有礼貌地表现。不喜欢，可以不喝，但不可评头论足，显露不悦之色，更不可向主人提出其他过分的要求。

我国旧时有这样一种习俗，以再三请茶作为提醒客人应当告辞的做法。因此，公关工作者招待老年人或海外华侨时要注意，不要一而再、再而三地劝其饮茶，避免让对方误解为"请告辞"。

4. 品茶的礼仪

喝茶虽说不像喝酒、喝咖啡那样小口、少量，但也要斯斯文文，不能像口渴之时喝矿泉水那样牛饮。喝茶称品茗，讲究的是一个"品"字，这不仅是指味觉享受，而且也是礼仪上的要求。所谓"品"，就是要慢条斯理、小口啜饮，集中精力体会茶香的奥妙之处，茶水在口中一定不要马上咽下，而是令其停留片刻，让茶的醇香发挥出来，在唇齿之间回旋，尽情享受茶香带来的愉悦。

饮茶时要注意，用右手持杯耳将杯子端起来。若是无杯耳的杯子，则以右手握杯的中部。一定不要双手捧杯，或手托杯的底部，或手握杯口。如果有茶托，要以右手端杯，不动茶托，也可以左手将茶托与茶杯一同端起再以右手端杯饮用。

饮盖碗茶时，注意要用杯盖将飘在表面上的茶叶轻轻荡去，不要当众将茶叶吃进口中，这是不文雅的表现；茶热，不可用嘴吹气的方式来降温，只能待其自然降温后再饮用；饮茶时不要出"咕噜咕噜"的声音；需要续茶时，把杯子的盖取下，靠在茶托边上，注意不要把盖儿翻过来放。

公关工作者不论是以主人身份还是客人身份从事公关活动，都不应大口吞咽茶水，或喝得"咕噜咕噜"直响。应当慢慢地一小口一小口地仔细品尝。不可一杯接一杯地喝个没完。

西方人士习惯喝红茶。饮用红茶如同饮咖啡，往往要加糖和牛奶，其规矩也同饮咖啡一样，只可用匙搅拌，不得用匙舀饮，不用匙时，应将匙放在茶托上。

5. 茶会的礼仪

公关活动中的茶会，也叫茶话会，是一种以联络感情，加深合作伙伴、朋友间的友谊进行的招待性质的社交集会。由于参加者可以不拘形式地自由发言，并且因为备有茶点，故此人们习惯称为茶话会，但有些地方仍喜欢称之为茶会。

从表面上来看，茶话会主要是以茶待客、以茶会友，但是实际上，它的重点不在"茶"，而在于"话"，意在借此机会与社会各界沟通信息、交流观点，听取批评、增进联络、为本单位实现"内求团结一致、外求共同发展"这一公关目标，创造良好的环境。

举行茶话会招待宾客，通常在下午4点左右开始，设在客厅或礼堂之内。准备好坐椅和茶几就行了，不必安排座次。除主要供应茶水之外，在茶话会上还可以为与会者略备一些点心、水果或有地方特色的干果。需要注意的是，在茶话会上为与会者所供应的点心、水果等，品种要对路、数量要充足，并且要便于取食。为此，最好同时将擦手巾一并送上。茶话会的内容和形式有着约定俗成的规则：结束以后意味着"曲终人散"，通常不再为与会者准备正餐，但是如果有客人是远道而来，在吃饭时间安排正餐也是公关工作者要考虑的事情。

茶话会的形式通常有以下几种：

（1）环绕式。这种方式指的是不设立主席台，而将坐椅、沙发、茶几摆放在会场的四周，不明确座次的具体尊卑，而听任与会者在入场之后自由就座。这种安排座次的方式，与茶话会的主题最相符，因而是现下很流行的一种排座。

（2）散座式。这种方式多见于举行于室外的茶话会。它的坐椅、沙发、茶几的摆放，看似散乱无序，四处自由地组合，甚至可由与会者根据个人要求而自行调节，随意安置，但是也有一定的设计思想在里面。其目的就是要根据与会者的习惯和品味创造出一种宽松、舒适、惬意的公关环境。

（3）圆桌式。这种方式是指的在会场上摆放圆桌，而请与会者在其周围自由就座的一种安排座次的方式。在茶话会上，圆桌式排位通常又分为下列两种具体的方式：一种是在会场中央安放一张大型的椭圆形会议桌，四周是按参会人员数摆放的坐椅，请全体与会者在其周围就座；二是在会场上安放数张圆桌，而请与会者自由组合，各自就座。当与会者人数较少时，可采用前者。而当与会者人数较多时，一般采用后者。

（4）主席式。主席式排位并不意味着要在会场上设置主席台，而是指在会场上，主持人、主人与主宾应被有意识地安排在一起就座，精心设置便于他们交流的位置。并且按照常规，居于上座之处。例如，中央、前排、会标之下或是面对正门的位置。

就总体来说，为了使与会者能够畅所欲言，并且便于大家进行交际，茶话会上的座次安排不能明显地体现位置的尊卑。不排座次，允许自由活动，不摆与会者的名签，是现代茶话会最常见的作法。

6. 茶艺

茶艺是指在制茶、饮茶、评茶、品茶过程中的精华艺术。经过茶文化的不断演进，把这些精华上升到理论层面以后，再集中在一个环境中释放出来。现代茶艺表现了具有时代特色的一种生活情趣，是在品饮过程中对视觉感受、味觉感受以及环境感受等综合起来的艺术享受。

中国的"功夫茶"，就是茶艺的一种，使人在品茗的过程中内心得到安详与灵达之感。公关工作者如果能掌握"功夫茶"的知识，在公关活动中可以提升自己的文化品位，因而受到对方的尊敬和信赖，可以看成是达成公关目的的一个关键性的手段。以下介绍"功夫茶"的操作程序。

（1）嗅茶。主客坐定以后，作为主人一方的公关工作者取出茶叶，主动介绍该品种的特点以及风味，客人则依次传递嗅赏。

（2）温壶。先将开水冲入空壶，把壶体温热，然后将水倒入"茶船"——一种紫砂茶盘。

（3）装茶。使用专用的茶匙向空壶中装入茶叶，通常装满大半壶。切忌用手抓茶叶，以免杂味混入，或者是带入细菌。

（4）润茶。把沸水冲入壶中，待壶满时，用竹筷刮去壶面上的茶沫，随即将茶水倒入"茶船"里。

（5）浇壶。这时根据不同的茶叶使用不同温度的开水开始正式泡茶，盖上壶盖之后，向壶身浇开水，使壶内、壶外温度一致，这有利于茶中的各种营养物质的溶解。泡茶的间隙，在茶船中利用原来进行温壶、润茶的水，浸洗一下小茶盅。

（6）运壶。第一壶茶泡好后，提起茶壶在茶船的边沿巡行数周，目的是为避免壶底的水滴滴入茶盅里串味。

（7）倒茶。将小茶盅一字儿排开，提起茶壶来回冲注，俗称"巡河"。切忌一杯倒满后再倒第二杯，以免各个杯子中的茶水浓淡不均。

（8）敬茶。双手捧上第一杯茶，敬奉在座的客人。如客人不止一位时，第一杯茶应奉给德高望重的长者或位尊的人。

(9)品茶。客人捏着小茶盅,观茶色,嗅茶味,闻茶香,然后挪动于鼻唇之间,或嗅或啜。其貌如痴如醉,物我两忘,则是品茶的最高境界。

茶艺是中国民族文化的精华,博大精深,源远流长,融汇古今茶文化的经典。在现代人的交往中,茶艺扮演着重要的角色,有"通茶艺即通人心"之说。神奇的茶艺在公关活动中发挥着心到佛知的作用,善交际者皆精通此道。

四、公关时的西餐礼仪

信息时代的经济有全球化的特点,人们的交流方式也更加开放频繁,这使西餐礼仪成为公关工作的一项重要内容。欧美国家的人,在进餐时有穿着得体的习惯。去高档餐厅,男士要穿着整洁的上衣和皮鞋,女士要穿套装和高跟鞋。如果指定穿正式服装的话,男士不要忘记打领带。

入座时由椅子的左侧入座,这是最得体的入座方式。当椅子被拉开后,身体在几乎要碰到桌子的距离站直,领位者会把椅子推进来,腿弯碰到后面的椅子时,就可以坐下来。坐姿要保持优雅、美观,上臂和背部要靠到椅背,腹部和桌子保持约一个拳头的距离。西餐的礼仪是很复杂的,现就一般常识略作介绍:

1. 西餐点菜及上菜顺序

西餐菜单上有六大类,其分别是开胃菜、汤、沙拉、海鲜、肉类、点心等。主菜如果是鱼,开胃菜就选择肉类,在口味上就比较富有变化。如果食量不是特别大,其实不必从菜单上的单品菜内配出全餐,只要开胃菜和主菜各一道,再加一份甜点就够了。可以不要汤,或者省去开胃菜,这也是很理想的组合。

正式的全套西餐点菜、上菜的顺序是:

(1)头盘。西餐的第一道菜是头盘,也称为开胃菜。一般有冷头盘和热头盘之分,常见的品种有鹅肝酱、鱼子酱、熏鲑鱼、奶油鸡酥盒等。因为是开胃菜,都非常有特色风味,味道以咸和酸为主,而且数量少、质量好。

(2)汤。这是西餐的第二道菜。大致可分为清汤、奶油汤、蔬菜汤和冷汤等四个类。品种有牛尾清汤、奶油汤、海鲜汤、美式蛤蜊汤、意式蔬菜汤、法式葱头汤等。冷汤的品种较少,有德式冷汤、俄式冷汤等。

(3)副菜。鱼类菜肴一般作为西餐的第三道菜。品种包括各种淡、海水鱼类、贝类及软体动物类。通常水产类菜肴与蛋类、面包类、酥盒菜肴都称为副菜。因为鱼类等菜肴的肉质鲜嫩,比较容易消化,所以放在肉类菜肴的前面。西餐吃鱼非常讲究调味汁,品种有鞑靼汁、荷兰汁、白奶油汁、大主教汁、美国汁和水手鱼汁等。

(4)主菜。肉类菜肴是西餐的第四道菜,也称为主菜。肉类菜肴包括牛、羊、猪、小牛仔等各个部位的肉,其中最有代表性的是牛肉或牛排。牛排按其部位又可分为沙朗牛排、菲利牛排、薄牛排等。常用的烹调方法有烤、煎、铁扒等。与肉类相搭配的调味汁主要有西班牙汁、蘑菇汁、白尼斯汁等。

肉类中还包括鸡、鸭、鹅等禽类菜肴,通常将兔肉和鹿肉等野味也归入禽类菜肴。禽类菜肴品种最多的是鸡,有山鸡、火鸡、竹鸡,烹调方法有煮、炸、烤、焖,主要的调味汁有黄肉汁、咖喱汁、奶油汁等。

(5)蔬菜类菜肴。蔬菜类菜肴一般都安排在肉类菜肴之后,有时也与肉类菜肴同时上桌,所以称为一种配菜。蔬菜类菜肴多数是沙拉。蔬菜沙拉包括生菜、西红柿、黄瓜、芦笋等。沙拉的主要调味汁有醋油汁、法国汁、千岛汁、奶酪沙拉汁等。

沙拉也有用鱼、肉、蛋类制作的，这类沙拉一般不加调味汁，在进餐顺序上可以作为头盘。

西餐还有一些蔬菜是熟的，如煮菠菜、炸土豆条。熟食的蔬菜经常与主菜的肉食类菜肴一同摆放在餐盘中上桌，称为配菜。

（6）甜品。西餐的甜品是在主菜后食用的，可以算作是第六道菜。从真正意义上讲，它包括所有主菜后的食物，如布丁、煎饼、冰淇淋、奶酪、水果等。

（7）咖啡、茶。西餐的最后一道是上饮料、咖啡或茶。喝咖啡一般要加糖和淡奶油。茶一般要加香桃片和糖。

2. 餐巾与刀叉的使用

点完菜以后，菜送来的这段时间把餐巾打开，往内折三分之一，让三分之二平铺在腿上，盖住膝盖以上的双腿部分。

进餐时要把餐盘放在中间，刀子和勺子放置在盘子的右边，叉子放在左边。一般右手写字的人，吃西餐时，很自然地用右手拿刀或勺，左手拿叉，杯子也用右手来端。

在桌子上摆放刀叉，一般最多不能超过三副。三道菜以上的套餐，必须在摆放的刀叉用完后随上菜再放置新的刀叉。

用餐时，刀叉是从外侧向里侧按顺序使用，也就是说事先按使用顺序由外向里依次摆放。进餐时，一般都是左右手互相配合，即一刀一叉成双成对使用的。有些例外，喝汤时，则只是把勺子放在右边——用右手持勺，食用生牡蛎一般也是用右手拿牡蛎叉食用。

刀叉有不同规格。按照用途不同，其尺寸的大小也有区别。吃肉时，不管是否要用刀切，都要使用大号的刀叉。吃沙拉、甜食或一些开胃小菜时，要用中号刀叉或勺。喝汤时，要用大号勺，而喝咖啡和吃冰激凌时，则用小号勺较适宜。

3. 西餐喝酒的礼仪

一般的侍者会按顺序倒酒，当侍者来倒酒时，不要主动地去拿酒杯给他倒酒，而应把酒杯放在桌上由侍者来倒。如果你不想要酒，那么，就用指尖碰一下酒杯的边缘，以示不想要了，侍者就不会给你倒了。

高档葡萄酒升高温度会影响口感，为避免手的温度使酒温增高，正确的握杯姿势是三根手指轻握杯脚，即用大拇指、中指和食指握住杯脚，小指放在杯子的底台固定。喝酒时绝对不能吸着喝，应该倾斜酒杯，就像是将酒放在舌头上似的喝。你可以轻轻摇动酒杯让酒与空气接触以增加酒味的醇香，但不要猛烈摇晃杯子。

不是在敬酒的情况下一饮而尽，或是边喝酒边透过酒杯看人、拿着酒杯边说话边喝酒、将口红印在酒杯沿上等，都是失礼的行为。

在餐厅里点选餐酒，最重要的一条，是先订下消费预算。一般来说，点选的餐酒价钱，应大概为用餐消费的一半。例如，两人用餐，每人消费六百，点选一瓶约六百元的餐酒共饮，就最为大方恰当。当订下预算后，就要从餐厅酒单里拣选合适的餐酒，如果你对餐酒没有知识，不知道点什么酒才好，也不妨直接请教侍者。一般高级餐厅里的侍者，均有相当专业的各类餐酒知识，并乐于提出良好的建议。品酒要用眼、鼻和口来鉴别酒液的色、香与味。简单来说，品酒可分为以下三个主要步骤：

（1）首先要用眼睛观赏酒液的颜色。选定餐酒后，侍者会先将酒奉上，给你核对瓶上的标签，以确认餐酒品牌无误后，就会先倒少许酒液于杯内给你试饮，若你对酒质口味感到满意，侍者便会继续添酒。试酒前，先要微微举起酒杯，轻轻打圈摇晃，先欣赏酒液的"挂杯"情况，再于灯光下观赏其色泽，并要留意酒中是否清澈无杂质。

（2）用眼睛观赏过以后，就要用鼻子去感受酒香。先握紧杯脚，将酒杯轻轻打圈，让红酒在杯内晃动，跟大量空气接触，释放香气，然后将酒杯凑近鼻子，慢慢享受酒香。只要你多试几次，慢慢就能分辨出酒液中的果味、木味、花味、泥土味以及橡木味，亦可凭味道分辨出酒的级数。呷一口酒，让酒香在口腔中慢慢释放散开。

（3）最后一步是饮酒。饮酒时要将酒杯倾斜，像是将酒放在舌头上似的轻轻地喝。缓慢摇动酒杯让酒与空气接触以增加酒味的醇香，但不要猛烈遥晃杯子。喝酒时像中餐那样一饮而尽或带着"咕噜咕噜"的响声灌下去，不仅是一种浪费，还很失礼；一瓶优质佳酿，喝后酒香会留于口腔之内，久久不散，带来丰富的味觉享受。

4.西餐的忌讳

吃西餐时，每个人都有自己的一套餐具，如果是合餐，每个人都可从大盘里取用的话，那么，一定有备用的公用叉或勺供大家使用。

用叉要注意方法。不能用叉子扎着食物进口，而应把食物铲起入口。美国人食用肉类有时先用刀把肉切成块状，然后用叉子一块一块地送进口中；而欧洲人一般是边切边吃，而且是铲起来送入口中。西餐中的餐具使用，也是可以变化的。如食用某道菜不需要用刀，也可用右手握叉。例如，意大利人在吃面条时，只使用一把叉，不需要其他餐具，用右手来握叉倒是简易方便的。没有大块的肉要切的话，例如素食盘，只是不用切的蔬菜和副食，也可用右手握叉来进餐。

手里拿着刀叉时说话，一定不要指手画脚。发言或交谈时，应将刀叉放在盘上。在餐桌上进餐，一边要享用美食，同时大家当然也要进行交流。但手里拿刀叉时切勿比比划划地谈话，也不可将刀叉竖起来握在手中放肆地大笑或大声喧哗，这不仅是缺乏教养的表现，也会让人感到胆战心惊，实际上这种危险的举动的确对人对己都是一种威胁。

叉子和勺子可入口，但刀子不能放入口中，不管它上面是否有食物。一定要注意这个礼节，并且刀子入口也是有危险的。

【复习思考】

1.简述公关口才的构成要素和语言特点。
2.公关礼仪的基础包括哪些内容？
3.简述公关场合的饮食礼仪。
4.简述公关场合的酒桌礼仪。
5.简述公关场合的饮茶礼仪。

第十二章 推销口才

第一节 推销的基本知识

一、推销的概念

推销有广义推销和狭义推销两种方式。

广义的推销，是一种有目的性、有针对性地运用个人影响，使他人接受自己的意识、观念、情感、愿望和目的，从而达到满足个人需要或双方需求的行为活动。个人对他人施加的影响，是实现推销目的的关键因素。因此，从广义上讲，我们每个人都在推销，"无人不推销"，"人人都是推销员"。

狭义的推销，是指推销人员从自己或双方的利益或需求出发，运用各种方法，向推销对象传递产品或服务的信息，说服推销对象接受或购买自己所推销的产品或服务，是一种直接的营销活动。这个含义上的推销活动包含三要素：一是推销主体（推销人员），二是推销对象（顾客、用户等），三是推销客体（产品、服务、观念等）。

由此可见，狭义推销与广义推销的差异是明显的，但二者也存在共同的要素。二者都在向人传递信息；都在进行说服，争取同情；都需要被理解和接受。

二、推销的特点

推销是一种区别于其他方式的经营活动，它需要专门的技巧，要求推销人员集知识、天赋和才能于一身，充分运用灵活多样的说服技巧，来达到推销的目的。这种推销活动有自身的特殊性。

1. 针对性

推销活动是企业在特定市场当中，根据特定的产品或服务，定位相应的消费对象或顾客，进行推销的商业活动，是一种有针对性的业务经营方式。它是推销人员从自身所从事的业务工作出发，选择对应的潜在顾客，确定消费对象，进行有效的拜访，然后运用语言向潜在消费对象灌输产品或服务的信息，说服诱导，引起顾客对推销的产品或服务产生心理兴趣，达成交易目的。

因此，推销是针对性较强的一种交流沟通方式，甚至可以说是有选择性的一种方式。这种特征要求推销员必须着眼于推销的产品实际，切忌千篇一律、模式化、框架化。

2. 特定性

推销，顾名思义就是推销人员根据特殊的利益要求，按照一定的行为方式，从产品的特性出发，锁定消费者，进行产品特性等方面的介绍，让潜在消费者产生好奇、认同，到最后产生需求，达到交易的完整过程。

3. 双向性

推销员向推销对象传递所推销产品的信息，推销对象同时也对推销员所传递的信息产生反馈。

推销人员带着推销任务进入市场，首先要做的就是掌握顾客的信息，了解顾客的心理需求，熟悉市场的供求情况和人们对产品的反映，以便给企业提供信息，促进企业适应市场需要，调整生产结构，改进生产技术，改善服务。而推销对象是否愿意倾听推销人员的介绍，对推销人员的信息是否作出真实的反映，是双向沟通能否顺利进行的关键。

4. 灵活性

推销是一项灵活多样的工作。在工作当中，推销人员要根据产品的不同、推销对象的不同、推销环境的不同以及需求动机的不同，有针对性地采取灵活多样的推销方法和推销技巧来促成推销的成功。在推销过程中，推销人员可以因时因地，适时地根据顾客的反映情况来调整推销方法，进行"战略"、"战术"上的转移，以适应不同推销对象的具体要求。

推销的灵活性，主要体现在推销人员对顾客提出的疑问给予当场解答，化解顾客的疑虑，这也是成功实现交易的保证。

5. 主动性

推销过程是推销人员从自身的任务出发，主动采取策略，挖掘顾客，千方百计吸引顾客的兴趣，使之产生购买欲望，实现购买的行为。推销人员要明确推销对顾客消费心理产生的暗示作用，主动上门推销商品，灌输产品意识。只要有消费可能的顾客，都会从潜在买主成为现实买主。推销的目的，就是让那些还没有需求的顾客，加深对产品的印象，实现其购买目的，进而成为企业的现实客户。

6. 实效性

推销活动是一个用最低成本达到最大限度挖掘潜在客户目的的活动。

推销人员为了最便利地取得效益，在进行推销之前需要对潜在的客户对象作一番分析，包括顾客的心理防御和心理需求等，使推销能较容易获得成功。

与广告促销一样，推销的产品或服务也是顾客暂时不需要或是为人所忽略的东西。推销活动就是要采取策略促使顾客对推销的产品或服务产生兴趣，满足顾客的心理需求，从而使之采取现实的购买行为。这一点，推销较之广告宣传有更多的实效性。

三、推销的方式

所谓推销方式，就是指企业或推销人员向潜在客户传递企业产品的相关信息，帮助客户了解所推销的产品并对之产生兴趣，说服客户产生购买欲望，形成购买行为的各种形式。

推销方式的多样化，给现代推销提供了便利。总的来说，推销方式可以分为直接推销方式和间接推销方式两类。本书所说的推销口才，涉及的主要是直接推销。

直接推销，也称人员推销，它是一种由推销人员直接与顾客接触，向顾客介绍、说明产品的功能，以实现商品销售目的的推销方式，是一种最便利又最具实效性的方法，有利于推销人员及时掌握顾客的情绪变化。

一般来说，推销包含以下各种具体的推销方式。

1. 当面推销

这种推销方式，是推销人员寻找客户，直接向目标客户进行说服、沟通，当面介绍产品的推销方式。当面推销，便于发挥推销人员的主观能动性。

2. 展览推销

这种推销方式，是推销人员在固定场所设置柜台进行产品展览，用产品的新颖性、独特性来吸引顾客的注意力。展览推销较易获得顾客信任，人力资本较低，但比较费时，不妨上门推销的积极主动。

3. 会议推销

这种推销方式，是推销人员运用各种产品交流会、交易会、宣传会、购销会进行产品的推销。会议推销活动方式定位多层次的消费群，有厂家、中间商、个体消费者等，在这种场合，有助于在有限的时间内展开多重商谈，便于集中财力、物力、人力，不足之处在于受与会人员、场地范围的限制。

4. 电话推销

电话是现代便利的通信工具，利用这种方式向顾客进行推销，有利于最大限度地扩大推销对象，在推销当中比较省时、省力。当然，这种推销方式也存在顾客不接听电话和挂断电话等问题，不便于复杂推销，难以获得顾客信任。

5. 导购推销

导购推销，就是推销人员作为导购员，在固定的营业场所为顾客介绍产品，进行各方面的说明，提供一种辅助服务。这也是营销的一种有效方式。在商场当中较为常见，推销人员的口才、能力在其中起着关键的影响作用。

6. 网络推销

目前，电脑已成为我们的日常工具，精明的商家立即瞄准了这个市场，利用电脑这一高科技手段，不分昼夜地给网民们推销商品，而且图像的直观性也能吸引顾客的注意力，便于交易的达成。

四、推销的原则

推销是一个双方互动的过程，推销人员在推销当中必须坚持顾客第一的原则，把握好言语行为的适当性，提高顾客对推销人员及推销产品的信任，从而完成交易目的。

(一)顾客至上

推销活动的顺利进行，需要顾客的有效参与。因此，在推销当中需要以顾客的心理需求和欲望为出发点，有针对性地进行说服工作。如何有效地对产品进行推销是满足人们有形或无形的需要或购买产品的重要保证。

顾客对某一产品的兴趣，是基于对该产品的一种需求，但顾客还处在斟酌状态，并不能决定就要买或是在比较当中。推销人员这时候的工作，就要发挥推销的技能，把满足顾客需求的推销方案有条有理地向顾客推荐，说服顾客对自己推销的产品感兴趣，满足顾客的心理需要，完成推销任务。

因此，推销人员在推销产品之前的一个重要工作就是要对顾客进行分析，了解顾客的需求动机，准确掌握顾客的内在需求，对他们的特殊需要、疑虑作出恰当的说明、解释，消除顾客的一切疑惑，满足其知情权。把顾客需要放在首位，在推销员与顾客需求之间建立起一条共同的纽带，是推销成功的奠基石。

一般来说，顾客的需求动机有以下几种：

1. 习俗

由于种族、宗教信仰、文化传统和地理环境的不同，消费者的购买行为是为了满足某一特殊的消费习俗。

2. 便利

消费者一般都希望在购买时享受热情周到的服务，并能得到购买时间、方式和携带、维修等方面的便利。

3. 审美

随着社会文明的进步和群众生活水平的不断提高，消费者的审美要求也随之提高，许多消费者比以往更强烈地追求美感。

4. 好奇

许多消费者对一些造型奇特、新颖、刚投入市场的商品和服务，会产生浓厚的兴趣，希望能立即购买。

5. 惠顾

由于长期的购买习惯或对推销人员的服务态度和方式有好感，消费者常常不假思索，凭经验乐于光顾某一商场或服务场所。

6. 求实

选购商品时，消费者比较注重商品的经济实惠、价廉物美，尤其追求物超所值。

7. 偏爱

由于长期使用和比较，消费者感到某种品牌的商品或某一名牌商店提供的服务适合自身的兴趣、爱好或职业特点等，形成明显的消费偏好。

8. 从众

受舆论、风俗、流行时尚的引导和参照群体的影响，某些消费者会赶时髦、追新潮、迎合时尚，随大流而动。

9. 求名

不少消费者信任名牌商品和名厂名店，乐意接受名牌厂商的宣传，选购心目中认定的品牌。

(二) 互利共赢

推销的目的，在于实现自己的劳动价值，为单位的再生产创造必要的条件，使企业的生产经营获得利益价值；对顾客来说，则在于所购买的产品或服务必须能满足自己的需求或获得利益。由此可见，推销员与推销对象在交易过程中双方都要从中取得各自的利益，这就是互利共赢的原则。要求推销员以双方的利益为出发点，不能以损害另一方的利益为手段来进行推销活动，因为双方只有在共同利益得到实现的情况下交易才能完成。

顾客的价值需求，是推销活动的依据。推销人员在推销活动中，要尽量让顾客满意，得到认同。因此，互利双赢是推销人员维持永久客户的重要原则，也是推销取得顾客认同和接受的基础和条件。要成为优秀的推销人员，就必须成为客户喜欢的推销人员，就应设法为客户提供预期效果，满足客户在交易中获得既定利益。

(三) 诚实守信

诚实守信是市场经济的一个重要原则。如果没有诚实守信，那么市场经济就会乱成一团。在市场经济下,任何企业和推销人员首先必须取信于顾客,才能顺利完成推销任务。而要取信于顾客,就必须以诚实守信为本,时刻把顾客放在第一位,从顾客的切身利益出发,才能得到顾客的信赖。企业不讲信誉,就难以在市场上立足;推销人员不讲信用,也不可能获得推销对象的信任。

(四)说服诱导

说服诱导,是指推销人员在推销当中运用言语和行为等方式将自己的意见,有形无形地传达给顾客,有意识地诱导顾客接受产品或服务的过程。

直接推销是推销人员主动向顾客推销的一种销售方式,顾客在这个过程中处在一种相对被动的地位。

推销人员的说服、引导,必须在推销活动中合理利用,劝导顾客愿意接受自己的拜访,愿意倾听自己的产品推销,让顾客静下心来了解自己所推销的产品,达到自己推销的目的。在整个过程中,推销人员要有效地说服、引导,恰当地消除顾客异议,树立顾客对推销人员和产品的信任。只有在这基础上,推销工作才能顺利进行。

一般来说,推销人员的说服和诱导要以尊重顾客的意愿为前提,不能与顾客进行争论,或者强迫顾客购买自己的产品,更不能用欺骗的方式来完成自己的推销任务。如果以欺骗的方式推销产品,顾客就学会了保护自己的方法,就会形成抵制该产品的倾向,推销工作就会越来越难做。

推销人员在说服诱导的前提下,其推销一定要建立在规范的商业道德上,让顾客对推销人员充满信任。推销人员不单单是把自己的产品推销出去,更重要的是建立一种信任的人际关系。在推销产品中,绝不能做对顾客无益的交易,对顾客不感兴趣的产品应主动撤退,不强迫顾客接受自己所推销的产品。

第二节 推销的交谈艺术

一般来说,从言谈话语中往往能直接反映出一个人是否实在及办事的可信赖程度。谈吐之美,在于用词恰当,言之有物,如实介绍情况,有一种自然的吸引力,从而打动别人的心,使人听得入迷,自然就对你的推销深信不疑,买卖就能做成。如若瞎吹胡搔,表现无知,或卖弄华丽的辞藻,言之无物,文不对题,就会使人产生轻鄙的感觉,不予信任,推销自然不会成功。

一、推销的交谈艺术

1.礼貌地打招呼

有礼貌地打招呼是推销成功的第一步。这一点看似容易,实际中却不容易做到。对于推销员来说,所面对的客户多是初次见面的陌生人,第一次打招呼给人的印象较为重要,因而礼节是不容忽视的,应尽可能周全一些。一般打招呼,点个头,或者稍微欠欠身就能说得过去。但如果一位推销员面对的客户偏偏对礼节比较讲究,那么他就可能认为这类打招呼的方式有失尊重,心里可能因为未能够被足够重视而很不是滋味,于是原本有的购买想法就会放弃。对推销员来说,一次成交机会可能就会因这一行为而失去了。一般说来,礼节性的打招呼应注意以下几点:随机场合表现有礼的举止;先主动向对方问候,声音要有生气,给人以精力充沛的印象;称呼对方名字,让对方感到亲切;面带笑容,消除对方的紧张情绪。

2. 以赞美开始

喜欢听好话是人的天性,每个人都喜欢被别人抬高,好显得自己很有学识、很有才华或很有地位和权势。在销售行业,同样也是这个道理,几乎每一个客户都喜欢听别人的恭维话,客户愿意让自己在销售员面前显示出自己与众不同、高人一等。作为销售员,你应该抓住顾客的这个心理特点,先使出你最大的本领给客户戴顶高帽子,然后再把东西卖给他。

有一位中年男士走进一家古玩店,一进门,就随手拿起一块玉璧,上下翻看着。销售员面带微笑地走到顾客的面前,说:"先生,您真是行家,一眼就瞧见这个汉代玉璧了。您也看出来了吧,这可是我们店里的镇店之宝啊!跟您说实话,像您这样识货的行家真不多。"客户听销售员这么说,虚荣心得到了极大的满足,他微笑着又拿起一个瓶仔细看起来。销售员说:"说您是行家,真是没错,这个瓶子可是元代出土的文物。看来您对这方面很有研究啊。"听到赞美,顾客乐得嘴巴都合不拢了,高高兴兴地掏钱选了件古玩离开了。

3. 避免使用导致失败的语言

推销员尽量避免使用带有负面性或者否定性含义的词语,在洽谈时尽可能不使用引起对方戒备心理的话语,这样才不致使推销失败。但人们的潜意识里又常常有一种被侵害的意识,即老是怀疑自己是不是会受到不利的对待,这种意识显然是否定的、负面的。通常,这种潜意识并不表现为明显的对话,而是作为一种恐惧、担心、紧张不安的心情表现出来,有时形成的模糊语言也多属"内意语",即下意识地说出的一些话。许多业绩不好的推销员往往做不到这一点,于是在谈话中把自己的不自信、担心和急迫的愿望暴露无遗。这种负面的效应传递给对方,往往会使客户产生怀疑,使进一步的沟通变得非常困难,推销也就宣告失败。在推销中,以下话语应尽量避免使用:①困难,这太困难了;②肯定会失败;③坏了,完蛋了;④会损失惨重;⑤这个决定我无法做;⑥签约,请签约;⑦这很令人忧虑;⑧这样会成为您要支付的开支;⑨买,请买;⑩有责任,发生责任问题;⑪受到伤害;⑫有义务;⑬不良,恶化;⑭会成为负担;⑮这样行为很怠慢。

面对一个老是说这类生硬的令人丧气的话的推销员,对其产生怀疑是自然的,甚至还会产生反感,与之继续交谈的兴趣就会消失,更不用说有购买的欲望了。

4. 多用肯定性的语言

以上列举了导致失败的用语,目的是引起注意,避免失败。成功推销的核心是运用肯定性的语言,从正面明确向对方表示购买商品会给他带来哪些好处,促使对方说出"是","是的"。言词方面的肯定性表现,应该作为一个人内在积极性的流露。所以,要想取得理想的推销成绩,必须从根本上成为一位真正积极的人,本身应该自觉做到积极的正面性思考、正面性发言,使自己从内到外真正积极起来。在每个人的心目中,没有比自己更亲切、更重要的了,因而应尽可能叫对方的名字。当然,作为名字的替代,"您"字也应多加运用,而"我"字则应尽量少提。为了表示与别人的亲近,可以适当地称赞对方,但切忌所有的话题都围绕客户,更不要吹捧过分,因为我们谈话的目的是要使客户对你产生好感,使洽谈的气氛融洽。如果赞美对方太多,容易造成压迫感,或者会形成反感。

能够促使推销成功的常用语有以下几类:①您;②您会高兴;③您能够了解;④能够相信,可靠性高;⑤这样可以节省时间和资金;⑥放心吧!可以放心;⑦这样是安全的;⑧可以获得好处;⑨我们的态度是积极的;⑩有价值;⑪这是对的,正确的;⑫这值得接受;⑬和金钱有关;⑭这是新的,新型的;⑮我可以保证;⑯可以引以为自豪;⑰这个挺生动的;⑱前景比较乐观;⑲这样更加容易一些。

5. 过渡性的话题

推销的谈话不是一开始就完全切入正题。如果打一个招呼就开始介绍商品,迫不及待地反复强调自己的商品是如何如何好,然后就请对方购买,这种方式的推销很难有好的结果。因此,选择适当的话题,缩短与客户的距离,使自己逐渐被客户接受,然后把话题引向自己的商品,这才是推销口才艺术。

如何选择让客户入耳的话题呢?有一条原则要牢记:说对方最喜欢听的话。例如,顾客和他的太太、儿子一起来看车,推销员可以对顾客说:"你这个小孩真可爱。"这个小孩也可能不那么可爱,但是如果想赚到钱,就绝对不可以照实说。

想让客户接受你,就有必要多花些心思研究客户,对他的喜好、品位有所了解。因此,推销口才不仅是语言素质,更是一个推销员综合能力的体现。曾有这样一位成功的推销员,为了在谈话中能够配合对方的嗜好,他总共努力培养了25种不同的兴趣和爱好。他的努力使他得到充分的回报,不但销售额得到提高,且结交了许多商业圈中的朋友。当然,关于对方嗜好的话题是最容易引起共同语言的,不过爱好毕竟是因人而异的,最有效的方法是培养那些引起人们普遍感兴趣的项目。除此之外,还有一些资料,如对方的工作、孩子及家庭等,都是对方所关心的。这些都可以作为引起对方兴趣的话题,以此可以把推销导入成功的轨道。

一天,一位中年妇女从对面的福特汽车销售商行走进了吉拉德的汽车展销室。她说自己很想买一辆白色的福特车,就像她表姐开的那辆,但是福特车行的经销商让她过一个小时之后再去,所以先过这儿来瞧一瞧。"夫人,欢迎您来看我的车。"吉拉德微笑着说。这位夫人兴奋地告诉他:"今天是我55岁的生日,想买一辆白色的福特车送给自己作为生日礼物。""夫人,祝您生日快乐!"吉拉德热情地祝贺道。随后,他轻声地向身边的助手交代了几句。吉拉德领着夫人从一辆辆新车面前慢慢走过,边看边介绍。在来到一辆雪佛莱车前时,他说:"夫人,您对白色情有独钟,瞧这辆双门式轿车,也是白色的。"就在这时,助手走了进来,把一束玫瑰花交给了吉拉德。吉拉德把这束漂亮的花送给夫人,再次对她的生日表示祝贺。那位夫人感动得热泪盈眶,非常激动地说:"先生,太感谢您了,已经很久没有人给我送过礼物。刚才那位福特车的推销商看到我开着一辆旧车,一定以为我买不起新车,所以在我提出要看一看车时,他就推辞说需要出去收一笔钱,我只好上您这儿来等他。现在想一想,也不一定非要买福特车不可。"后来,这位妇女就在吉拉德那儿买了一辆白色的雪佛莱轿车。

6. 详细、生动、准确地描述

通常,只是反复强调一种商品的优点未必能发挥太大的作用。无论何种商品,它的价值只有在使用之后才能得以证明,所以使用前的空洞说明说服力往往不会太大,真正高明的做法应当是主动向客户详细、生动、准确地描述商品。例如,"这种传真机目前的速度已经达到12秒了。"这种专业性的说明叫人难以感觉到什么直接的好效果。若换一种说法,"使用这种传真机,每传送一张,在市内可以节省××元的费用,市外则可以节省××元。"这样说来,使人一听便可以知道它的好处了。

一般来说,说明购买某一商品会带来的益处时,应该围绕客户的需要,站在对方的立场上考虑。一位顾客走进一家电器行,询问店员:"我该买大一点的冰箱呢,还是买小一点的呢?"一位有经验的推销员告诉她说:"这台大的比较好一些,夏天你不仅可以为每一个家人准备好冷毛巾,甚至还可以将您先生的家居服装放进里面,使他度过一个凉爽的夏天。相信您和您的家人都会为此感到高兴的。"于是,顾客欣然购买了那台大冰箱。

销售口才的动听入耳,不仅要考虑场合及说话的技巧,说话声调的抑扬顿挫也会对说话的内容产生影响,从而影响听者的感受,进而影响推销的效果。因此,真正要做到推销口才的入耳与动听,必须掌握各方面的知识与技巧。

7. 掌握好与顾客的交谈节奏

在商品推销过程中,根据交谈对象的不同特点,如年龄、职业特点等,改变与他谈话的节奏和速度,能使你在推销过程中掌握主动权,控制住顾客,让顾客随着你的节奏与你交谈,这样往往能收到很好的推销效果。

当你与一位年龄较大的顾客交谈时,就应把谈话速度放慢些,节奏缓和些,让顾客不感到有种紧迫感和过大的压力,否则他就接受不了。而与年轻人交谈时,节奏、速度就可快点,不要给他留下拖拉的印象。

8. 巧妙地应对问题

现场有谈也有试,推销是双方试探、商谈和成交的过程,期间经常会出现一些意外情况扰乱你的推销工作,这时,你就要有较好的临场应变能力,把这个问题处理得恰到好处,而不让你的推销因此而耽搁或失败。否则,你会因为一个这么好的机会被一点点小问题弄泡汤而后悔。有时出现的事情并不对你的交易有害,但如若你能利用它,让它服务于你的工作,还可能得到意外的收获。

9. 尽量避免因沉默而尴尬

推销时,如果双方因话题中断而陷入沉默的状态,那将是很尴尬的,对你的推销工作也很不利,且沉默的时间越长,就越显得尴尬,以后也越难再继续你们的谈话,推销工作也就越容易失败。因此,在你觉得你们之间的话题不再容易继续下去而要陷入僵局时,得赶快采取措施,把谈话引入到大家有共同语言的方面去,这样双方才能够谈得融洽。

10. 特殊情况下可中断谈话

一般来说,在与顾客交谈时,最好不要轻易中断谈话,以免使双方陷入尴尬。但在特殊情况下,中断谈话也可能产生相反的效果,有利于你的推销工作。顾客一般都认为,推销员只是在推销产品时才热情地与自己谈话,事后便不认人了。根据这种心理,你可以这样做:当你正在与一位新的顾客谈交易时,你的一位老顾客过来了,这时你就可以先向新顾客说你有点事需先告辞一下,在征得顾客同意后便去与老顾客攀谈,这样你就给新顾客留下这样的印象:这位推销员肯定不错,对以前的顾客还是那么热情,不是那种只在推销东西时才认人的推销员。这样,新顾客就对你产生了好感。

二、推销电话交谈技巧

作为一名推销员要经常使用电话,如与准顾客商定会晤的时间;未缔约准顾客的紧迫工作;与见面较难的准顾客做各种联络;节日和平时的问候等。推销员电话"说法"应注意以下事项。

1. 认清电话的开放性

打电话等于在众人面前与对方会谈。因此,你必须注意到"情报外泄"的问题。例如,对方打电话来找 A，接电话的是 B，B 问 A"要不要接"，A 说"不要"，这时候的"私语"如果不小心被对方听到，就会引起各种误解。又如，用公用电话打给对方说："我还在衡阳路，赶不上约定的会晤时间，对不起……"这时候，旁边正好有一辆广播车驶过，大声广播说："我们是某某区交通队，前面路面发生塌陷，请各车辆绕道行驶……"由于没有掩住话筒，这些声音都被对方听到了，这也会引起误解。

2. 注意通话时机

凌晨或是半夜打电话给对方，通常都不受欢迎。又如，上午 8～10 时左右（尤其在星期一）是上班族最忙的时候，打电话最好错开这个时段。因此，有必要洞悉对方"何时比较空闲"，以免引起对方的困扰或反感。例如某推销能手的工作手册上就有这样的记录："××公司××经理：星期一；9～11 时部门主管汇报；星期三：10～12 时外经贸局会议。"

3. 注意自己的声音与心态

电话只靠声音传达消息，因此开口的第一句话及语调、语气都相当重要。如果心无诚意，对方多少也能听出来，因此接到电话应该专心聆听，且把要点记下，切莫一边听一边做其他工作。

4. 通话以简洁为主

每一句话都要有适当的间隔，并且主旨明确，不要拖泥带水，说了半天也没有谈到主题。养成在打电话之前先写下要点的习惯，就不会出现这种现象了。

5. 避开用电话的高峰时段

若在对方的公司最忙碌的时段打电话给对方，会经常由于"通话中"而无法通话。因此，必须有一套避开用电话高峰时段的方法。一般公司用电话的高峰时段是上班后的一两个小时内，午间休息后的一两个小时内，即将下班的时间。无论如何，在打通的时候别忘了说一句；"对不起，在您工作忙碌的时候打扰了您……"。

第三节　推销异议和拒绝的处理

一、异议的处理

当顾客对商品提出了意见或其他各种各样的问题，似乎不想购买某种商品时，许多推销员以为顾客对商品不感兴趣，就终止了销售进程。其实顾客提不同意见是正常现象，顾客提出问题及表示不同意见反而说明顾客对商品发生了兴趣。异议是商品推销的障碍，但异议对推销员并不都是消极的，异议可能意味着顾客对推销的商品感兴趣，希望能更多地了解该商品，也可能意味着顾客存在着某种顾虑，一旦顾虑消除便会采取行动。没有异议就不会有推销职业的出现，是否具有丰富而娴熟的处理异议技术，往往是商品推销能否成功的关键。富有创造性的推销员，对顾客异议不仅不害怕，而且表示欢迎，他们将异议看做是对自己的挑战，看做是施展自己才华的机会，同时将异议看做是成功的先兆。

（一）处理顾客异议前的态度准备

1. 耐心倾听顾客的不同意见

许多推销员一听到顾客说几句对商品不满意的话就很不高兴，其实这大可不必。顾客对商品不满意可能有许多原因，如可能你在作商品介绍时顾客没听清楚，也可能误解了你的意思，还可能你为他推荐的商品不合适。不管顾客对商品提出什么问题，推销员都要表现出虚心的态度，不能有任何不耐烦的表示。对待顾客的不同意见一定要有好的态度，不管遇到什么情况，回答顾客的意见要用悦耳的语调，不要摇着头，转着眼球，再提高嗓门，那样会使顾客反感。当顾客谈起商品的缺点时，要认真听，表现出对他们的意见的关注。你对他们的态度越积极热情，他们就对你越信任，信任程度越大越乐意购买你的商品，你销售成功的机会也会越大。

2. 对顾客表示同情

对顾客表现出同情心，意味着你理解他们的心情，并明白了他们的观点，但并不意味着你完全赞同他们的观点，而只是了解了他们考虑问题的方法和对商品的感觉。顾客对商品提出异议，通常是带有某种主观情感在里面的，所以要向顾客表示你已经了解了他们的这种感情，例如，可以通过下面的话来表达你的意思："我明白您的意思了"，"很多人就是这么看的"，"这个问题您提得很好"，"是的，这一点很重要"，"我知道了您的具体要求"，等等。

尊重顾客的意见，说几句表示理解的话，能使顾客意识到你是在为他分忧，他在你心目中占有一定的地位，并且表明你很重视他们提出的问题。对顾客作出的这些积极反应反过来也会促使顾客对你产生信任。因此，一定要避免与顾客正面的争论，要表现出尊重与理解，这种尊重与理解一定能产生相应的反馈。

顾客："这个车库的门我怎么也安不好。"

推销员："我理解您的心情，几个星期前哈得森博士也买了一个类似的门，开始也担心安不上，可是前几天我收到她的一封信，她说只要按说明书的要求做，安装非常容易。请您先看看说明书，不行我再想办法。"

3. 回答问题前短暂停顿

顾客说完自己的观点后，推销员不要马上作答，可以放松一下，显示出你并没有被他的问题难住。稍微停顿一下，可以给你一个机会考虑回答问题的适当方式，尽管有时顾客提的问题很简单，你能立即回答，但也不要太匆忙地作答，最好先在脑子里掂量一下再说。这个停顿很重要，这样顾客会更加认真地听取你的答复。

4. 复述顾客提出的问题

为了向顾客表明你明白了他的意思，可以用你的话把顾客提出的问题再复述一遍。这样做可以给你留下一点思考如何更好地回答顾客问题的余地。在可能的情况下，把顾客表示异议的陈述句变为疑问句。例如，一位顾客想买一对新轮胎，以代替不好用的旧轮胎，你可以这样回答顾客："我已经知道了您对轮胎的要求，您是不是怀疑这种轮胎的质量呢？"稍微停一下，然后回答你自己提出的问题。这样可表明你已经理解了顾客提出的问题，顾客也会比较容易接受你的意见。

(二) 处理异议的技巧

对于顾客提出的问题，推销员应当全部回答清楚，这样才能继续下一步的销售。当然，你可以推迟答复，但那样顾客就会越发把他的注意力集中在他提出的问题上，而不是放在购买上，他会认为这种商品确实有缺陷。所以，对顾客的问题采取不理睬或敷衍的态度是不明智的。回答了顾客的问题之后，可以继续进行商品介绍。这时，推销员常犯的一个毛病就是在后面的商品介绍中反复提起顾客前面的问题，这样做只能夸大问题的严重性，容易在顾客脑子里留下不必要的顾虑。为了弄清顾客是否明白了你的意思，可以这样问："我是否已经解答了您的问题？"或"这样讲您清楚了吗？"，然后接着进行销售的下一个步骤。注意时间不要停得太长，如果间隔时间太长，顾客会以为你已经结束了销售。回答顾客的提问也要讲究技巧，要以不同的方式回答不同问题。顾客提出的每一个问题都有其发生的情况和背景，有的问题需要详细说明，不能采取千篇一律的方法来处理。

1. 需求异议

如果顾客对你说"这样的产品我已经够多了。"或"这东西对我没用。"他说出这些话，已彻底否定了你的产品目前对他的价值所在，更无论价格和质量。你的顾客这么说的原因，也许他确实不需要；也许他不愿意直接回答你的问题而捏造了借口；也许他存在着需求，但他本身并没有认识到。在第一种情况下，即你的顾客确实不需要的情况下，你最好停止推销活动，把重点放在离开时的谈话上。因为当别人不需要某物你还不停地有强卖的意思时，容易引起对方的反感，这就不如给对方留下一个好印象，为下一次推销做铺垫。这时千万不能摆出一副沮丧的样子，幻想对方会同情你，对方是不会同情你的，甚至可能引起对方的反感，以后再也不想接待你。所以一定要表情如初，开朗自若，保持原来那副和蔼可亲的形象。一面收拾整理资料，一面说上几句恭维对方的话，这样一来，你那不气馁的气质会给对方留下深刻的印象。告别时，对在座的人也应礼貌地告辞，临别时可以说："在您百忙中打搅您这么长时间，真不好意思。"或"下次拜访时还请您多费心。"当顾客的需求异议是虚假的，或者只是个借口时，则应该通过自己的观察与分析找出借口产生的真实原因，然后设法说服顾客购买。

如果你确定顾客说不需要推销的产品是因为他不了解产品，没有意识到自己对产品的潜在需要，那你就应该耐心、细致地介绍产品，热情地告诉他（她）产品能给其带来怎样的利益。

2. 货源异议

顾客如果说："很抱歉，这种商品我们和××工厂有固定供应关系。"这就是典型的货源异议。货源异议乍一看似乎是不可克服的，甚至令人感到难堪，但事实上，货源异议本身又说明顾客对推销的产品是需要的，也就是说，对你而言机会是存在的，推销并非到此结束。这时你可以询问顾客目前使用或经营的产品品牌和供应厂商，如果那些产品与推销产品类似，你可以介绍你的产品的优点。若两种产品不同，成功的希望就更大了，这表明顾客的货源异议并不成立，这时应着重说明两种产品的不同点，详细向顾客分析所推销的产品会给他带来什么样的新利益。如果顾客说："我从来没听说过你们公司和产品，我们只和知名企业打交道。"你可以说："是啊！但您是否知道我们公司今年已占了本地市场销售额的20%呢？"然后可以用简练的语言介绍企业的情况，如何时成立，地址在何方，有何可以引以为自豪的成绩，公司的发展前景如何等，尽量解除顾客因不了解生产企业而产生的异议或不安全感。同时应尽量强调所推销的产品，以冲淡顾客对企业的注意力。还应注意，货源异议并不都是真实的，有的顾客提出也有相似的商品来源，只是想向推销员施加压力，使自己处于谈判的有利地位，以达到杀价的目的。这时你要善于判断货源异议的真假，同时不要使顾客难堪。针对顾客的心理可以主动提出自己产品的价格比较低，可以分期付款或免费安装等。

3. 推销员异议

如果对方对你的身份产生怀疑，应该将事先准备好的相关证明拿给客户看。如果你去某公司推销产品时曾经有过失礼行为，或曾向对方推销劣质产品，或作出过许诺而没有兑现，当你再次登门时，顾客可能一口拒绝你，并明显地表露出反感。如果你真的因自己的行为造成了如此恶劣的后果，应该诚恳地向顾客道歉，并尽量补给顾客损失，以情动人，在此基础上与顾客重新建立关系。而"打扰您，真不好意思。上次的维修承诺没能及时兑现，请您多包涵。事情是这样的……"一类的真诚道歉语更是不可或缺。

4. 产品异议

"你的产品质量太次了"，"这东西用久了要走形了"，"这款式现在不流行了，没人买"等类似这样对产品提出异议的话非常普遍。对于产品异议，推销员应该明白，当顾客提出的只是产品异议时，说明他对产品有需求，但却认为产品并不理想。这也许是因为你的顾客对产品缺乏了解，也许是因为购买习惯和偏见使然。这时可以靠有效的演示，请顾客自己动手操作，来增强顾客对产品质量和功能的信心，用可观的销售实绩说明这种产品在国内外有广大用户，重点指出产品能给顾客带来的利益。

（1）先肯定后解释。在回答顾客问题时，这是一个广泛应用的方法，它非常简单，也非常有效。具体来说就是：一方面推销员表示同意顾客的意见，另一方面又解释了顾客产生意见的原因及顾客看法的片面性。由于大多数顾客在提出对商品的看法时，都是从自己的主观感受出发的，也就是说，都是带有一种情绪的，而这种方法可以稳定顾客的情绪，可以在不同顾客发生争执的情况下委婉地提出顾客的看法是错误的。当顾客对商品产生误解时，这种方法是有效的。

顾客："这架照相机太复杂了，用起来不方便。"

推销员："这是一架高级照相机，操作是稍复杂一点，不过，只要掌握了使用方法，用起来还是很方便的，而且效果特别好。"

（2）直接否定法。当顾客对产品有关情况缺乏了解时，明确地否定他们并不成立的异议可以消除他们的疑惑，但也要注意不要伤害顾客。当顾客的异议来自不真实的信息或误解时，可以使用直接否定法。然而，这是回答顾客问题时的最不高明的方法，等于告诉顾客他的看法是错误的，是对顾客所提意见的直接驳斥。因此，这种方法只有在适当的时候才可以使用。例如，一位顾客正在观察一把塑料手柄的锯，"为什么这把锯的手柄要用塑料的而不用金属的呢，看来是为了降低成本。"推销员："我明白您说的意思，但是，改用塑料手柄绝不是为了降低成本。您看，这种塑料是很坚硬的，而且它和金属的一样安全可靠。许多人都非常喜欢这种式样。"试想，假如推销员说："您是从哪里听说的?"顾客可能会感到生气和愤怒。但是，推销员用同情和柔和的语气予以解释，情况就大不相同了。顾客对"直接否定"法的反应很大程度上取决于推销员怎样使用这种方法。

（3）利用处理法。一位家庭主妇欲买厨房用具，她提出异议说："这种盘子太轻了。"推销员回答："轻正适合你们使用。这种铝制盘子就是根据妇女力气小的特点设计的，所以现在十分热销。"这种办法使自己从防守转入进攻状态，直接引用顾客自己说的话，自然更有说服力。这种用法利于保持良好的推销气氛，往往还可以顺水推舟，紧接着提出成交。但使用这种方法时语言应幽默风趣，态度要诚恳，避免顾客认为你在耍嘴皮子。

（4）补偿处理法。补偿处理法是一种比较理想的方法，它的优点首先是承认顾客的异议，并不作直接否定，这就给人一种实事求是的印象，有利于增强顾客对推销员的信任感；其次通过提示和分析产品的优点，用以抵消不足，容易使顾客得到心理平衡。顾客充分认识到产品价值后，就会采取购买行动。这种方法要求推销员有较好的分析能力和表达能力。

（5）反身质问法。当顾客说："你的产品确实不错，可我觉得不适合我"时，你不妨问他觉得什么地方不合适。这样你就处在了主动地位，可以把握推销进程。通过质问，有时使顾客不得不放弃借口。如果他的异议不是借口的话，你的问话可以了解顾客的真实需要。但是，不要动辄质问，要用征求意见和商量的口吻答复顾客的异议，以免引起对方的反感。

（6）突出优点法。顾客可能提出商品某个方面的缺点，推销员则可以强调商品的突出优点，以弱化顾客提出的缺点。当顾客提出的问题基于事实根据时，可以采取此法。

推销员："这种沙发是用漂亮的纤维织物制成的，坐在上面感觉很柔软。"

顾客："是很柔软，但是这种材料很容易脏。"

推销员："我知道你为什么这样想，其实这是几年前的情况了，现在的纤维织物都经过了防污处理，而且还具有防潮性能。假如沙发弄脏了，污垢是很容易除去的。"

（7）依然故我法。一次，一位女性推销员到一家公司去推销办公用品。业务主管居然问她："你们公司怎么用女推销员？"这位推销员没有理睬他的问话，只是接着说："这种复印机是引进设备的产品，各项质量指标在国内都是一流。"如果推销员和那位业务主管争论起女性是否可以作推销员的问题，就偏离了此次来访的目的，不但浪费了时间，还可能破坏良好的气氛，所以干脆装糊涂，这样效果更好。但有些时候花一点时间在这些与产品全然无关的问题上，换取一个较好的人际关系也十分值得，就像我们前面所讲的"兴趣法"，从外围包抄，有时更有利于交易的成功。

5. 服务异议

服务已经成了当今营销学中一个专门课题，在产品质量一样的情况下其实比的就是谁的服务更好。如果顾客问："你们要是不能按期交货怎么办？"你一定不要避而不谈这类问题，而应采取积极态度，否则可能被逼得走投无路。这时你可以回答："我们也很重视这个问题，并且已经采取了措施，和车站取得了联系，他们已经答应给我们按时发货……请您放心，我们一定会按时交货的。"当服务已出现问题而顾客向你抱怨说："我再也不向你们订货了，上次送货竟晚了一个多月。"你应该首先向顾客道歉，然后问清理由，能解释就解释一下，但不要强调理由。听一听顾客的牢骚，让他们消消气，并表示愿意向公司汇报，在今后改进，这有利于拉住老客户，维持良好的供货关系。

6. 价格异议

价格异议是十分普遍的，几乎每个推销员在每次推销中都会遇到。"你的价格太高了"或"这价钱我估计卖不出去"都是经常听到的价格异议。这时便可根据不同情况作出不同的反应。一位顾客说："这地板怎么又涨价了？"销售员回答："您可能弄错了吧。这是××厂的新产品，刚刚推出来在市场上搞试销，哪儿可能涨价。"或者把价格高作为有利条件利用起来。例如，一次，一位小伙子买珠宝首饰送给未婚妻作结婚纪念。营业员向他推荐了一条高价珍珠翡翠项链，小伙子说："这条太贵了。"推销员说："珍珠翡翠首饰是越来越增值的。这种商品高价与贵重是同义语。准备送新娘子的吧，贵重的首饰正可以表示你真诚的爱情哟。"再如，推销员向一位女士推荐一款高级香水，这位女士很喜欢，但却说："我没有这么多钱啊！"推销员马上说："这可是高级香水啊！您知道使用这种香水很能表明人的身份的，只有高收入高品位的人家才买。"这位女士最终没有再在价格上争执，购买了这款香水。当你的顾客说："价格贵得太过分了，没有必要再谈下去了。"你可以表现得很无奈般说："先生，你可真厉害，实在没办法，为了咱们长远的合作考虑，就……吧。"可以比原价稍微降一点，或者说："如果你们订货量大，我们肯定会优惠的。"如果你的顾客说："A公司的价格比你们的便宜多了，不信你去问。"这时你不要僵持,可以面带笑容若无其事地回答他:"竞争对手不想要命啦!"闪开对方的正面进攻,再回到你预先制定的价格策略上去。无论如何要避免与顾客陷入僵局,还要留出一定的让价余地,使对方有战胜你的喜悦感。如果对方实在把价格压得太低,你可以说:"经理先生,我也希望按你的出价成交,只是这样做我们就破产啦。你是这方面的专家,我们一起作个成本分析。"然后你和你的顾客仔细分析一下成本,这样,对方就不会过于强硬,有可能按你定的价格成交。

7. 购买时间异议

你也许曾碰到过这样的情况:自己费了不少口舌,顾客也表示对产品很满意,就在你满心欢喜地等他掏钱时,他忽然又说:"过两天再说吧,我得再考虑考虑。"或者"我现在不能拍板决定"等等。要注意购买时间异议有些必须耐心等些时间,但也有些是虚假异议。

如果你的顾客已经有意购买了,此时应抓紧时机。一位顾客说:"现在才4月份,到销售旺季我起码得压两个月的库存,过一段时间再说吧。"推销员回答说:"你是得压近两个月库存,但你可以享受季节折扣,算起来你进这批货还是挺合算的。"在推销过程中可以虚张声势,恰当地给顾客造成一点悬念,让顾客有点紧迫感,产生一种现在是购买的最佳时机的感觉,促使他与你立刻成交。例如,与顾客交谈时,给他提供一些经过加工整理的市场信息或与商品有关的行情等,让顾客依照你提供的信息赶快采购商品。例如,"这种商品的原材料已经准备提高价格了,所以这种商品也会因此而价格上涨的。"或者"我公司从下个季度开始可能会因人手不够而减少这种商品的供应量"。这种方法可积极、主动地刺激顾客,调动起顾客的购买欲望。

二、销售拒绝的处理

每一个推销员在推销过程中都有过被拒绝的经历。"我现在正忙着呢,没时间","我们刚进了一批货,现在不需要了","不感兴趣"等都是推销员在被拒绝时常听到的话。尤其在上门推销中,遭拒绝的情况更多。如果事先没有充分的心理准备及言辞准备,只一味地认为单凭热情就能成功,那么一旦失败就容易垂头丧气。真正的推销是从推销遭到拒绝开始的。那些成功的推销员也是经过无数次被拒绝后才有了今日的成功的。所以,一名推销员要有执著精神,面对拒绝,绝不能绕过去,更不能认输,要靠铁的意志克服惰性,战胜自己,事先就做好推销100户会遭到99户拒绝的精神准备。逃避面前99户的拒绝,自然体会不到最后的快乐。如果有了这种精神准备,也能一心一意,沉着地推销,在思想上产生自我安慰感。为了推销,即使遭到拒绝,也能见识到新的拒绝方式,如果再遭遇这种理由的拒绝,就可以有对付这种回绝方式的基本方法。只有那些认真研究拒绝心理的人才会推销成功。

在洽谈过程中,有时会出现这样的情况:不管推销员怎样推销解释,顾客要么沉默,一言不发;要么述说商品不好,一口回绝。怎样对待顾客拒绝购买的态度是对推销员能否取得成功的严峻考验。一位老资格的推销员曾说:"只有在推销员遇到障碍后,他的推销工作才算真正开始。如果顾客没有拒绝,推销员这一职位就不伟大了。"因此,推销员一定要正确对待顾客拒绝购买的态度,并要细致地做好耐心说服的工作,为顺利推销铺平道路。

(一)分析拒绝态度产生的原因

根据日本一家公司的统计,对于"当推销员去贵所推销时,如下哪条是您拒绝的理由"的问题,近400名问卷者的回答中有真正理由而拒绝的户数还不足20%,而有70%的答案为

"虽没有明显理由，但能随便借一理由拒绝"，"以忙为理由拒绝"或"记不清因为什么理由出于条件反射而拒绝。"简略而言，拒绝者中的7成是随随便便拒绝的。因此你应分清楚这两类不同的拒绝。对于后一类顾客，当你接近他，让他感到你的真情和诚恳时，他会或多或少受到良心的责备而不再继续坚持强硬态度。

顾客的拒绝态度有强有弱，归纳起来，可分成三类，即一般性拒绝、彻底性拒绝和隐蔽性拒绝。

一般性拒绝，主要是顾客在作出决定时，未经深思熟虑，带有很大的盲目性。他们的态度是在已具有一定的购买欲望的基础上产生的，真正原因是由于注意力未能集中指向商品，从而对商品缺乏稳定的见解，造成购买信心不足。

彻底性拒绝，主要是指顾客经过理性思考后作出的拒绝购买决定，这种态度十分干脆，产生的原因主要有三点：一是顾客根本没有需求欲望；二是推销员的服务或商品的某些方面与顾客的心理要求相差太远；三是顾客带着偏见来认识商品，对商品的品质、性能极不信任等。

隐蔽性拒绝，主要是指顾客出自某种心理需要，不愿说出拒绝购买的真正理由，而用别的理由加以掩饰。产生这种拒绝态度大多是受自尊心理的需要所致，如有人因为商品价格昂贵，想买但经济上承受不了，却不愿意说明，而用"颜色不合适"，"不是我这个年龄的人用的"等非真实理由加以拒绝；有的是对产品缺乏了解，又不愿意让人看出自己对商品的可怜的知识而找理由拒绝；有的是出于购买欲望不强烈，而又不愿意表露出来，只好用其他原因加以掩饰；等等。

(二)耐心细致地做好说服工作

推销员工作的艰巨性，主要表现在做顾客态度的说服工作上。从常理讲，一个人一旦形成一种观点、一种态度，就会持续一段时间，很难一下子改过来。俗话说："只要功夫深，铁杵磨成针"。做好顾客的说服工作，只要推销员树立信心，有决心，采取多种恰当的方法，就能取得满意的效果。例如，可以通过帮助顾客了解或确定自己的真正动机来改变态度，也可以利用行为规范化，宣传售后服务措施等加以说服。总之，要具体问题具体分析。

1. 针对一般性拒绝的顾客，推销人员应以热情而负责的态度，着重向他们宣传更多的商品知识，特别是对商品的某些异议重点进行解释说明，以增加他们对商品的认识能力，改变对商品的印象。

2. 针对抱有彻底性拒绝态度的顾客，推销员要以极大的耐心，着重弱化其拒绝的强度，转移注意目标，引导新的需求。彻底性拒绝往往是经过深思熟虑后作出的最终决定，要转化这种态度十分困难。因此，对这类顾客，如果认为还有可能改变态度的话，则应尽力而为；如果已属无望，则应引导顾客转移注意目标，探索其需要和兴趣，据此向其介绍其他类似商品，诱发新的需求，同时，还可热情地向其推荐其他产品，使其对企业与服务有良好的印象，为其以后的购买奠定基础。

3. 针对抱有隐蔽性拒绝态度的顾客，推销员应尊重其心理需要，不要揭露其隐蔽的原因，同时要设法增强其购买信心。隐蔽性拒绝的原因因人而异，比较复杂，且多具隐蔽性，难于直接了解和观察，但抱这种态度的顾客有一定的购买要求，只要正确引导，则有希望改变其拒绝态度。对于隐蔽性拒绝，不应去争执顾客拒绝购买的理由，但也不要盲目附和，而应耐心细致地解释，同时要信心十足地提示商品的物理性能和心理功能，增强顾客的购买信心。

推销员无论试图改变哪一类顾客，在其说服过程中，态度一定要诚恳，语言一定要中听，表情一定要自然，使顾客体会到一切都合乎情理，毫无矫揉造作之嫌，自觉地改变原有的消极态度。反之，如果顾客感到推销员是在有意说服他，就会产生戒备心理，不易达到改变顾客拒绝购买态度的目的。因此，推销员注意说服的方式、方法是非常重要的。

第四节 推销中的倾听和提问

一、注意倾听

高效率的推销员善于倾听顾客的意见，因为他有一颗真诚为顾客服务的心，而顾客对那些能认真听取自己意见的推销员也非常尊重。所以，认真倾听顾客的意见，是建立同顾客信任关系的最好方法之一。花点时间听听顾客在说什么是非常值得的，特别是那些对自己的商品十分熟悉，急于向顾客作商品介绍的推销员，一定要认真听完顾客的话，根据情况还要不断地询问顾客，启发他讲话，然后再认真倾听他的回答，绝不要凭自己的商品知识打断顾客的话，试图支配顾客。

倾听顾客意见需注意以下几点。

1. 做好"听"的思想准备

首先，要做好销售的准备，要了解商业的有关政策和程序，特别是对自己销售的商品更要了如指掌，要预先考虑到顾客可能会提出什么问题，自己怎样回答，以免到时无所适从。要给顾客以说话的机会。为什么顾客那么匆忙，这应该让顾客告诉你，花点时间听听顾客的话会使你了解许多东西，要明白推销商品并非只是推销员滔滔不绝地讲。注意力要集中，这样可以从顾客的话中得到许多有益的东西。

2. 进行信息检索，从顾客的大量言辞中获取顾客对商品的要求和需要的信息

这要求推销员的思想要对准顾客需要的焦点，要有表情，有兴趣地听，对讲话者表现出关注的神情。听时眼睛要看着顾客，要扬起眉毛，微笑着，要不时地点头，还可以根据情况插问一两个问题，这些能够体现出你对顾客关注的心情，表明你是一个很好的倾听者。

3. 要有耐性，让顾客把话讲完

有的推销员在听顾客讲话时半张着嘴，想在顾客停顿时随时说点什么东西，或者还没等顾客把话说完就匆忙下结论，这都是不礼貌的。无论顾客说什么，满意的还是不满意的，都不要打断他们的话。给顾客以思考的时间。有时顾客在谈话中忽然停顿下来，这并不是他把要讲的话都讲完了的信号，而是他想再考虑一下。这时，你不要插话，要让顾客考虑好以后继续把话说完。不过，你也不要毫无表情地站在一旁，而要注视着顾客，留给他思考的时间。对顾客的话要有反应，为了让顾客知道你是在认真地听他说话，也为了鼓励他继续说下去，你可以经常插入这样的答话："我明白您的意思"，"您是说……"，"您提到的……"等，以便向顾客表明你在认真地听他说话。

4. 让顾客谈自己的情况

学会倾听，就是要了解顾客的心理、个性、性格和喜好等方面的情况。但怎样才能使顾客把自己的情况、私事告诉你呢？首先要把你的情况及一些私事告诉他，并且态度要认真、诚恳，否则，如果你以随随便便的态度说出自己的事，顾客会认为你是一个轻浮的人，对于你

那些所谓的私事也不会太相信，当然也就不会告诉你他的情况了。只要你对顾客诚恳、热心。顾客也会对你认真、热诚。这时，顾客就会把他的情况告诉你。

只要顾客对你产生信任，当你去推销时，他就会把心里不想买的理由告诉你这个可靠的人。当顾客身边有别的人时，也要与之交谈，不要冷落了他。你与之交谈后，也能从他那儿了解一些顾客的情况，也许比顾客对自己更清楚。对于推销员来说，任何一个人都是自己顾客的发掘者。对于不认识的人，要先认识他，然后他就成了你的下一个推销的顾客，这是推销员扩大顾客范围的一种方法。

5. 让顾客把自己的理由和疑问说出来

顾客对于推销员的话，一般来说都有一些异议或问题，对商品也会有这样或那样的看法，这些问题、理由、意见则必须让顾客有时间说出来。有时顾客有一些不愿说的理由，推销人员也应想办法使他自己说出来，以便解决，否则很难达成交易。

让顾客说出这些疑问或找出疑问，都要给顾客一个发问的空间。只要顾客对你产生信任，一般来说，他都会将疑问说出来的。但是对于那些不愿说出理由的顾客，则需费些周折了。让顾客说出疑问的前提是让顾客相信你、信任你，而让其说出疑问的方法有诚恳的直说法，有时也用激将法。你可以这样说："先生，您是否还有一些不好说的问题，为了咱们双方的利益，您就直言对我说吧！不要怕我解决不了，即使解决不了，能让我试一试吗？"或者说："先生，您还有什么理由吗？如果没有，咱们就可以成交了，这是订货单，您的名字是……"如果他没有别的理由，他就不会阻止你，这交易就成了。如果他让你"慢着"，这说明他还有不想说的理由，你就可以再追问下去，直到他说出真正理由为止。要找出顾客的全部疑问，然后解决，不要着急，否则会引起顾客的反感，因为你没有完全解决他的困难，交易也就很难成功。

6. 善于听取顾客的意见

在推销工作中，常常会听到许多顾客对你的商品的意见、评价、要求等，对此，我们采取的态度与我们的推销工作有很紧密、直接的关系。诚恳地接受顾客提出的批评意见是一个好的推销员必不可少的素质，它可以让顾客觉得你是个诚实、中肯的人，从而也会信任你所推销的商品。如果你极力推卸责任，并把商品硬吹得天花乱坠，就会在顾客心中留下自夸、轻浮、狡猾的印象，浇灭顾客的购买欲望，对你的商品的兴趣顷刻间会消失，不会再听你介绍。在与顾客的交谈中，要虚心接受顾客提出的意见，只有这样，顾客才会觉得你是个易接近的人，双方才能找到共同的话题并达成共识，促成成交。向顾客学习某些方面的知识，集中到一个共同的话题上，有效地使彼此的关系更亲密，在顾客的心中，你就好像是一个老朋友，在向他介绍自己喜爱的一种物品，并推荐给他。这样，顾客就容易接受。但向顾客学习，最好是谈一些与你推销的商品无关的话题，这时你要表现得较内行，把你平时所积累的这方面的知识有条理地表达出来，他就会觉得你在这方面确实在行，推销的商品肯定也不会差。

有时，当你向顾客推销商品时，顾客会告诉你一些合理的、有用的或最新的消息，此时你要立即加以肯定，同意他的观点，并感谢他为你提出这么好的意见或消息。例如，当你在推销一种新药时，由于药还没被大家完全接受，顾客心里也没底，不知到底有效无效。这时有位大爷过来说："听我邻居老刘说，这种药是新出的，对老年人的心脏病有很好的效果，他以前经常犯病，现在吃了这药后感觉好多了，我便来看看。试试效果如何。"这时你应立即附和说："对呀，这药确实很灵，对老年人心脏病有特效，只是现在还不为大家所熟知，您要不要试试?"这不仅对大爷的交易做成了,而且也会极大地安定其他顾客的心理。因为这位大爷也是一位顾客,听了他的话其他顾客能不心动吗?

顾客提供你一些需要的资料或信息时,你应该表示感谢。"这些不都是我整天都想得到的东西吗","您告诉我的对我真是很有用的","我怎么就没想到要这样呢","你们一番话真是令我受益匪浅啊,谢谢",这些话,都能使顾客感觉你是个很重情义的人,对你也会刮目相看,对你的商品也就放心多了。在此之后你对他讲解说明商品时,他定会仔细听你讲,这表明他已向你的推销迈开了艰难而又十分重要的第一步,为你后面的推销工作铺下了一条坚实的道路。

7. 从小孩的话中获取重要的信息,以利于你的推销

有很多顾客是带着小孩来购物的,这对推销员来说可是一件大好事,因为你可以从小孩纯真的话语中得到很多不易得到的秘密,而这些将对你的推销工作大有益处,如顾客是否急需这种商品,顾客是否对这种商品有兴趣等。得到了这样的信息后,你就可以在与顾客的交谈中占据主动地位,把顾客说服。因此,顾客带了小孩来,千万别错过这个好机会,先从小孩那儿了解一些信息,再进行你的商品推销。

二、善于提问

在做商品推销的过程中,经常穿插一些询问有关顾客对商品看法的问题,能让顾客觉得你对顾客很关心、很热情,对顾客的意见和看法也很尊重,有利于你推销工作的进行。

(一)提问方式的选择

引导顾客成交的提问方式有很多,大体上可以分成主导式、征询式、含蓄式、应答式和限定式几种。

1. 主导式提问

把你的主导思想说出来,在这句话的末尾用提问的方式把你引导成交的意图传递给顾客,例如,"目前节约用电是个非常重要的问题,不是吗?","现在很多先进的公司都使用计算机了,不是吗?"这些都是把你的见解放在一句话的前面的主导式提问。如果你说的话符合事实而又与顾客的看法一致,他当然会同意并且说"是"。只要运用得当,你会引导顾客说出一连串的"是",直到成交。可以说,推销工作是一门正确提问的艺术。要牢记:要等到顾客表现出购买的主观愿望时你才能提出引导性的问题。如果他们没有表现出主观兴趣你就喋喋不休地提出一大堆问题引导他们购买,结果会适得其反。例如,一位推销员想卖给××公司一台"爱普生"牌打印机。"爱普生"的性能的确很好,不仅打印速度很快,而且字迹清晰。他认定该公司一定会买一台。因此,推销员把打印机打好包装,捆在一台带脚轮的轻便小车上,而且还准备好了一本精美的介绍材料。总之,推销员信心十足。会谈一开始,他就说:"您想要一台打印精确快速的打印机,是吗?您喜欢一台能同时完成分页和装订的打印机,对吗?"该公司办公室主任摇着头说:"不,我们从来不在自己的办公室里装订任何东西。马路对面有一家设备完善的印刷厂,所有这些分页、装订的事情他们都包下来了。我们只要一台结构小巧,不出故障的高质量的打印机就行了。"

这个例子中,推销员没有等顾客表达出购买意图就一头钻进了死胡同里,不去关心顾客想要什么,而是告诉顾客他该要什么。其实,内行的推销员要善于抓住买主的主观意图,而不是把自己的主观愿望强加于对方。否则,不管推销员有怎样强烈的推销愿望,其结果都不

可能成功。

2. 征询式提问

以征求意见或请教的方式提出问题，进行引导能给人较为亲切的感觉。这种提问方式与主导式提问方式恰好相反。例如，前面举过一个主导式提问的例子，"现在很多先进的公司都使用计算机了，不是吗？"征询式的提问则是"现在有很多先进的公司都使用计算机了吧"，后者更为灵活，并且更让人感到亲切。要做到非常熟练自然地向顾客提问需要反复练习。不要把这看得太简单，因为这是一种语言习惯，在不知不觉中影响着顾客的心理。你要在激烈的推销竞技场中站稳脚跟，就必须认真从基本功练起，即反复地、大声地背诵一些问句。训练自己在不同场合作出迅速的反应，才能掌握高水平的语言技巧，得心应手。

3. 含蓄式提问

把引导顾客成交的意图隐藏在你的提问中，含而不露。在这种提问中常常带有与时间有关的因素，如"此刻我们已经解决了那个问题，您是否打算……"，"下星期当您提货时，您的妻子不是会很高兴吗"，"因为您打算把您的……使用更长的时间，要是能用……方法是否会更好一些"。

4. 立即应答式提问

每当顾客对你的产品表示了某种有利的主观见解时，你要立即应答，把他的见解肯定下来，一步步地促使他下决心购买。这种应答的形式多半是简短的问句或反问句。销售时机往往来得很快，但也变化多端，因此应该迅速地作出对成交有利的反应。

顾客："我喜欢绿色的。"

推销员："不是吗？绿色是很动人的颜色。我们备有三种不同色调的绿色时装，您喜欢哪一种？巴黎绿，爱尔兰绿还是新西兰绿？"

顾客："我看看巴黎绿的衣服吧，我觉得这种颜色最高雅。"

推销员："可不是吗！"

这样亦步亦趋地用应答式短问句表示赞同，可促使顾客下决心购买你的货物。在和那些想在会谈中占支配地位的大主顾谈买卖时，这种应答式的提问技巧特别起作用。顾客的看法如果不利于成交，你可以不作声，不要贸然应答，只有在非常必要时你才应该去纠正某些错误的信息。你应集中精力引导顾客作出积极的决定。

顾客："你这种型号的机器看上去像个方盒子。"

推销员（对这种贬义的看法避免立即应答）："您看到的是我们的一般产品，先生。请到这边来，我想听听您对我们这种新出的屏障式切断机的意见。"

顾客："我认为这才是新的式样。"

推销员："我没说错吧？请告诉我，您觉得它怎么样？"

顾客："看上去它很轻便，而且工作速度不会慢。"

推销员："难道不是吗？您想它操作起来会怎么样？"

顾客："噢，我不知道——但我愿意试试。"

在上述对话中你已经用应答式的短句让顾客一连三次表示了尚未肯定的"是"。那么，你得到最后肯定的"是"就有把握得多了。

5. 限定式提问

限定式提问是指在一个问题中提示两个可供选择的答案，且两个答案都是肯定的。在推销工作中常常要和顾客约会，如何才能订下约会呢？有经验的推销员从来不会问顾客"我可以在今天下午来见您吗？"因为顾客可能会说："不行，我今天的日程实在太紧了，等我有空的时候再给你打电话约定时间吧。"精明的推销员会在提问时给顾客提供两种答案供选择："王经理，今天下午我正好要经过你们公司，您看我是在2点钟左右来见您还是3点钟来？""3点钟来比较好。"当他说这话时，你们的约定就成了。成功的原因是你提示了两个让他作出肯定答复的问题，而没有给他机会说"不"。假设你推销喷气式客机，你必须根据公司有关的规定策略地问："先生，我们现在谈的是一笔重大的交易，您愿意付给我们5%还是10%的定金？"他多数会回答"5%"。

(二)"仙人球"效应

在各种促进买卖成交的提问方式中，"仙人球"技巧是很有效的一种方法。你可以设想一下，如果有人把一只刺猬装在网袋里丢给你，你一定会马上把它丢回给那个人。所谓"仙人球"效应，是指一种回答顾客提问的技巧，其特点是用一个问题来回答顾客提出的问题。例如，顾客说："我能在下月一日提货吗？"你可以回答："噢，肯定的，这没有什么困难。"这笔买卖很可能就没有下文了。一个内行的推销员会怎样回答这个问题呢？他会笑着说："月初提货是不是对您最合适呢？"用这个问题回答顾客提出的问题。因为他知道，如果顾客回答"是"，就意味着他已决定要买下它了。

信不信由你，有些顾客并不期待迅速提货。也许是因为他们不想积压资金，也许是想尽可能推迟提货以免交付太多的仓库费。如果是这样，"仙人球"效应就要设法让他们说出真实的想法。

顾客："这项保险单有没有现金价值？"

推销员："你很看重保险单是否具有现金价值的问题吗？"

顾客："绝对不是。我只是不想为现金价值支付任何额外的金额。"

对于这位顾客，如果你一味地向他推销现金价值，就会把自己推销到河里一沉到底。这位顾客不想为现金价值付钱，因为他不把现金价值当成一桩利益。这时，你就该向他解释现金价值这个名词的含义，使他了解在这方面的知识。

一个好的推销员懂得怎样把"刺猬"式的反问提得亲切而友好。用生硬的语气把"刺猬"扔回去就会破坏"刺猬"效应。

(三)启发顾客考虑相关利益

顾客拥有了你推销的货物之后，除了考虑他从中获得的主要利益之外，还会考虑还能得到什么相关利益，而你主动地向他提出来，这就是启发式的问题。例如，有一位顾客考虑买一架波音飞机。推销员问他："先生，您买这架飞机是专为自己的雇员使用还是把它出租？"这就是一个启发式问题。这位先生在不用飞机的时候可以把飞机出租，从而能大大地回收成本。你应该让他在下决心购买之前就充分认识到这个利益，启发他加强自己的物主意识。

(四)探索式提问和引导式提问两者兼用

探索式的提问非常简单，以致我们常常看不到采用这种提问法容易犯的毛病。例如，推销员见有顾客过来就迎上前去，说："我能帮您的忙吗？"顾客通常说："不用了，我只是随便看看。"

许多站柜台零售的推销员每天把这个问题问上几十次，上百次，就这样年复一年，日复一日地问答着。其实，只有他们不再提出这种让人家说"不"的问题时，他们在推销业中才能得到较高的位置。

有的时候最好的探索式提问并不是以问号结束的,而是陈述式的谈话,它引出的回答往往比毫无掩饰的问题更令人满意。如果你到外面推销,你永远不会有机会去问"我能帮您的忙吗?"这种问题,但是你却难免要提出一些会引出"不"字的问题。推销员:"我可以为您下个月需要的喷料报个价吗?"顾客:"不,我们的喷料还能用很长时间呢。"这个能引出"不"字的探索式问题,如果换用下面的方式将会好得多。"您用10号喷料还是12号喷料?""您想要按月报价还是按周或按年报价?"探索式问题的首要禁区是永远不要提出让人说出"不"字的问题。

(五)用引导式的问题控制形势

如果顾客认准某种牌子的产品是最好的,即使有许多不同牌子的同类产品和它一样好,他也不愿意买,这就是所谓的"相信就是真理"。例如,我们有一种商品,不仅耐用而且便宜,且具有其他同类商品所没有的特点。我们很清楚这种商品对这位顾客是再合适不过了。这也是事实。但除非他相信了我们的介绍,否则他还是不愿意买我们的这种好产品。我们如果一味给顾客灌输产品如何好,顾客可能还是不相信,觉得我们这么说不过是想让他买我们的东西。高明的推销专家是不会这样做的,他们遵循的是一种完全不同,既简单又准确的概念,即如果由我说出来,他们会怀疑我;如果由他们自己说出来,那就是真理。这是高明的推销术的基础概念,也是有效地运用引导式提问法的基础。高明的推销专家对顾客说话时,心里想的是让顾客自己开口说话并针对商品提出询问,从而促进买卖成交。例如,"您对这件产品的质量很关心,是吧?"当然,人们也可以用简单的"是"或"不"来回答这样的问题。但它不算是那种让人说"不"的问题,因为人们不会回答说"不,我对质量并不关心,我只关心这商品的体积。"又如,"推销员的职业信誉很重要,您说是吗?"很少有顾客会说"啊,不!我宁可从一个毫无经验的推销员手里买东西。"从以上例子就能看出,为什么有经验的推销员不是喋喋不休地向顾客讲述应该如何如何,而是向他们提问题,让他们自己说。一般而言,提问要比讲述好。但要提出有分量的问题并非易事。简而言之,提问时要掌握两个要点。

第一,提出探索式的问题,以便发现顾客的购买意图以及怎样让他们从购买的产品中得到他们需要的利益,从而能针对顾客的需要为他们提供恰当的服务,使买卖成交。

第二,提出引导式的问题,让顾客对你打算为他们提供的服务产生信任。还是那句话,由你告诉他们,他们会怀疑,让他们自己说出来,就是真理。

三、促进成交

(一)识别成交机会

推销员要识别哪些是成交机会,例如,客户在询问性能、特点、质量后,接着又问了产品价格,也没有表示什么疑问,接着谈起了售后服务的一些问题,此时成交机会已经出现,客户提出的售后服务问题你都解答了,成交已水到渠成!客户就只针对价格进行谈判外,其他都不提什么疑问时,成交机会出现。这时推销员只需要向客户解释"物有所值、物超所值",打消客户对价格的怀疑,马上就可以成交。或者在进行多轮讨价还价后,稍微让出一点利,并告诉客户这已经是我的底限,不要错过机会。

(二)巧言妙语促成交

在零售学中有这样一项统计:20%的顾客是事先已计划购买某种产品,80%的顾客都是临时产生购买欲望,并进行购买决策的。可以说大部分顾客是随机购买的,受推销员的影响较大,推销员的介绍说明、服务是其购买决策的一个重要依据。推销员又主要是通过语言、交谈、问话来影响顾客的。通过研究没有成交的一些案例可以清楚看出,之所以没有成交,都是因为没有识别成交机会,没有利用谈话、问话的技巧来促成交易。所以有时候也可以说"没有成交,就是你没有说好,没有问好"。试探性成交是提出一些特别试探性的问题,顾客回答这些问题,就表明他们已经对你的产品产生了高度兴趣,他们很高兴而且准备向前跨进一步。

1. 答案任其择一试探法

最常用的谈话技巧是"两点式"谈话法,也就是你只向顾客提供两种选择的余地,而不论哪一种,都迫使对方成交。例如,"××先生,哪一天送货对您最合适,是1号还是15号?"如果他说:"我需要1号到我店里。"这就说明他实际上已经买下它了,你就可以往下进行一系列细节手续了。比如,当顾客问:"××产品现在有红色的吗?"推销员不可以回答"没有",而应该回答:"现在有黄色和蓝色两种,这两种颜色都很好看。"另外,问话要尽量多用肯定的语气问。例如,"你有没有联系电话?"(错),"你要不要××产品?"(错),"你的联系电话是多少?"(对),"你要几件××产品?"(对)。

巧妙引用第三者的话,向你的顾客说出对你推销产品的评价,有时会很有用。有时推销陷入僵局,这时刚好进来一位顾客说:"我用过××产品,效果不错",局面会出现转机。再比如做终端时,可用大客户、知名店的行动、评价打动、说服顾客。

2. 用错误的结论试探

假设你到一个家庭中推销某种家具,当你介绍和展示你的产品时,妻子对丈夫说:"亲爱的,你的妈妈月底来。如果我们今天看中了,就应该在月底以前买下来。"很多推销员都会忽视这句话,但是你应该将这句话记在心里。稍过一会儿,你应该微笑着对那位女士说:"我能看出来您像是喜欢这个式样。您母亲5号要到这儿来了,是吗?"她会说,"不,是月底来。""那么说,8号给您送货最合适了?""是的。""让我把这日子记下来。"交易就成功地写在订单上了。你还可以用报错颜色、尺寸等办法去试探成交。她可能说:"跟我们胡桃木色的壁纸对比起来,我觉得这黑檀木的家具看起来最好。"稍过一会儿,你还是用这种办法。"咱们瞧瞧,您喜欢用古铜色的家具来配您的胡桃木色的壁纸,是吗?"当她说"不,我喜欢黑檀色的"时,你就回答:"好,我把这记下来,填在你的订单上。"你出一个错,他们纠正你,你把纠正的答案记下来而他们就买了你的东西。

3. "结束销售"试探法

在整个销售过程中,要抓住每一个可能结束销售的机会。假如顾客的异议是一个购买信号,就正面回答顾客,然后结束销售。当顾客对商品提出的问题或表示的意见是同他占有商品相联系时,这就是顾客准备购买的一个信号,在回答顾客的问题之后,就可以结束销售。例如,顾客问:"这台设备有遥控装置吗?"你应该回答:"您想要一台有遥控装置的设备吗?"如果他们说"是",就等于已经买了它。再如一个顾客正打量一套衣服。顾客:"我很喜欢这套衣服,但就是裤子太肥了,上衣的袖子也长了点。"推销员:"不要紧,我们有经验丰富的裁剪师,稍微改一下,就会很合身的。我叫裁剪师过来。"顾客:"太好了,谢谢!"可见,只要熟练掌握以上技巧,巧妙地答复顾客,使推销圆满成功并不是一件很困难的事情。

【复习思考】

1. 简述推销口才的特点和原则。
2. 推销口才的方式有哪些？
3. 推销时有哪些交谈艺术？
4. 电话推销的交谈艺术有哪些？
5. 推销异议包括哪些？
6. 推销实战：

（1）如果单位派你为新研发的产品做前期市场开发，你恰好遇到了一位老客户对你的产品有兴趣，但却担心新产品市场推广要花大量时间和经费，前景未知。

作为业务员，面对客户的异问和担心，你将如何应对？

（2）如果你是某公司的电话销售人员，你已经和一位客户洽谈了一段时间，经过几次商谈，他很有意向购买你们的产品，但是为了压低价格，总是迟迟不达成协议，理由是其他的公司给他们出了更低的价格。

如果你这次不能设法说服对方接受你方的价格，签订购买合同，完成本月的销售业绩，就很有可能被解雇，面对压力你将采取何种销售策略？

第十三章　谈判口才

第一节　谈判的基本知识

谈判有广义与狭义之分。广义的谈判包括协商、交涉、商量、磋商等。狭义的谈判仅仅指在正式场合下，两个或两个以上的有关组织或个人，对彼此涉及的利益或有待解决的问题进行意见交换和反复磋商，以寻求解决途径，最后达成协议的合作过程。

一场谈判能够进行下去，并达成一致，以下几个因素必不可少：一是各方均有尚未满足的需要；二是各方既有共同利益，又有分歧之处；三是彼此都有解决问题和分歧的愿望；四是各方能彼此信任到某一程度，愿意采取行动达成协议；五是最后结果能使各方互利互惠。

以上条件是谈判进行的基础，也是各方得以合作的前提。

一、谈判的特点

谈判作为满足人们某种需要而进行的一种交往活动，在它的发生和发展过程中具有以下几个特点：

1．"给"与"取"互动

之所以要谈判，前提是双方都有从对方那里获取一种或几种需要的愿望，并且谈判的双方都要有所给予，使对方的需要得到直接或间接的满足。这就是谈判的"给"与"取"的一种互动。单方面的"给"或单方面的"取"，不论是自愿的还是被动的，都不能算作谈判，只能说是援助、受援、赠送、笑纳、授予、接受等。

2．"合作"与"冲突"并存

谈判的任何一方都希望通过谈判达成一个满足自己利益的协议。为了达成协议，参与谈判的各方均须有一定程度的合作意识。缺乏合作性，双方就谈不到一块。但是，为了使自身需要能获得最大的满足，参与谈判的各方又必然处于利害冲突的对抗状态中，否则谈判就没有必要。尽管在不同的谈判场合，合作程度与冲突程度会各不相同，但可以肯定的是，任何一种谈判均含有一定程度的合作与冲突。

3．"互惠"与"不均"的抗衡

互惠并非绝对均等，在正常情况下，互利互惠、皆大欢喜是谈判的一般结局。一方全赢或全输的结局，势必导致谈判的失败以至今后交往的中断。谈判的结果应是互惠的，但由于双方的需求有差异，对利益的认识、分析、评价标准也不一致，因而这种互惠又不是绝对均等的，有可能一方获利多一些，另一方获利少一些。同时，谈判双方所拥有的实力、地位与谈判的技能也各不相同，谈判的结果往往是"不均"基础上的"互惠"。

二、谈判的分类

谈判可以按不同的标准从不同的角度进行分类。不同类型的谈判，其准备工作、运作、应采用的策略是不尽相同的。了解谈判的类型有助于谈判成功，否则谈判将会是盲目的、无效益的。一般情况下，可以将谈判划分为以下几种类型：

（一）按谈判的性质划分

按照谈判的性质，可以将谈判分为一般性谈判、专门性谈判和外交性谈判。

1. 一般性谈判

一般性谈判指一般人际交往中的谈判，是随意的、非正式的。日常生活中几乎到处存在一般性谈判，双方无须做过多的准备。它具体包括：

（1）家庭场合的谈判。如家人协商周末度假计划；父母与子女协商零花钱的使用等。

（2）公共场合的谈判。如在电影院，观众之间协商调换座位；顾客与水果摊的老板讨价还价等。

2. 专门性谈判

专门性谈判是一种有准备的正式谈判，指各个专门领域中的谈判，包括教育领域中合作办学的谈判、金融领域中的信贷谈判、科技领域中的技术转让谈判、生产领域中的产品开发谈判、商业领域中的贸易谈判等等。通过谈判，就某项技术交流、经济合作、经贸往来、资金融通、工贸往来等达成一个有利于双方或多方的一致性协议。

3. 外交性谈判

指国与国之间就政治、军事、经济、科技、文化等方面的问题或交流而进行的谈判。外交性谈判程序严谨，准备充分，效果明显，影响较大，谈判的结果对双方都有很大的制约性。

（二）按谈判的主题划分

按照谈判的主题，可以将谈判分为单一型谈判和统筹型谈判。

1. 单一型谈判

单一型谈判的主题只有一个。这种谈判，双方就某个确定的主题在一定的范围内进行磋商。例如，买卖双方针对价格进行谈判，卖方期望价格高，且愈高愈好；而买方则期望价格低，且越低越好。这种差异只能通过谈判来调节，以取得双方都能接受的结果。

单一型谈判的一般规律是首先要分析、掌握有关情况，然后确定对策。通常的做法是双方都会在谈判前确定一个能够接受的"底线"，尽量争取好的结果。如果超出这一"底线"，谈判将难成功。因此，单一型谈判具有较高的冲突性。

2. 统筹型谈判

统筹型谈判的主题由多个议题构成。这种谈判，双方已不再是"单一型谈判"中的激烈竞争对手，他们能一起合作，同时会得到较多的利益。例如，甲、乙双方围绕一批货物的交付时间和价格进行谈判。在时间问题上，甲方提出最早2个月才能交货，而乙方要求最晚不超过1个月交货，这样双方不存在达成协议的可能；而在价格问题，甲方要求至少5万元才能成交，而乙方坚持最多只能考虑4万元，双方同样无法达成协议。在这种情形下，单一型谈判方式很难有结果，而用统筹型谈判协议就有可能达成。也就是说，如果乙方愿意在价格上接受5万元的成交价，那么甲方也愿意在交货时间上接受乙方不超过1个月的时间，双方彼此接受这个折中方法,各退一步,就可达成协议。

统筹型谈判是把双方所存在的两种或多种不同的交换值结合起来,为了得到某项利益,通过统筹考虑而甘愿放弃另一项利益去换取它。因此,在谈判时许多谈判者往往表现在一个问题上坚持自己的利益,而在另一个问题上接受对方的意见,因而双方的冲突性可随之减低。

(三)按谈判的方式来划分

按谈判的方式,可将谈判分为直接谈判和间接谈判。

1. 直接谈判

直接谈判是指在谈判活动中,参加谈判的当事人双方不需加入任何中介组织或中介人进行的谈判。直接谈判在商务活动中应用非常广泛,包括面对面的口头谈判和利用信函、电话、电传等通讯工具进行的书面谈判。

总的来看,直接谈判有以下突出的优点:

(1)及时、快速,不需中间人介入,免去了很多中间手续,使谈判更为高效;

(2)易于保守商业秘密,各方当事人直接参加谈判,保密性更强;

(3)节约谈判费用,不需支付中介费用。

2. 间接谈判

间接谈判是相对于直接谈判而言的,它是指参加谈判的当事人双方或一方不直接出面参与商务谈判活动,而是通过中介人(委托人、代理人)进行的谈判。这种谈判形式,在谈判活动中应用较为广泛。

一般来说,间接谈判也有以下几个优点:

(1)中介人一般都是谈判一方所在地的代理人,熟悉当地的环境,熟知谈判对方的行为方式,便于找到合理的解决问题的办法。

(2)代理人身处代理的地位,与谈判人没有直接利益冲突,谈判不易陷入僵局。

(3)代理人在授权范围内进行谈判,不易损失被代理人的利益。

(四)按谈判顺序划分

按照议题的商谈顺序,可将谈判分为横向谈判和纵向谈判。

1. 横向谈判

横向谈判是指在确定谈判所涉及的所有议题后,开始逐个讨论预先确定的议题,在某一议题上出现矛盾或分歧时,就把这一问题暂时搁下,接着讨论其他问题,如此讨论下去,直到所有问题都解决。

这种谈判的优点在于:

(1)议程灵活,方法多样,多项问题同时讨论,有利于寻找解决问题的变通办法。

(2)有利于谈判人员创造力和想像力的发挥,便于谈判策略和技巧的使用。

(3)不容易形成谈判僵局等。

2. 纵向谈判

纵向谈判指在确定谈判的主要议题后,逐一讨论每一问题和条款,集中解决一个议题,只有在第一个讨论的问题得以解决后,才开始全面讨论第二个议题。

纵向谈判的优点在于:

(1)程序明确,把复杂问题简单化。

(2)每次只谈一个问题,讨论详尽,解决彻底。
(3)避免多头牵制、议而不决的弊病。

三、谈判的过程

(一)开局

谈判的开局对于谈判的结果至关重要,良好的开局等于成功的一半。开局阶段,是指谈判双方见面后到进入具体实质性谈判之前的那段时间,主要包括建立谈判气氛、交换意见和开场陈述三个内容。

1. 建立谈判气氛

谈判气氛是在谈判一开始由双方谈判人员的相互介绍、寒暄形成的。随着谈判的进展,谈判气氛会发生变化,将对谈判的全过程甚至谈判的结果产生作用和影响。因此,在开局阶段,谈判人员的任务之一就是要为谈判建立一个合适的气氛,为以后各阶段的谈判打下良好的基础。

谈判内容、形式、地点的不同,其谈判气氛也各不相同。一般来说有如下几种情况:
(1)热烈的、积极的、友好的谈判气氛;
(2)冷淡的、对立的、紧张的谈判气氛;
(3)平静的、严肃的、严谨的谈判气氛;
(4)松垮的、慢腾腾的、持久的谈判气氛;
(5)介于上述四种谈判气氛之间的气氛。

一般来讲,通过谈判气氛,我们可以初步感受到对方谈判人员谈判的气质、个性、对本次谈判的态度以及采取的谈判方针。

2. 交换意见

谈判人员在谈判最初的几分钟,通过愉快的、非业务性的话题,建立了谋求一致的谈判气氛,接着双方将就本次谈判交换意见,这意味着谈判的正式开始。双方能否很好地交换意见,不仅直接影响到能否继续巩固和发展已经建立起来的谈判气氛,还决定着后续谈判能否顺利进行。

3. 开场陈述

开场陈述有两个目的:一是陈述各方立场,二是探测对方意图。因此,开场陈述应把握以下几点:陈述的内容、陈述的方式以及对方对建议的反应。

开场陈述的内容,是指谈判人员要巧妙地应用策略,明白无误地阐述己方的立场和观点。这时,必须把彼此的观点向对方阐明。一般来说,开场陈述有以下内容:
(1)己方对问题的理解,即认为这次会谈应涉及的问题。
(2)己方的利益,即希望通过洽谈所取得的利益。
(3)己方的首要利益,即阐明哪些方面对己方来说是至关重要的。
(4)己方可向对方做出让步的事情,己方可以采取何种方式为双方获得共同利益做出贡献。
(5)己方的立场,包括双方以前合作的结果,己方在对方所享有的信誉,今后双方合作可能出现的机会和障碍。

(二)磋商

磋商是谈判的实质性阶段。这个阶段是谈判双方开始真正地根据对方在谈判中的言行来不断调整己方策略的过程,也是一个信息逐渐公开、筹码不断变化、障碍不断清除、努力走向成交彼岸的过程。

这个过程的实质,是通过对交易条件的讨价还价,从分歧、对立、差距到协调一致,包括对谈判双方分歧的分析、施加压力和抵御压力、提出要求与让步、形成僵局和打破僵局等复杂内容。因此,这一阶段的把握程度对达到预期的目标、取得谈判的成功起着决定性的作用。

(三)结束

当谈判到了快成交的阶段,为了使谈判圆满结束,选择结束谈判的方式至关重要。谈判的结束方式,包括每一场谈判的结束方式和整个谈判的结束方式。

整个洽谈的结束有两种可能:一种是洽谈破裂,一种是达成协议而成交。

1. 洽谈破裂

当谈判可能破裂时,在整个洽谈结束时,要充分注意洽谈的气氛和可能的转机。

当对方主谈人宣布其最后立场和观点后,己方主谈人应设身处地为对方分析其立场的利弊,并言辞友好、态度诚恳,使对方感到己方的诚意,为以后复谈创造机会。

2. 签订协议

当谈判成交时,双方应及时握手以结束谈判。但是在握手时,主谈人首先应对所有达成一致的问题加以清理,以防止遗漏,为最后的签约做好准备。这时可以这样讲:

很高兴双方达成协议,使艰苦的洽谈得以结束。让我们双方清理一下已达成的协议,以便形成文字。若有遗漏,可以补充。

我们很高兴与贵方达成协议,我们将向上级汇报我们的洽谈结果。若有什么问题再商量,请贵方原谅。

这样讲既能留有余地,又不失礼节。

最后,应将所有谈判的结果形成文字,包括技术附件和合同文本,并约定好签约的时间和方式等具体操作性问题。

第二节　谈判的一般技巧

一、确定谈判态度

在商业活动中,人们面对的谈判对象多种多样,人们不能拿同样的态度对待所有谈判。人们需要根据谈判对象与谈判结果的重要程度,来决定谈判时所要采取的态度。

如果谈判对象对己方很重要,比如长期合作的大客户,而此次谈判的内容与结果对己方并非很重要,那么就可以抱有让步的心态进行谈判,即在己方没有太大损失与影响的情况下满足对方,这样做对于以后的合作会更加有力。

如果谈判对象对己方很重要,而谈判的结果对己方同样重要,那么就抱持一种友好合作的心态谈判,尽可能达到双赢,将双方的矛盾转向第三方,比如市场区域的划分出现矛盾,那么可以建议双方一起或协助对方去开发新的市场,扩大区域面积,将谈判的对立竞争转化为携手合作。

如果谈判对象对己方不重要,但谈判结果对己方非常重要,那么就以积极竞争的态度参与谈判，不用考虑谈判对手，完全以最佳谈判结果为导向。

如果谈判对象对己方不重要，谈判结果对己方也无足轻重，那么就可以轻装上阵，不要把太多精力消耗在这样的谈判上，甚至可以取消这样的谈判。

二、充分了解对手

"知己知彼，百战不殆"，在商务谈判中这一点尤为重要。对对方的了解越多，越能把握谈判的主动权，就好像我们预先知道了招标的底价一样，自然成本最低，成功的几率最高。

了解对手时，不仅要了解对方的谈判目的、心理底线等，还要了解对方公司的经营情况、行业情况、谈判人员的性格、对方公司的文化、谈判对手的习惯与禁忌等，这样可以避免因文化、生活习惯等方面的矛盾，对谈判产生额外的障碍。

此外，需要了解并掌握其他竞争对手的情况。比如，一场采购谈判，己方作为供货商，要了解可能和我们谈判的对方进行合作的其他供货商的情况，有可能和自己合作的其他采购商的情况，这样就可以适时给出较其他供货商略微优惠的合作方式，那将很容易达成协议。

如果对方提出更加苛刻的要求，我们也就可以把其他采购商的信息拿出来，让对方知道我们是知道底细的，同时暗示我们有很多选择。反之，我们作为采购商，也可以采用同样的反向策略。

三、准备多套方案

谈判双方最初各自拿出的方案都是对自己非常有利的，而双方又都希望通过谈判获得更多的利益。因此，谈判结果肯定不会是双方最初拿出的那套方案，而是经过双方协商、妥协、变通后的方案。

在双方你推我拉的过程中，常常容易迷失最初的意愿，或被对方带入误区，此时最好的办法就是多准备几套谈判方案，先拿出最有利的方案，没达成协议就拿出其次的方案，还没有达成协议就拿出再次一等的方案。即使我们不主动拿出这些方案，但也可以做到心中有数，知道向对方妥协是否偏移离了最初自己设定的框架，这样就可以在谈判结束后，让自己的让步控制在预计承受的范围内。

四、建立融洽气氛

在谈判之初，最好先找到一些双方观点一致的地方并表述出来，给对方留下彼此更像合作伙伴的印象。这样，接下来的谈判容易朝着一个达成共识的方向发展。当遇到僵持状况时，也可以拿出双方的共识来增强彼此的信心，化解分歧。

同时，也可以向对方提供一些其感兴趣的商业信息，或对一些不是很重要的问题进行简单的探讨。达成共识后，对方的心理就会发生奇妙的改变。

五、设定谈判禁区

谈判是一种很敏感的交流，所以谈判语言要简练，避免出现不该说的话，但在艰难的、长时间的谈判过程中，也难免出错，最好的方法就是提前设定好哪些是谈判中的禁语，哪些话题是危险的，哪些行为是不能做的，谈判的心理底线等。这样，就可以在谈判中避免落入对方设下的陷阱。

六、语言表述简练

在商务谈判中，忌讳语言松散或像拉家常一样的语言方式，尽可能让自己的语言变得简练。否则，你的关键词语很可能会被淹没在拖拉冗长、毫无意义的语言中。

因此，谈判时语言要简练、针对性强，争取让对方大脑处在最佳接收信息状态时表述清楚自己的信息。如果要表达的是内容很多的信息，如合同书、计划书等，那么需要说话语气有高、低、轻、重的变化。比如，重要的地方提高声音，放慢速度，也可以穿插一些问句，引起对方的主动思考，吸引对方的注意力。

在重要的谈判前，应该进行一下模拟演练，训练语言的表述、突发问题的应对等。

在谈判中切忌模糊、啰唆的语言，这样不仅无法有效表达自己的意图，更可能使对方产生疑惑、反感情绪。

七、曲线进攻

在谈判过程中，应该通过引导对方的思想，把对方的思维引导到自己的包围圈中。比如，通过提问的方式，让对方主动替你说出你想听到的答案。反之，越急切想达到目的，越有可能暴露自己的意图，被对方所利用。

八、善于倾听

在谈判中往往容易陷入一个误区，那就是一种主动进攻的思维意识，总是在不停地说，总想把对方的话压下去，总想多给对方灌输一些自己的思想，以为这样可以取得谈判主动权，其实不然。

在这种竞争性环境中，你说的话越多，对方会越排斥，能入耳的很少，能入心的更少，而且你的话多了就挤占了总的谈话时间，对方也有一肚子话想说，被压抑下的结果则是对方很难妥协或达成协议。

反之，让对方把想说的都说出来，当其把压抑心底的话都说出来后，就会像一个泄了气的皮球一样，锐气会减退，接下来你再反击，对方丧失了还手之力。

更为关键的是，善于倾听可以从对方的话语中发现对方的真正意图，甚至是破绽。

九、掌控谈判主动权

谈判活动表面看来没有主持人，实则有一个隐形的主持人存在着，不是你就是你的对手。因此，要主动争取把握谈判节奏、方向，甚至是趋势。

谈判过程中的主持人所应该具备的特质是：语言虽不多，但是招招中的，直击要害；气势虽不凌人，但运筹帷幄，从容不迫；不是用语言把对手逼到悬崖边，而是用语言把对手引领到崖边。同时，想做谈判桌上的主持人，就要体现出你的公平，即客观地面对问题。

十、舍小求大

双方在某个重要问题上僵持的时候，一方退后一步，抛出其他小利作为补偿，把僵局打破，并用小利换来大利；或把整个方案调换一下顺序，蒙蔽了对方的思维。所以，谈判方首先要能跳出像脑筋急转弯一样的思维陷阱，然后要善于施小利，博大利，学会以退为进。

在谈判中，一个最大的学问就是学会适时的让步。只有这样，才可能使谈判顺利进行，因为谈判的结果毕竟是以双赢为最终目的的。

十一、以退为进

在谈判中，己方可以适时提出一两个很高的要求，对方必然无法同意。在经历一番讨价还价后，可以进行让步，把要求降低或改为其他要求。这些高要求，我们本来就没打算达成协议，即使让步也没损失，却可以让对方有一种成就感，觉得占了便宜。这时，我们其他的、比这种高要求要低的要求就容易被对方接受，但切忌提出太离谱、过分的要求，否则对方可能觉得我们没有诚意，甚至激怒对方。先抛出高要求，也可以有效降低对手对于谈判利益的预期，挫伤对手的锐气。

其实，谈判的关键就是如何达成谈判双方的心理平衡。达成协议，就是双方心理都达到了平衡点。有时，谈判中的这种平衡和利益关系并不大，所以在谈判中只要赢得利益，就可以在表面上做出让步，失掉一些利益，给对手一种攻城掠地的快感，实则是洒了遍地的芝麻让对手乐颠颠的去捡，自己却偷偷抱走了对手的西瓜。

第三节 谈判语言的使用原则与技巧

一、谈判语言的使用原则

谈判是双方意见、观点的交流，谈判语言和一般的语言表达有着明显区别，谈判者不仅要清晰明了地表达自己的观点，更要认真倾听对方的观点，找出突破口，协调双方的目标，争取双方达成一致。要想掌握、运用好谈判语言，首先应了解谈判语言的使用原则。

1. 准确性

谈判是关系到个人和集体利益的重要活动，需要和利益是谈判活动的动力。谈判双方通过谈判说服对方理解、接受己方的观点，最终使双方在需要和利益方面相互协调。因而，在谈判过程中，语言表述上的准确性是至关重要的。

谈判双方必须准确地把己方的立场、观点、要求传达给对方，帮助对方明了自己的态度。如果谈判者传递的信息不准确，让对方无法正确理解，势必影响谈判双方的沟通和交流，不能实现理想的谈判结果。

在谈判中，谈判者经常会出于表达策略上的需要，故意运用一种模糊语言，但使用模糊语言并非意味着可以忽略谈判语言的准确性。模糊语言规定了一定的理解范围，反映了谈判者对某一客观事物的一定认识程度。使用模糊语言正是为了更准确地传递复杂信息，表达错综的思想。如果抛开了语言准确性原则，超出了它的理解范围，模糊语言就变成了糊涂语言。

2. 针对性

谈判的形式多样，谈判对象的性别、年龄、文化程度、职业、性格、兴趣也各有不同，不同对象接受语言的能力和习惯使用的谈话方式也不尽相同。因此，要取得谈判的成功，谈判者就必须遵循针对性原则，要针对不同的谈判对象，采取不同的谈话对策。

语言工作者发现，男性运用语言理性成分较多，喜欢理性思辨的表达方式，而女性偏重情感的抒发，使用情感性语言效果明显；性格直爽的人说话喜欢直截了当，对他们旁敲侧击很难发生效用，而性格内向又比较敏感的人谈话时喜欢琢磨弦外之音，甚至无中生有地品出话里没有的意思来。如果在谈判中无视这种个人差异，想怎么说就怎么说，势必难以取得良好的效果，进而影响谈判的顺利进行。

除了个人差异之外，谈判双方还有老幼尊卑、亲疏远近、上下左右等各种关系的差异，谈判者在谈判中还要考虑这些差异对于谈判语言的影响。

跨国谈判更要注意语言的针对性，不同的文化背景决定了对语言的不同理解。所以，在谈判时必须考虑对方的接受能力。

3.灵活性

谈判者首先要仔细倾听对方的话，从话里分析情况；还要察言观色，从对方的眼神、姿态、动作、表情来揣测对方对自己的话的感受，密切注意信息的输出和反馈情况。在自己说完话以后，认真观察对方是否对刚才的话题感兴趣，是否正确理解了得到的信息，是否能够接受自己的说法。

然后，根据考察的结果，谈判者要及时、灵活地对自己的语言进行调整，转移或继续话题，重新设定说话内容、说话方式，甚至终止谈判，以保证语言更好地为实现谈判目的服务。

如果谈判中发生了意料之外的变化，切不可拘泥于既定的对策，切忌以不变应万变。不妨从实际出发，在谈判目的规定许可的范围内有所变通，以适应对方的反应。

如果思想僵化、死板，不能及时以变化了的方式去对付变化了的形势，必将在谈判中失去优势，被动挨打。

4.适应性

说话一定要适应特定的言语环境。所谓言语环境，主要指言语活动赖以进行的时间和场合、地点等因素，也包括说话时的前言后语。言语环境是言语表达和领会的重要背景因素，它制约并影响了语言表达的效果。

掌握谈判语言艺术，就一定要重视言语环境因素，不能随心所欲地想说什么就说什么，应考虑谈判时的场合，要根据不同的场合随时调整语言表达的策略，采用与环境最为契合的表达方式。

如果发现环境根本就不适合谈判，就要及时换个环境或者改变谈判计划，中止谈判。否则，不仅语言不能发挥效果，甚至还会让人反感，导致谈判失败。

二、谈判中的语言表达技巧

有一位教徒问神甫："我可以在祈祷时抽烟吗？"他的请求，遭到神甫的严厉斥责。而另一位教徒也去问神甫："我可以在吸烟时祈祷吗？"他的请求得到了允许。

两个教徒的目的和内容完全相同，只是请求时改变了一下语序，却收到了截然不同的效果。由此可见，在谈判中语言表达的技巧对于谈判结果的影响是非常大的。

在谈判时，使用得体、有效的谈判语言应注意以下几个问题。

（一）重视语气

在谈判过程中，语气的使用很关键。有时候，即使谈判者的意见完全正确，因为语气使用不当，也可能造成谈判的结果不理想，甚至造成谈判双方对立，难以继续合作。

在谈判中，使用正确的语气应注意以下几点：

1. 多用肯定语气

在谈判中，尽量选择委婉、不生硬的话语，不宜直接使用"不"、"没有"等具有强烈对抗性的字眼，而应多用肯定的句型来表达否定的意思。

在谈判过程中，遇到对方情绪激动、措辞逆耳时，不应说：

你这样发火毫无道理。

而应委婉地提出：

我完全理解您此时的心情，但同时我不能认可您的观点。

这就婉转地告诉了对方：我并不赞成你这么做。

即使谈判陷入僵局，也不要使用否定对方的字眼，而应不失风度地说：

在目前的情况下，我们只能做到这一步了。

以此暗示对方：我们不会再做让步。

2. 慎用否定用语

同样是对于一个问题的否定，如果改变否定的用法，可使语气委婉。如将"我认为你这种观点不对"改为"我不认为你这种观点完全正确"，或"你是否觉得另一种看法更客观呢？"这样，语气缓和许多，而否定的意思并没有改变。

3. 巧用转折用语

为了在表达上不冒犯对方，可适当使用转折句式。先肯定、宽慰，再用转折委婉地表示否定而阐明自己的难处。如：

我理解您的处境，但是我不能接受您的条件。

我完全明白您的意思，也完全赞成您的意见，但是……

这种表述方式，既表示了对对方的同情和理解，又表达了自己的看法。

4. 正确使用语气助词

使用"吧"、"吗"、"啊"等语气助词，可以使命令语气变成商量语气。如把"……就这样"改为"……就这样了吧"，将"这个问题我们不谈了"改为"我们不谈这个问题了，好吗？"前者显得生硬，后者显得温和。

(二)善于设"问"

在谈判过程中，发问是很有力的谈判方法和取得信息的手段。

为了了解对方的真实想法和企图，老练的谈判者总是密切注意对方的"心理变化"过程，仔细观察对方的举止、姿势、手势等，然后利用发问去探知对方的需求。

常用的提问技巧有如下几种：

1. 暗示式发问

这种发问的内容一定要真实可靠，因为他本身已强烈暗示出预期答案，对方的回答一般不会超出发问者所设计的答案范围。例如：

既然大家都是朋友，就应该开诚布公，坦诚相见，是吧？

在过去的交往中，我们合作一直很愉快，是不是？

这种发问的用意，在于提醒对方注意这些基本事实；为谈判提供基础条件。

2. 探索式发问

针对对方提出或谈及的问题引申发问，希望进一步探讨。如：

您说上批货的销售遇到了麻烦，您能具体谈谈是什么麻烦吗？

您不同意我们的报价,依据呢?

这种提问既可进一步了解情况,又可以使对方感到你对他们所讲问题的重视。

3. 选择式发问

向对方提出两种或两种以上的选择答案,对方不论选择哪一种答案,均是你能承受的。

例如:

到货地点是北站还是南站?

两个集装箱的价格是九五折,如果您要五个集装箱就九折,您看要几个?

这种发问可避免对方提出异议,但应注意在运用时措辞得体,语调温和。

4. 澄清式发问

针对对方谈话内容,促使其证实或补充的发问。例如:

上述情况没有变化,是不是说您可以按期履约?

您是说三种规格的各进1000件吗?

这种发问,可使对方的回答更明晰、确切,而且有利于发掘较充分的信息。

5. 连贯性发问

在对方的发言过程中不断插问,或接连不断地向对方提出承上启下的问题,促使对方按发问者的思路讲下去。如:

情况真像你说的那样,你打算怎么办呢?

这样行吗?

后来呢?

这种发问,语言要真切、简短、明快,不能拖泥带水,并略带好奇与惊讶,令对方情不自禁地回答你一个接一个的提问。

(三)巧妙应答

"问"和"答"是矛盾的统一,答复是对提问的反馈。应答的技巧,往往在于给对方提供的是一些等于没有回答的答复。

1. 拖延式

如:在答复您的问题之前,我想先听听贵方的观点。

其应答技巧在于用对方再次叙述的时间来争取自己的思考时间。

2. 模糊式

如:很抱歉,对您所提及的问题,我并无一手资料可做答复,但我所了解的粗略印象是……

这属于模糊式应答,避开实质性问题。

3. 转移式

如:我们的价格是高了点儿,但是我们的产品在关键部位使用了优质进口零部件,增加了产品的使用寿命。

使用逆转式语句,让对方觉得是尊重他的意见,然后话锋一转,提出自己的想法,退一步而进两步。

在谈判之前,还要具体问题具体分析。在回答问题之前,要明确和理解问题的实质,包括对方提问中的弦外之音、言外之意,在未完全理解、"吃透"前,切不可轻易回答。

【复习思考】
1. 名词解释:(1)谈判;(2)直接谈判。
2. 谈判有哪些特点?
3. 谈判语言有哪些基本原则?
4. 谈判一般要经历哪几个过程?简要说明每个过程的注意事项。
5. 如何运用谈判的基本技巧?

第十四章 导游口才

第一节 导游的基本知识

导游是随着现代旅游业的发展而出现的一种社会服务性职业,导游的出现是现代旅游业发展的必然结果,在现代旅游业中发挥了重要作用。导游代表旅行社或接待社为旅游团队进行全过程的服务,既是旅游活动的组织者,也是旅游活动的服务者。

正因为导游这一角色在旅游活动中的特殊地位,导游服务质量的高低从某种意义上说不仅代表了整个旅游行业的服务水准,也体现了一个地区、一个国家的文明程度。随着现代旅游业的发展,社会对导游素质的要求也越来越高,导游的素质决定着旅游经营活动的成败。

一、导游的含义

导游,从字面看可以知道它的大概意思。"导"有"引导"、"开通"的意思,"游"则指"旅行游览"。因此,导游即"引导他人参观游览"。随着旅游业的发展,"导游"的内涵也在不断变化和发展。

一般来说,"导游"这一概念包括两层含义:一是指组织、协调旅游活动,满足旅游者游览需求的旅游服务工作;二是指导游员或者导游工作者。我们说的"导游",一般指导游员或者导游工作者。

《旅游业词典》(The Dictionary of Hospitality, Travel and Tourism,美国查尔斯·梅特尔卡著)一书指出,导游员是指"已拥有职业特许证并受雇于某公司带领旅游者在当地进行旅游观光活动的工作人员"。我国《导游服务质量》说导游人员是"持有中华人民共和国导游资格证书、受旅行社委派、按照接待计划,从事陪同旅游团参观、游览等工作的人员"。国家旅游局于1995年发布的《导游员职业等级标准》(试行)对导游员所下的定义是:"运用专门知识和技能为旅游者组织安排旅行和游览事项,提供向导、讲解和旅途服务的人员。"《导游人员管理条例》中认为,导游人员"是指依照本条例的规定取得导游证,接受旅行社委派,为旅游者提供向导、讲解及相关旅游服务的人员"。

总之,导游员是以旅游者为工作对象,以组织并指导参观游览、沟通思想为主要工作方式,以安排旅游者的吃、住、行、游、购、娱为主要任务,以增进相互了解和友谊、为国家和地方建设积累资金为目的的接待服务人员,也是进行民间外交和促进地区间横向联系的第一线工作人员,同时必须具备国家管理部门颁发的有关资格证书。

二、导游的类型

由于导游的工作内容和职责不同,导游有多种称法。按照不同的标准,导游可以分为不同的类型。

1. 根据导游的工作内容分类

因工作内容不同,导游有不同的名称,主要有领队、全程导游员、地方导游员、定点导游员等。他们为旅游者提供各种服务,分别代表着受雇的旅行社,有着不同的工作职责。他们相互支持、共同合作,在有关旅游接待单位的配合下,帮助、引导旅游者完成旅行游览。

(1) 领队即国际导游员。领队是带领旅游团出入境旅游,为旅游者提供出入境服务,督促境外接待社和导游人员执行旅游计划的导游员。

《导游服务质量》把领队称为"受海外旅行社委派,全权代表该旅行社带领旅游团从事旅游活动的工作人员"。领队的主要职责有:全程服务、督导落实旅游计划、团队管理、联络工作等。

(2) 全程导游员即全程陪同,简称全陪。全陪受接待社委派,负责向旅游者提供境内全程导游服务。作为国内旅游团,所谓的全陪是受组团社的指派,是组团社的全权代表,为国内跨省、自治区、直辖市范围旅游的旅游者提供全程导游服务。

全陪是旅游团在国内旅游活动的全程服务者与行动决策者,在导游集体中起着主角的作用。其主要职责在于:实施旅游计划、联络协调、景观讲解、为旅游者在国内提供旅行服务。

(3) 地方导游员即地方陪同,简称地陪。地陪是受地方接待社委派,为旅游者在本省、自治区、直辖市范围内或导游所在地的游览提供导游服务,西方称为"导游翻译员"。地陪的主要职责在于执行旅游计划、景观讲解、处理旅游事故等。

(4) 定点导游员也称定点陪同或者讲解员。定点导游员是景点自设的讲解人员,专门负责某一个参观游览点的讲解工作。对于一些专业或较特殊的景点来说,定点导游员需要具备较高的专业知识。

在一些西方国家,定点导游员级别最高,因而对定点导游员的考试也最为严格。台湾岛的许多景点也设有高水平的导游员。相比较而言,我国大陆一些景点的讲解员层次还有待提高。

2. 根据导游等级分类

根据导游人员的业务工作水平,可以分为初级导游员、中级导游员、高级导游员和特级导游员四个等级。

(1) 初级导游员。要求在获得导游员资格证书一年后,技能、业绩和资历进行的考核、考试合格。

(2) 中级导游员。要求获得初级导游员资格两年以上,业绩明显,考核、考试合格。

(3) 高级导游员。要求取得中级导游员资格四年以上,业绩突出、水平较高,在国内外同行和旅行社中有一定影响,考核、考试合格。

(4) 特级导游员。要求获得高级导游资格五年以上,业绩优异,有突出贡献,有高水平的科研成果,在国内外同行和旅行社中有较大的影响,经考核合格。

3. 根据导游职业性质分类

根据导游的职业性质,导游有专职和兼职的区别:

(1) 专职导游员。指长期受雇于某家旅行社,为该企业的正式职员的导游员,也称"固定职业导游员"。

(2) 兼职导游员。也称"业余导游员",通常指在业余时间从事导游工作的人。

此外,根据导游员所使用的不同语言,导游员可以分为外语导游员、汉语普通话导游员、地方方言导游员和少数民族语言导游员。

第二节 导游口才的类别

导游界有句行话,叫做"全凭导游一张嘴,调动游客两条腿"。这形象生动地反映了导游的工作总体是以"嘴"为主的,讲解、介绍、交流贯穿于整个带团过程之中。

导游工作的形式和内容千变万化,所以导游口才的类型也是复杂多变的。例如:根据导游具体职责和业务范围的不同,可以将导游口才分为领队口才和全陪导游口才、地陪导游口才和定点导游口才;根据导游口才的功能不同,可以将导游口才分为导游讲解口才和导游交际口才;根据导游口才的具体使用区域和表达风格的不同,可以将导游口才分为欢迎词、解说词、交际词和欢送词。

下面分别对欢迎词、解说词、交际词和欢送词作简单的介绍。

一、欢迎词

欢迎词,是指导游在迎接游客到来时的致辞。导游在展开服务工作之前,必须首先向游客致欢迎词,以赢得游客的好感、支持和信任。

无论是领队、全陪、地陪还是定点讲解员,在工作开始前对游客来说都是陌生人。导游必须先让游客了解自己,并且从情感上接受自己,这样才能实现从陌生人到朋友的角色转换。

游客们大都讲究"第一印象",而致欢迎词是导游给游客留下"第一印象"的极佳机会。一篇热情洋溢、亲切友好的欢迎词,能瞬间拉近导游与游客的情感距离,给游客留下良好的印象。因此,艺术性地致好欢迎词尤为重要。

(一)欢迎词的特点

欢迎词不同于一般的导游口才,具有自身的特点,主要表现为:

1. 内容简洁

导游致欢迎词一般是在旅游活动开始之前,即游客在旅游车上入座,出发前往下榻地或者旅游景点时的致词。

游客一般在旅行前都会比较兴奋,会充满期待,想马上了解旅游景点的情况;有的游客经过长途旅行,想在去景点途中稍作休息。作为导游,应当考虑到游客的这两种情况,而且游客的主要关注对象不是导游,而是旅游景点。所以,导游致欢迎词的时间不宜太长,内容应当简洁、得体,点到为止,以免游客产生厌恶的情绪。

导游致欢迎词只要能够让游客体会到自己的欢迎之情就可以了,欢迎词的时间要控制在 5 分钟以内。

2. 亲切热情

为了便于导游工作的开展,导游首先必须得到游客的认同,需要尽快与游客熟悉起来,让游客把自己当作旅行途中的朋友。

在致欢迎词时,导游要以好客的主人身份,以亲切热情的口吻对游客表示欢迎,迅速拉近与游客之间的情感距离。

不同的导游会有不同的风格,或任劳任怨,或细心谨慎,或幽默风趣,或知识渊博等等。导游风格固然可以百花齐放,但必须以亲切热情的风格为主导。

3. 语言自然

导游的突然出现，难免会让游客产生突兀之感。为了消除游客的突兀之感，导游在致欢迎词时，语言应该自然，语调和缓，让游客自然而然地接受自己为他们讲解。

4. 针对性强

导游说话需要根据说话的对象和场合，选择适当的言辞。导游在致欢迎词时，需要细心观察游客的特点和心理，有针对性地迎合他们的心理，在欢迎词中间接透露一些旅游地的有关信息，缓解游客可能存在的不满心理。

(二) 欢迎词的基本要素

一般而言，欢迎词包括以下五个基本要素：

1. 欢迎光临

在欢迎词的开头，导游要对游客进行问候，对他们的光临表示欢迎。

在欢迎游客光临时，要特别注意对游客的称呼，要对来自不同国家和地区的游客使用不同的称呼。一般来说，对国内游客，称呼"各位朋友（团友）"；对来自欧美和东南亚地区的游客，普遍称呼为"女士们、先生们"；对来自东亚地区的游客，则可以称呼"先生们、小姐们"。

导游要代表旅行社对游客表示热烈欢迎之意。因此，导游在欢迎词中必须说明聘用自己的旅行社名称。

2. 自我介绍

自我介绍，是欢迎词的重点内容之一。

导游可以把自己的姓名、性格、工作和背景等内容巧妙地设计成完整的自我介绍。自我介绍通常要向游客说明自己的姓名、身份和单位，还应该告诉游客如何称呼自己，如：

我的名字叫×××，大家可以叫我小×。

我姓×，各位就叫我×导吧。

My name is ××. You can call me ×××.

为了便于游客记忆，很多导游都会在自己的姓名上大做文章。例如，湖北荆州的一位导游将自己的姓名巧妙地融合成了一道菜名"香葱蛋花汤"，令游客们过耳不忘；江苏南京的一位导游给自己取了个英文名——"Spring"，游客们回国后所写的感谢信中仍然念念不忘她给游客们带来的"春天的感觉"。这些都是成功的自我介绍例子，但要注意：介绍自己内容不可过多，时间不宜过长，否则会喧宾夺主，扭曲了欢迎词的本义。

3. 介绍工作伙伴

在自我介绍之后，欢迎词中必须紧接着介绍一下自己的工作伙伴。

一般情况下，导游需要向游客介绍的工作伙伴有全陪（或地陪）、司机或旅行社领导。在欢迎词中，对工作伙伴的介绍次序，依情况的不同而有所区别：

(1) 海外来华团首站地的全陪介绍次序：旅行社领导——请领导致辞——首站地地陪——请地陪致欢迎词。

(2) 海外来华团首站地的地陪介绍次序：全陪——司机——旅行社领导——请领导致辞。

(3) 非首站地的地陪介绍次序：司机——旅行社领导——请领导致辞。

4. 表达服务意愿

导游在欢迎词中要向游客表明自己的工作态度，一般包括几个方面的内容：非常乐意为游客导游，保证努力工作和希望游客合作。这也是欢迎词的一个重要内容。

在这一部分内容中,导游不妨先给游客打打"预防针"。许多旅游地由于基础设施较为落后,其中不免会有一些不足之处。导游在欢迎词中应先提醒游客,这样可以避免游客产生巨大的失望情绪。

5. 祝福

在欢迎词的最后,导游要祝愿游客们此次旅游顺利、愉快。

服务和祝愿是欢迎词的基本要素,但不一定是欢迎词的全部内容。欢迎词的内容应该根据游客国籍、类型、时间、地点、成员身份等方面的不同而有所区别,不可千篇一律。导游可以在以上五个基本要素的基础上进一步发挥,如果能够在欢迎词中加入我国一些传统谚语和格言,如"有朋自远方来,不亦乐乎"、"有缘千里来相会"等,将为欢迎词增色不少。

(三)欢迎词的主要类型

致欢迎词的形式是不拘一格的,没有固定的模式。这里从语言艺术的角度,介绍三种致欢迎词的方式:

1. 风趣式

导游与游客大多是初次接触,互相比较生疏。为了融洽关系,给游客以信赖感和亲切感,导游必须消除游客"敬而远之"的陌生感。因此,在致欢迎词时适当地运用风趣幽默的语言,不仅能缩短导游与游客的感情距离,而且能活跃现场气氛,激发游客兴趣,给人以热情、开朗的良好印象。例如:

各位上午好!我叫×××,是××旅行社的导游,能为各位服务十分荣幸!各位大都是医生吧?医生是人间最美好的职业,我一出生就对医生有特别的感情——因为我是难产儿,多亏了医生我才得以"死里逃生"(游客笑)。长大以后,虽然没有考上医学院,但我每年都要去医院好几次。我这人特别容易感冒,医生当不了,当病人却十分合格,真没有办法(游客笑)……今天的旅游节目是这样为大家安排的,首先参观岳阳楼、洞庭湖,然后去参观一家中医院。如果还有时间,我想请大家"参观"一个特别节目,就是看看我为什么老是容易患感冒(游客大笑)。谢谢!

2. 闲谈式

闲谈式在实际使用中运用得较为频繁。一方面,在闲谈时,双方共处同一语境,这有利于游客集中注意力;另一方面,闲谈式大都情感真挚,语气平和,不急不缓,娓娓道来,如拉家常似的,能给人以亲切自然的感受。例如:

各位早上好!昨天晚上大家坐了七八个小时的车,一定很累吧?的确,由于我国交通事业目前还不十分发达,改革开放后虽然取得了很大进展,但比贵国还有差距。若乘贵国新干线上的列车,那么,北京到大同,就会从现在的七八个小时缩短到两三个小时,大家都不会像现在这样疲劳了。但众所周知,我国幅员辽阔,面积是贵国的26倍。实现这一愿望当需时日,同时也需要技术上的大力支持与协助。在此,我真诚地希望各位能为中日友好,也为大家今后在我国旅游的方便作出贡献。说到贡献,大家实际上已付诸行动了。诸位这次来我国旅游不正是对我国旅游业的支持与贡献吗?因此,我代表大同市120万人民及国旅大同分社全体职工,表示衷心感谢与热烈欢迎。中国有句古话叫"有朋自远方来,不亦乐乎",此次能为大家导游,我感到由衷地高兴……

3. 感慨式

导游用激情满怀的语调、善解人意的语言致欢迎词,能消除客人低落的情绪,使游客情绪高涨，从而引起客人感情上的共鸣。例如：

各位朋友们，晚上好！我是××旅行社的导游×××，非常高兴能够作为各位此次旅游的导游。中国有句成语"好事多磨"，各位昼思夜想地盼了50年，临到家门口却还要等好几个钟头才能够通过海关。中国人在中国的土地上却不能自由行动，真是很奇怪的现象！历史的原因我们不用过多地回首，只希望将来能够尽快改变这种局面。宋代诗人陈师道说："去远即相忘，归近不可忍"。前半句我不同意，大家离别家乡50年，难道忘得了自己的故乡吗？忘得了家乡的亲人吗？台湾有一首民歌，叫《我的家乡在大陆上》，各位唱了50年，今天终于唱回家了。在自己家里，要唱就唱，要笑就笑吧！我谨以家乡亲人的名义，祝贺大家终于回——家——了。（游客集体哼唱《我的家乡在大陆上》）

二、解说词

解说词是导游语言的主体，是导游在特定的语境中，借助语言艺术，通过对人文景观或自然景观进行讲解，以满足旅游者娱乐情趣和求知欲望的致辞。

致好解说词的难度很大，导游除了需要具有广博的知识、熟练掌握所用的语言外，还要根据旅游者的不同情况，灵活巧妙地运用导游艺术和技巧，使导游内容生动活泼而又富有魅力。因此，讲解词是决定导游服务质量和工作能力的关键。

(一)解说词的特点

1. 内容丰富

导游的主要工作之一，就是运用语言描绘自然和人生，以满足游客求知、求解、求乐的欲望。而游客来自世界各地，他们的旅游目的、文化修养、知识水平、审美情趣千差万别。因此，这就要求导游的解说词必须详细而全面，知识容量极大。

2. 现实性强

导游讲解是在旅游景点实地开展的、带有强烈实用目的的导游工作，因而讲解词具有很强的现实性。

另外，判断一篇解说词好坏的标准，就是看它能否应用到导游的实际工作中去，或者说是否有利于导游的工作和游客的参观游览。

3. 交互式

旅游者在听完导游的解说之后，情绪会发生一定的变化，如增长知识、振奋精神或引起兴趣等等，而这些变化又必将通过旅游者的外在表现反馈给导游，使导游解说词发生一定的变化。也就是说，解说词是始终处于导游与旅游者之间交叉传播的互动过程之中。

4. 变化多样

导游的解说词，必须根据所接待的旅游者、所处的环境、所安排的旅游行程不同而不断变化。因此，导游即使讲解同样的内容，也必须掌握多种具体的讲解方法，以多变的类型来开展讲解工作。

5. 配合使用

解说词主要通过口头语言来传播信息，但同时也借助其他手段作为有效补充，以促进解说词准确、全面，如态势语言、副语言等。

(二)解说词的基本要素

1. 概况介绍

在解说词开头，必须先点明所讲解景点的名称和范围，再简明扼要地介绍景点的大致情况，如位置、历史、特色、价值等。

2. 提醒

为了确保旅途顺利，在进入旅游景点前，导游要提醒游客有关的注意事项，如时间安排、管理制度等。在讲注意事项时，导游应尽量使用带有褒义色彩的词汇，语气柔和，以免让游客觉得导游在冷冰冰地下命令。

3. 景观讲解

这是解说词的主体部分，导游一般是按照景观的自然结构来进行讲解的。

在每个景观前，讲解词首先要指出景观的位置，其次描绘景观的形态，再次结合介绍相关知识，又次发表感慨或议论，最后启迪游客。如果有必要的话，对下一个景观进行铺垫。

4. 总结结尾

在讲解完景点的每个具体景观之后，应当以对景观进行整体总结作为结尾。在这一部分，导游可适当地阐发议论，使讲解词的主题得到升华，源于景观又胜过景观。

有关讲解词的艺术技巧，在第三节会有详细介绍，在此不赘言。

三、交际词

在旅游过程中，导游必须与游客展开交际，以保证工作的顺利进行。而在交际中，语言是其中最基本、最重要的传递信息、交流感情的载体，它"负载"着一个人的思想、品质、知识、气质、修养等诸多因素。因此，有效地运用交际语言是导游与游客之间增进了解和友谊的重要途径，是游客评价导游服务水平的重要方面。

在与游客交际时，导游要注意交际对象、交际话题、交际时间三个方面的内容。

（一）交际对象

作为导游，经常要面对各种类型的游客，而且要在一个融洽的人际氛围之中完成交际活动，这将考验导游的应变观察能力，导游必须针对不同性格的游客调整自己的交际语言。

1. 与稳重型旅游者交际

稳重型旅游者，大多谈吐文雅、知识渊博、友好待人、言辞精辟。

导游与稳重型旅游者交际时，应事先确定一个鲜明且有深度的话题，比如可适当地讨论当下热门的社会话题或本地独特的内容，少谈论粗俗不堪、荒诞不经的内容，这样才能使对方产生交流的兴趣，切忌唯唯诺诺、毫无主见。另外，导游还可以通过与稳重型旅游者交际的机会了解他们对自己工作的评价等。

与稳重型旅游者交际时，导游一定要注意气氛的变化，既要防止交流变成无聊的絮叨也要避免交流变成严肃的学术研究，一般是以轻松的探讨式气氛为宜。

导游的态度要谦逊，以求教的态度与其交谈，会使其在心理上和精神上得到满足，这也是许多稳重型旅游者乐于接受的交谈氛围。

2. 与活泼型旅游者交际

活泼型旅游者，活泼开朗，思维活跃，乐于聊天。

导游与他们交谈时要突出"新"、"奇"、"趣"的内容，例如可以大谈历史典故和民间传说，笑话、趣闻也可为谈话内容增色不少。枯燥的理论、学术和思想最好少提，有说服力但趣味性不足的信息引用则点到为止。

活泼型旅游者希望通过谈天说地获得放松与愉悦,因此导游在与活泼型旅游者交际时,要努力营造快乐轻松的交流气氛。如果导游的看法与游客的不一致,导游要尽快转移话题,引开游客的注意力,消除一切可能导致不和的苗头。

交谈时导游还可以组织活泼型旅游者做游戏,这也是他们非常喜欢的一种交流形式。

3. 与忧郁型旅游者交际

忧郁型旅游者,性格孤僻,内心脆弱,交流欲望不强,喜欢一个人独处。

导游在与他们交际之前,应先在一旁观察以便了解他们的兴趣爱好,然后再有针对性地谈论他们所感兴趣的话题。

导游在交谈时的注意力一定要高度集中,如果对他们的问题置之不理或者反复询问"对不起,我刚才没有听清楚,您能再说一遍吗",就会让他们觉得被忽视,以后也很难再开展交谈。

忧郁型旅游者不太喜欢参与聚谈,导游在与其进行交际时,一定要语气柔和,音量小,尽量不引起太多人关注。同时,他们特别注重个人隐私,交谈时切勿涉及个人问题,一旦涉及了他们比较忌讳的地方,要及时收住话题,以免造成对方的不快。

4. 与急躁型旅游者交谈

急躁型旅游者,好问少思,经常主动向导游提问题,所提问题却往往肤浅。

导游对他们绝对不要充耳不闻,更不能在其他游客面前取笑他们,而是要有足够的耐心与热情解答他们的问题。

急躁型旅游者的观点往往比较偏激,在聚谈中容易与其他游客发生争执。因此,不要强求他们加入聚谈,一旦发生冲突要及时调解。

导游自己的观点要不偏不倚,语言上不要伤害任何一方。

(二)交际话题

美国伦纳德·朱尼博士提出"五分钟交朋友"的观点,认为交际时的第一个5分钟是十分关键的。只有双方在这5分钟之内谈得投机,之后的交际才得以展开,双方的感情才能逐渐融洽起来。也就是说,交际话题得当是顺利与游客开展交际的关键因素。

导游与游客交际的话题,大致可以分为三种:寒暄话题、社会话题和旅游话题。

1. 寒暄话题

寒暄话题通常是在旅游活动开始之初所采用的话题。这类话题可以缩小彼此之间的感情距离,打破双方陌生的界限,使彼此之间有初步的了解。

寒暄的话题有很多,根据交谈对象的不同,寒暄话题可分为以下几种:

(1)普遍性话题,如天气、饮食和方言等。
(2)男士话题,如地域文化、民族和历史等。
(3)女士话题,如服饰、民居和土特产等。
(4)外宾话题,如传统文化、经济和风俗等。

2. 社会话题

当导游员与游客相处一段时间后,双方比较了解,这时交谈的话题就由寒暄话题转入了社会话题。

社会话题要尽量向游客靠拢,如果能够与他们的职业、经历或生活环境等方面有所联系,则更能引起他们交谈的兴趣。

在讨论社会话题时,导游要做个有心人,细心观察游客的言谈举止,了解他们的籍贯、职业、生活经历等信息,这样便于寻找他们感兴趣的社会话题,以进一步拉近与游客的距离,帮助自己开展随后的导游工作。

在谈论社会话题时,导游应当注意话题切勿涉及游客的隐私和敏感性的问题,例如政治、宗教、生理、收入、家庭、年龄等话题。

3. 旅游话题

在旅游活动进入尾声阶段时,导游与游客彼此已经非常熟悉,建立了相当深厚的感情。这时,游客会与导游交流他们在旅游过程中的感受,把他们所看到的、感受到的都与导游一起分享,可能还会向导游表达旅游服务工作的看法和评价,这时导游也需要利用这个机会征询游客对旅游服务工作的意见。对于游客提出的感受和意见,导游应当认真听取,同时进行解释说明和弥补工作,让游客乘兴而来,尽兴而去。

因此,在旅游活动的后期,导游与游客交谈比较多的是旅游话题。

(三)交际时间

导游与游客交谈时要有时间观念,把握好时间。导游应当根据交谈的场合和话题,把握交谈的起止时间和时间的长短,而这又取决于交谈双方的生理和心理状况。在不同的时间和场合,导游和游客的身体和情绪都不一样,导游需要根据实际情况,不断变化交谈的时间。

1. 旅游车上的交谈时间

在车上,导游一般是在已经做完了主要的沿途导游讲解之后再与游客交谈,与每位游客的交谈时间以 10 分钟为宜,最长不要超过 20 分钟。

在即将开始下一段沿途讲解或即将抵达旅游景点时,导游要至少提前 5 分钟结束交谈,准备对全体游客做沿途讲解或景点概况介绍。

2. 游览途中的交谈时间

在游览途中,导游除讲解外,还可以选择在休息时间与游客交谈,应当在游客已经找到休息的地方之后再与之攀谈,时间不宜太长,最好为五六分钟,如果休息时间较长,则可以适当延长。

3. 其他场合下的交谈时间

在游客用餐后小憩、观赏文娱节目的前后、先行抵达集合地点等候其他游客时,都是导游与游客交谈的机会。

这些场合下的交谈,没有十分固定的时间要求,导游可以视现场情况、游客情绪和周边环境灵活掌握,但时间一般控制在 10 分钟到 30 分钟。

四、欢送词

欢送词是指导游送别游客时的致辞,它关系着导游的全程服务在游客心中留下的整体印象,也会影响到游客的重游兴趣,是导游语言中不可忽视的组成部分。

(一)欢送词的特点

1. 简洁干练

与欢迎词一样,欢送词并不是导游语言工作的主体,无须过于复杂,文字上以简洁干练为主要特征。如果在送别时,导游太啰唆,会给游客留下婆婆妈妈、拖泥带水的感觉,可能损害本来已经形成的良好印象。

2. 动之以情

送别是导游接待工作的尾声,这时导游与游客已熟悉,有的还成了朋友,因而也或深或浅地建立了感情基础。在欢送词中,导游不能忽视游客的这种心理,在欢送词中要充满依依惜别的感情,以浓厚的感情氛围感动游客,但一定要注意这种感情应该是真挚的、自然的,切不可"为赋新词强说愁"。

3. 含义深远,耐人寻味

欢送词并不是简单地向游客说再见,还包含着对旅游活动的回顾和思考。

在欢送词中,导游有必要对全部旅游活动和导游服务做一次归纳和总结,并征询游客对导游工作的意见,以弥补前期工作的不足。

(二)欢送词的基本要素

一般认为,有水平、符合规范的"欢送词"应有以下5个要素:

1. 小结旅游

指与游客一起回忆一下这段时间所游览的景点、参加的活动,以免因逗留时间相对短暂和活动项目比较密集而导致游客在旅游结束时淡忘其中一些内容。

2. 表示惜别

指欢送词中应含有对分别表示惋惜、留恋之情,讲此内容时,面部表情应深沉,不可嬉皮笑脸,以免给客人留下"人一走,茶就凉"的感觉。

3. 征求意见

即告诉游客,我们如有不足,经大家帮助,下一次接待会更好。还可适当表达对游客的谢意,千万别让游客感到旅行成功只是导游努力的结果。

4. 期待重逢

指要表达对游客的情谊和自己的热情,希望游客成为回头客。只要导游在旅游过程中与游客相处得十分融洽,这项内容很容易让游客产生同感,也是旅游目的国(地)吸引游客重游的一项重要因素。

5. 美好祝福

出于礼貌,在欢送词的最后通常会向游客致以美好的祝愿,如"祝您一路顺风"、"祝大家平安快乐"等。

(三)欢送词的主要类型

1. 普通欢送词

普通欢送词比较规范,只是多少会让游客感到有些平淡,缺少吸引人的地方。在时间仓促的情况下,普通欢送词是完全合格的。

各位朋友:天下没有不散的宴席。我们相处了二十多天,但今天就要分别了。二十多天的时间不算很长,但各位由南到北,由东到西,既观赏了一些名山大川,又领略了一些古迹名胜,对中国有了一个概略的印象。通过这段时间的相处,得到了大家的协助和配合,旅行进行得十分顺利,对此我由衷地感谢大家。我们有幸这次相逢,深信将来还有缘再会。我有服务不周的地方,请各位多多谅解。最后,祝大家旅途顺利,身体健康!谢谢!

2. 自责欢送词

中国旅游业还年轻,导游工作中不尽如人意之处在所难免。因此,导游可选择带有一定自责色彩的欢送词。这不仅能向游客表示自己谦逊的态度,而且也是导游高素质、高修养的体现,是导游具有良好职业道德的反映。如:

要和在座的各位说再见了!此刻,我的心情既激动又难过!这次陪同大家一起前往……在这次旅游过程中,我有许多应该做好而没有做好的工作。那我现在能向大家说些什么呢?只有一句话,那就是——谢谢各位对我工作的支持!是你们的支持使我增强了信心,是你们的帮助使我增加了力量,是你们的理解使我战胜了困难,请允许我再一次向你们表示感谢!我要努力工作,或许来年我们有缘再次相会,我将提供更好的服务!愿我们的友谊天长地久!最后,祝愿大家一路顺风,万事如意!

但要注意,由于西方文化重视自我价值,因此这类欢送词不适合西方国家的游客。

3. 歌咏欢送词

为使欢送词给游客留下难忘的印象,导游可选用有"文采"的语言来表达一种情感。富有"文采"的语言,包括人们耳熟能详的歌曲或著名诗篇,导游可以通过演唱或朗读来调动游客的情绪,形成导游工作中的最后一个亮点。如:

朋友们,只有在离别的时候,才深深地感到我们相处的时间太短。……在此期间,大家亲如兄弟,胜过亲人!得到大家的关照,我们才能顺利完成工作任务。说真的,我真有点儿舍不得离开你们,我会想念大家的。接下来我就以大家在家乡非常熟悉的歌手邓丽君小姐的一曲《路边的野花不要采》来向大家告别吧——"送朋友送到飞机场,有句话儿要交代:虽然旅游已结束,但我们的友谊永存在!记住我的情,记住我的爱,记住我们有缘还会来相会,我呀衷心期待着这一天,千万不要把我来忘怀,欢迎大家再来玩!"再见!

第三节 导游的解说技巧

导游讲解技巧是导游口才的重要组成部分。通过导游有声有色的介绍和讲解,旅游者不仅能看到景观的表象,而且能对所见景物有深刻的感受,从中得到美的享受。因此,导游必须注意培养语言表达能力,掌握高超的语言艺术。

一、讲究知识性

中国是人类文明的发祥地之一,它不仅具有悠久的历史和灿烂的文化,而且幅员辽阔、地大物博,举世闻名的名胜古迹更是举不胜举,每年有大量国内外游客参观、游览,这就给从事旅游服务的导游在语言表达上提出了很高要求。

如果导游人员的讲解不具有知识性和艺术性,游客们就不可能真正了解这些珍贵旅游资源的重要价值,有的客人甚至会产生"乘兴而来,败兴而归"之感。

因此,只有具备了渊博的学识,并能把这些知识艺术地讲授给客人,做到寓教于乐、引人入胜,使客人在旅行中保持兴致。只有这样的导游员,才能称得上是一个合格的导游员。我们不妨用一个实例来证明知识的重要性。

导游员石春满曾回忆说,有一次他曾陪过一个日本团,在从云冈石窟返大同时,他偶然发现团里有两位客人的挎包上分别挂有写着"坪内"、"岛崎"字样的行李标牌,这正好与"坪内逍遥"、"岛崎藤村"两位日本著名大作家同姓,于是,他便在车上说:"各位,不知大家发现没有,在我们中间有两位'大名人',那就是'坪内'先生和'岛崎'先生。现在,让我们请两位'大文豪',表演节目如何?"客人们于是齐声鼓掌欢迎,两位"文豪"亦即兴愉快地作了表演。之后,他又以日本文学为话题,谈了自己对日本文学作品的看法和日语的特征,并由此谈及中文。直至在车上为客人进行简单的日语中文会话教学,一路上气氛十分欢快。事后,两位"名人"感叹地对他说:"石先生不仅长于佛学,对我国文学等方面的内容,也知之颇详啊!"

既然知识对于导游的解说如此重要,导游人员就必须进行大量的知识储备工作。导游在平时需要大量阅读古今中外的各种书籍,积累各种知识。

有些导游对文化古迹、历史文学有兴趣,讲到这些内容就滔滔不绝,而谈到政治、方针政策就兴趣索然。其实,政治、法律、国情、经济、环境、人权、计划生育、教育、反腐败等等都可能会在旅游中谈及。如果导游对此一无所知,就不可能成为一名好的导游员。

除了时政等大话题,作为导游还应粗略了解以下几个方面的知识:

(1)诗词、楹联、逸事、笑话,中外历史、文学史的各种故事。
(2)中外年节习俗,中国年节对民族凝聚力的作用。
(3)饮食特产,大吃讲菜系,小吃讲各地小吃风味。
(4)歌曲谜语、急转弯、小游戏都可涉猎。尤其是唱歌,能活跃气氛,增进导游人员和游客的友谊,会消除长时间旅游产生的疲劳,导游要能唱好几首中国歌曲,特别是唱好几支民歌、几曲地方戏。

二、讲究趣味性

导游语言的趣味性,是指导游词具有的使游客感到轻松愉快、妙趣横生的特性。

导游语言的趣味性,并不是指一般性的诙谐或滑稽,而是指情景与语言交融,能激发起旅游者浓郁游兴的解说。

1. 不失时机地穿插一些古代传说、民间故事

这类故事往往趣味无穷,能给游客留下深刻的印象。如:乘京包线火车过八达岭,列车员在此时就成了导游,只听她这样说:各位旅客,请看右边的车窗外,有一巨石,是穆桂英点将台,石上有大小28个圆眼儿,据传说是当年穆桂英搭帐篷的篷杆眼儿。穆桂英为什么在这里点将呢?原来是辽兵进犯中原,穆桂英大败敌兵追击至此,忽觉腹内阵痛不已,她知道自己快要分娩了。就命大军停止追敌军,结果给辽兵得以喘息之机,敌兵探得消息后,准备卷土重来。在这危急关头,刚刚分娩不到3天的穆桂英,将婴儿交给侍女,传令三军将士速到边关听点。待辽兵冲至阵前,见穆桂英披挂整齐、威风凛凛地站在点将石上拨点将官,军阵严密,势不可犯。辽兵误以为穆桂英分娩是谣传,唯恐中计,吓得退下阵去,急忙北撤,一直退到八达岭外。至今,那点将台上还有穆桂英点将时留下的脚印呢!

这生动的传说激起了旅客们的兴趣和好奇,不少人急忙从座位上站起,远眺窗外,寻找那巨石,尤其想要看那石上的脚印,由此而引发出种种想像,令人回味无穷。

2. 解说用语形象、丰富

形象化的语言能激起游客的丰富想像。如:在泰山顶上观日出时,一位导游用了这么一段解说:"大家请注意东方天边的变化。"游客立即有人踊跃地说:"看!雾气变红了,像一片红的海洋。"导游立即接过话头说:"在这红的海洋上,簇拥出一堆墨蓝色的云霞,在这云霞里隆起一道细细的抛物线。这线红得透亮,闪着金光……看,抛物线被突破了,太阳露出来了,

第十四章 导游口才

只有小半个,像一角弯月,放射出无数扇形光波,光彩夺目,灿烂辉煌……蓝、青、紫、橙、黄、白,五颜六色,不断更换……"

导游的解说中用了大量色彩词、形容词,将日出过程描绘得生动、逼真、优美,游客们面对壮观景象和导游的指点引导,个个觉得诗意盎然、趣味无穷。如果导游只用干巴巴的语言介绍,那就大煞风景了。

3. 灵活运用各种修辞

……登塔眺望,令人心旷神怡,远处浦江蜿蜒如带,帆樯林立,市区大厦高出云天,眼前龙华寺殿宇庄严宏伟,古老镇上粉墙青瓦,人来人往,龙华公园内林木葱郁,亭台掩映,龙华美景尽收眼底。

纵观整座宝塔,它既是封建时代宗教信仰的产物,又是我国古代劳动人民勤劳智慧创造的结晶,它姿态雄伟直指蓝天,仿佛鲲鹏展翅跃跃欲飞,它飞檐翘角挺拔秀丽,又仿佛妙龄少女亭亭玉立……

在这段导游词中,导游把宝塔比喻为鲲鹏,比喻为妙龄少女,使宝塔的形象生动而又鲜明。

三、讲究灵活性

导游讲解带有不确定性,导游无法预测到实地讲解时所遭遇到的情况和所产生的效果。不同的时间、空间、气象、对象、场合和情绪等因素,都会影响导游讲解语言的运用。因此,这就要求导游运用讲解语言时必须灵活,应与讲解时的具体情境相吻合。

导游常采用的讲解形式,主要有以下三种:

1. 启发式

导游人员的讲解不应表现为纯粹的单方灌输,而应让游客也参与进来,让游客积极思考、领悟,这样才能更深层次地激发游客探索的兴趣。

启发法就是导游人员为启发、引导旅游者自己去回味、思索、判断,而先不说出答案的一种导游技法。这种方法,鼓励游客积极思考,主动参与,常使游客置身于景物之中,造成一种非常活跃的气氛,使大家参观、游览得更愉快。

2. 问答式

导游如果一直滔滔不绝地讲解,而不管旅游者爱听不爱听,会让整个导游过程变得索然无味。

在导游讲解中,导游应根据不同的情况,有意识地创造一些情境,提出一些问题,以引起游客的注意,使游客由被动地听变成主动地问,激起其预知某事究竟怎样的强烈愿望,被讲解的景物在游客脑海里留下清晰而深刻的印象,同时也可使讲解过程生动活泼,融洽导游人员和游客的关系。

例如,带客人游览天涯海角的导游说:

女士们、先生们,早上好!今天我们去参观一个新景点,这就是:天涯海角。为什么要将此地称为"天涯海角"呢?世界上真的有"天涯海角"这样一个地方吗?这正是我要告诉大家的。

一开始就用问答法提出问题,很能激发游客的好奇心和渴望最快找到答案的心理,从而使游客聚精会神地听导游讲述"天涯海角"名称的由来。

3. 即兴式

所谓即兴式是指对眼前景物有所感触,临时发生兴致的即兴介绍。

例如有一个旅游团游杭州西湖时，赶上下雨。游客中有人抱怨说自己倒霉，碰上一个坏天气，担心玩不好，这时导游对大家说：

各位游客，今天大家的运气真不错，杭州人有言道，"晴湖不如雨湖"，就是说，雨天的西湖比晴天的还好看。雨中西湖，烟雨蒙蒙，水天一色，西湖之妙趣尽在其中。现在，请大家尽情欣赏雨湖吧！

这种即兴的介绍，让游客心情一下有了逆转。

【复习思考】

1. 导游的类型有哪些？
2. 导游语言的类型有哪些？
3. 简述欢迎词、欢送词的特点。
4. 解说词的基本要素有哪些？
5. 面对不同类型的旅游者，导游应如何进行交际？
6. 简述导游的解说技巧。

读者反馈意见

亲爱的读者：

  感谢您对《演讲与口才》的学习和热爱！为了今后能给您提供更优质的服务，请您抽出宝贵时间填写下面意见反馈表，以便我们更好地对本书做进一步的改进。同时如果您在使用本书的过程中遇到了什么问题，或者有什么好的建议，也请您来信、来电告诉我们。

  地址：北京市丰台区科学城南极星大厦 108 室
  电话：010 – 61229894 / 83794403
  电子邮箱：2568858787@qq.com QQ:649319527 发行 QQ:1694299827

教材名称：《演讲与口才》
个人资料：
 姓名：_____ 年龄：_____ 所在院校/专业_____
 文化程度：_____ 通讯地址：_____
 联系电话：_____ 电子信箱：_____
您使用本书是作为：□指定教材、□选用教材、□辅导教材
您对封面设计的满意度：
 □很满意、□满意、□一般、□不满意 改进建议_____
您对本书印刷质量的满意度：
 □很满意、□满意、□一般、□不满意 改进建议_____
您对本书的总体满意度：
 从语言质量角度看：□很满意、□满意、□一般、□不满意
 从科技含量角度看：□很满意、□满意、□一般、□不满意
本书最令您满意的是：
 □指导明确 □内容充实 □讲解详尽 □实例丰富
您认为本书在哪些地方应进行修改？（可附页）
_____
您希望本书在哪些方面需进行改进？（可附页）
_____